古典文獻研究輯刊

三二編

潘美月・杜潔祥 主編

第29冊

《曾胡治兵語錄》研讀（下）

梁 世 和 著

國家圖書館出版品預行編目資料

《曾胡治兵語錄》研讀（下）／梁世和 著 -- 初版 -- 新北市：
花木蘭文化事業有限公司，2021〔民110〕
目 2+194 面；19×26 公分
（古典文獻研究輯刊 三二編；第 29 冊）
ISBN 978-986-518-410-0（精裝）
1. 兵法 2. 中國
011.08   110000607

ISBN-978-986-518-410-0

9 789865 184100

古典文獻研究輯刊
三二編　第二九冊　　　　　　ISBN：978-986-518-410-0

《曾胡治兵語錄》研讀（下）

作　　　者　梁世和
主　　　編　潘美月、杜潔祥
總 編 輯　杜潔祥
副總編輯　楊嘉樂
編　　　輯　許郁翎、張雅淋　美術編輯　陳逸婷
出　　　版　花木蘭文化事業有限公司
發 行 人　高小娟
聯絡地址　235 新北市中和區中安街七二號十三樓
　　　　　　電話：02-2923-1455／傳真：02-2923-1452
網　　　址　http://www.huamulan.tw 信箱 service@huamulans.com
印　　　刷　普羅文化出版廣告事業
初　　　版　2021 年 3 月
全書字數　314450 字
定　　　價　三二編 47 冊（精裝）台幣 120,000 元

《曾胡治兵語錄》研讀(下)

梁世和 著

目次

第八章　仁　愛

【題解】

　　仁愛是儒家思想的核心，曾國藩、胡林翼、蔡鍔、蔣介石都是儒家思想的擁護者，以儒釋兵、兵儒合一是其追求的目標，因此他們都積極主張將儒家仁愛思想融入帶兵之道。曾國藩說，「帶兵之道，用恩莫如用仁」（8.1），「吾輩帶兵，如父兄之帶子弟一般」（8.2），「愛民為治兵第一要義」（8.3）等。胡林翼提出，「他人不肯救我，而我必當救人」（8.4），「愛惜百姓，……不擾不驚」（8.5），「軍行之處，必須秋毫無犯」（8.7），「以濟人濟物為本」（8.9）等。蔡鍔則提出，「軍人以軍營為第二家庭」（本節按語）。

8.1〔註1〕帶兵之道，用恩莫如用仁，用威莫如用禮。仁者，即所謂欲立立人，欲達達人（1）是也。待弁兵如待子弟之心，常望其發達，望其成立，則人知恩矣。禮者，所謂無眾寡，無小大，無敢慢，泰而不驕（2）也。正其衣冠，尊其瞻視，儼然人望而畏之，威而不猛（3）也。持之以敬，臨之以莊，無形無聲之際，常有凜然難犯之象，則人知威矣。守斯二者，雖蠻貊之邦行矣（4），何兵之不可治哉！（曾國藩）

【注釋】

　　（1）欲立立人，欲達達人：自己想要建功立業，也要幫助別人建功立業；自己想要成功發達，也要幫助別人成功發達。語出《論語·雍也》：「夫仁者，己欲立而立人，己欲達而達人。」

〔註 1〕本節出自《曾國藩全集·日記一》，嶽麓書社，1987 年，第 390 頁。

（2）無眾寡，無小大，無敢慢，泰而不驕也：無論人多人少，也無論勢力大小，都不敢怠慢，神情舒泰，有自尊卻並無驕態。語出《論語·堯曰》。孔子說，「泰而不驕」是「五美」之一，然後解釋說：「君子無眾寡，無小大，無敢慢，斯不亦泰而不驕乎？」又《論語·子路》：「子曰：『君子泰而不驕，小人驕而不泰。』」

（3）正其衣冠，尊其瞻視，儼然人望而畏之，威而不猛：衣冠整齊，表情莊重，使人看上去有些肅然敬畏，態度威嚴而不兇猛可怕。語出《論語·堯曰》：「君子正其衣冠，尊其瞻視，儼然人望而畏之，斯不亦威而不猛乎？」

（4）蠻貊（mò）之邦行矣：蠻，南蠻，泛指南方邊疆少數民族。貊，北狄，泛指北方邊疆少數民族。句意是說，在蠻荒落後的國家也能行得通。語出《論語·衛靈公》：「子曰：『言忠信，行篤敬，雖蠻貊之邦行矣。』」

【譯文】

帶兵之道，施以小恩小惠不如用仁德之心，用威嚴壓制不如用禮節來教化。所謂仁，即孔子所謂：「己欲立而立人，己欲達而達人。」意思就是說，自己想要建功立業，也要幫助別人建功立業；自己想要成功發達，也要幫助別人成功發達。對待士兵就像對待自己的子弟，常常期望他們自立發達，則士兵便懂知恩圖報。所謂禮，就是無論人多人少，無論官大官小，都不敢輕慢，態度安詳舒泰卻不驕傲。端正衣冠，表情莊重，使人見了便生敬畏之心，威嚴而不兇暴。如果能做到，持守自己以敬，對待部下莊重，於無形無聲之際，常有凜然不可侵犯的氣象，這樣部下就感受的你的威嚴了。如果能堅守住仁、禮這兩條原則，雖然是野蠻落後地區也能行得通，還有什麼軍隊不能治理好呢？

【解讀】

曾國藩以儒生帶兵起家，其治兵理論隨處可見儒家思想的印記。此節便突出顯示了這一點，幾乎完全是將孔子的理念轉化為治軍的思想。恩威並施，寬嚴相濟，是古代治兵理論的重要法則。曾國藩把「恩」與「仁」溝通，把「威」與「禮」溝通，提出「用恩莫如用仁，用威莫如用禮」。「仁」和「禮」正好是孔子思想中最核心的兩個概念。用「仁」和「禮」治兵是將儒家的理念

貫徹到治軍思想中，以打造出儒家理想中的「仁義之師」，力圖實現其「仁者無敵」的理念。曾國藩這樣的理論建構，不僅提升了治軍理念的理論深度，增強其理論的權威性，使其不再僅是一種功利層面的權術方法，而且非常容易與受傳統儒家思想教育的將領相溝通。曾國藩非常堅信，守住仁、禮這兩條原則，在任何野蠻落後地區都能行得通，哪裏還有什麼軍隊不能治理好的事情呢？

曾國藩在《每日功課四條》中說：「孔子教人，最重要的就是求仁，而其中最關鍵的莫過於『己欲立而立人，己欲達而達人』這句話。」這句話，也是孔子所謂「忠恕」之道的「忠」道。朱熹注曰：「盡己之謂忠，推己之謂恕。」如何「盡己」呢？即「欲己欲立而立人，己欲達而達人」。同樣為儒家信徒的軍事家蔣介石，非常讚賞曾國藩這一說法，他在《增補曾胡治兵語錄》序中說：「其苦心毅力、自立立人、自達達人之道，蓋已足為吾人之師資矣。」

8.2〔註2〕**吾輩帶兵，如父兄之帶子弟一般。無銀錢，無保舉，尚是小事。切不可使之因擾民而壞品行，因嫖賭、洋煙而壞身體。個個學好，人人成材，則兵勇感恩，兵勇之父母亦感恩矣。（曾國藩）（蔣介石眉批：帶兵之道）**

【譯文】

我輩帶兵，就如父兄帶子弟一般。沒有糧餉，沒有得到保舉升遷，尚且是小事。切不可使他們因擾民而敗壞了道德品行，因嫖娼、賭博、抽大煙而損壞了身體。個個學好，人人成才，這樣不僅兵勇感恩，他們的父母也會感恩不已。

【解讀】

蔡鍔非常欣賞曾國藩「帶兵如父兄之帶子弟」一語，認為「最為慈仁貼切。能以此存心，則古今帶兵格言，千言萬語，皆可付之一炬」（本章按語）。古代兵書，如《草廬經略・拊揗》《六韜・龍韜・勵軍》《尉繚子・戰威》《黃石公三略・上略》《兵經百篇・術篇・忘》，對如何關心士卒，提振士氣，均有相似的描述，而《草廬經略・拊揗》闡述的最為詳細，有論述，有事例。其中

〔註2〕本節出自《曾國藩全集・批牘》，嶽麓書社，1994年，第198頁。

所說「以父母之心，行將帥之事，則三軍欣從，萬眾咸悅」，或許就是曾國藩說法的來源。謹將《草廬經略》之《拊揗》篇恭錄如下：

> 欲軍中之親附，必盡拊揗之道。飢寒困乏，如以身嘗，疾病醫藥，親臨診視。解衣推食，哀死問孤，殯歿吭傷，恩逾骨肉。言語頻煩，諄勤教誨，財必與共，甘苦與分。卒雖最小，得以情通。三軍未食，將不先炊，三軍未次，將不先幕，軍井未成，將不先飲。親裹贏糧，與分勞窘。以父母之心，行將帥之事，則三軍欣從，萬眾咸悅。

> 齊穰苴御燕、晉之師，凡士卒次舍、井炊、飲食、疾病、醫藥，身自親之。悉取將軍之資糧以享士，身與士卒平分糧食，最比其贏弱者。三日而後勒兵，痛者皆爭奮出戰。晉師聞之引去，燕師聞之渡水而解。

> 吳起為將，與士卒最下者同衣食，臥不設席，行不乘騎，親裹贏糧，與士卒分勞苦。卒有病疽者，起為吮之。卒母聞而哭。或曰；「子，卒也，而將軍自吮其疽，何哭為？」母曰，「非然也。往年吳公吮其父，其父戰不旋踵，遂死敵。今又吮其子，妾不知其死所矣，是以哭之。」

> 岳武穆之為將也，卒有疾，為之調藥，或解衣以殮死者。諸將遠戍，遣妻勞問其家。死事者，哭之而育其孤，或以予婚其女。

> 夫吳起之吮疽，唐太宗為李思摩吮弩血，均使軍中感動。蓋非常之恩，勢難遍施，故雖愛及一人，而三軍勸者，此用恩之巧也。將軍三軍，屑癢相關，三軍與將，生死共命者也。今之將，德澤不加，休戚不顧，惟知用笞杖以立威，剝軍資以充橐。此而欲責之以赴難，必不得之數矣。

又《兵經百篇‧術篇‧忘》曰：

> 利害安危，置之度外，固必忘身以致君矣。而不使士心與之俱忘，亦非善就功之將也。然而得其心者，亦自有術：與士卒同衣服，而後忘夫邊塞之風霜；與士卒同飲食，而後忘夫馬上之飢渴辛苦；與士卒同登履，而後忘夫關隘之險阻；與士卒同起息，而後忘夫征戰之勞苦；憂士卒之憂，傷士卒之傷，而後忘夫刀劍鏃戟之瘢痍。

事既習而情與周，故以戰鬥為安，以死傷為分，以冒刃爭先為本務，
而不知其蹈危也。兩忘者，處險如夷，茹毒如飴也。

古兵書講愛兵如子，多是從衣食住行、噓寒問暖角度對士卒的關心。曾
國藩的與眾不同之處在於他將對士卒的關心，擴展到擾民，以及嫖賭、吸毒
等道德品行問題，並提出要使士卒「個個學好，人人成材」，這正是儒家與兵
家的不同之處。兵家一般不關心這些道德品行問題。日本著名學者岡田武彥
指出，儒家的「道」與兵家的「道」在本質上是不一樣的。「一般來說，在上
的君主對在下的兵民施以仁愛，在下的兵民也就會與在上的君主同心同德，
從而挺身為君主效力。這種情況，在儒家中被視為人之本性的自然流露，抑
或人情之發露；而在兵法中則被認為是基於冷靜睿智的行事結果。」〔註3〕岡
田武彥舉了一個著名兵家吳起的例子來說明。吳起曾經為了一個背上長膿包
的士兵吸出膿水，從而救了這個士兵一命。岡田武彥解釋說，這並非出於吳
起的仁愛之心，而是藉此讓這個士兵為其誓死效命的手段。也就是說，儒家
注重的是出自仁愛之心，兵家則是出於功利的考量。作為儒家士大夫的曾國
藩，正是力圖以儒家思想統領兵家，實現兵儒合一。

8.3 〔註4〕**愛民為治兵第一要義，須日日三令五申，視為性命根本之事，
毋視為要結粉飾之文。（曾國藩）**（ 蔣介石眉批：治兵第一要義 ）

【譯文】

愛民是治兵的第一要義，必須每天三令五申，要視為生死存亡的根本大
事，不可當作做樣子、走形式的空話。

【解讀】

人心向背，民眾支持，是關係一支軍隊生死存亡的大事，曾國藩當然明
白這一道理。所以他屢屢囑咐將領，要以愛民為本。咸豐十年四月二十二
日，他在給弟弟曾國荃的信中說：「弟在軍中，望常以愛民誠懇之意，理學迂
闊之語，時時與弁兵說及，庶勝則可以立功，敗亦不至造孽。當此大亂之世，
吾輩立身行間，最易造孽，亦最易積德。吾自三年初招勇時，即以愛民為第
一義，歷年以來，縱未必行得到，而寸心總不敢忘愛民兩個字，尤悔頗寡。」

〔註3〕岡田武彥：《孫子兵法新解》，重慶出版社，2017 年，第 6 頁。
〔註4〕本節出自《曾國藩全集·書信四》，嶽麓書社，1992 年，第 2661 頁。

〔註5〕在給部下的批牘寫到:「以愛民為行軍第一要義,庶為仁義之師。否則,行兵愈久,害民愈深,不可不察也。」〔註6〕為此,他還特意發去自己親自編寫的《愛民歌》,要求與士卒悉心講誦。《愛民歌》是 1858 年(咸豐八年),曾國藩在江西建昌軍營中編寫的。曾國藩本為古文大家,古文造詣極深,但為了使文化水平不高的普通士兵人人能懂,特意用極為通俗曉暢的語言編寫了這首《愛民歌》。由於通俗易懂,要求又具體詳實,使這首《愛民歌》流傳甚廣。蔣介石在主持黃埔軍校時,將《愛民歌》印發學生演唱。毛澤東在作《三大紀律,八項注意》時,也是以此為藍本。以下是《愛民歌》全文:

> 三軍個個仔細聽,行軍先要愛百姓。
> 賊匪害了百姓們,全靠官兵來救人。
> 百姓被賊吃了苦,全靠官兵來做主。
> 第一紮營不貪懶,莫走人家取門板。
> 莫拆民房搬磚石,莫踹禾苗壞田產。
> 莫打民間鴨和雞,莫借民間鍋和碗。
> 莫派民夫來挖壕,莫到民家去打館。
> 築牆莫攔街前路,砍柴莫砍墳上樹。
> 挑水莫挑有魚塘,凡事都要讓一步。
> 第二行路要端詳,夜夜總要支賬房。
> 莫進城市占鋪店,莫向鄉間借村莊。
> 人有小事莫喧嘩,人不躲路莫擠他。
> 無錢莫扯道邊菜,無錢莫吃便宜茶。
> 更有一句緊要書,切莫擄人當長夫。
> 一人被擄挑擔去,一家號哭不安居。
> 娘哭子來眼也腫,妻哭夫來淚也枯。
> 從中地保又訛錢,分派各團並各都。
> 有夫派夫無派錢,牽了騾馬又牽豬。
> 雞飛狗走都嚇倒,塘裏嚇死幾條魚。
> 第三號令要嚴明,兵勇不許亂出營。
> 走出營來就學壞,總是百姓來受害。

〔註5〕《曾國藩全集·家書一》,嶽麓書社,1985 年,第 540 頁。
〔註6〕《曾國藩全集·批牘》,嶽麓書社,1994 年,第 133 頁。

或走大家訛錢文，或走小家調婦人。

邀些地痞做夥計，買些燒酒同喝醉。

逢著百姓就要打，遇著店家就發氣。

可憐百姓打出血，吃了大虧不敢說。

生怕老將不自在，這要出錢去陪罪。

要得百姓稍安靜，先要兵勇發號令。

陸軍不許亂出營，水軍不許岸上行。

在家皆是做良民，出來當兵也是人。

官兵賊匪本不同，官兵是人賊是禽。

官兵不搶賊匪搶，官兵不淫賊匪淫。

若是官兵也淫搶，便同賊匪一條心。

官兵與賊不分明，到處傳出醜聲名。

百姓聽得就心酸，上司聽得皺眉尖。

上司不肯發糧餉，百姓不肯買米鹽。

愛民之軍處處喜，擾民之軍處處嫌。

我的軍士跟我早，多年在外名聲好。

如今百姓更窮困，願號我軍聽教訓。

軍士與民如一家，千記不可欺負他。

日日熟唱愛民歌，天和地和又人和。〔註7〕

　　蔣介石除了大力推介曾國藩《愛民歌》之外，又特別發揮「仁民愛物」的涵義。他說：

　　　　到一個地方，不僅能夠把自己的武器保存得很好，並且能夠保護愛惜人民一切對象。如此秋毫無犯，一塵不驚，使得老百姓都能安居樂業，當然他們要敬愛我們歡迎我們，處處地方要來幫助我們，結果我們到處都可得到意外的好處！但是如果你到一個地方，就將百姓住的房子占住，甚至門板窗戶都拆下來做柴燒，百姓所吃的東西，拿來吃了還不夠，還要丟掉：總之，軍隊所經過的地方，騷亂不堪：那麼，人民當然嫌惡我們，怨恨我們，甚至要暗中幫助敵人來危害我們！如此，試問我們軍隊前進的時候，後方怎麼能安全？這就是害百姓就是害我們自己的一個證據！這個道理在我們現在

〔註7〕《曾國藩全集‧詩文》，嶽麓書社，1986年，第429～430頁。

剿匪的軍事中，格外明顯，格外要緊，大家如果明白了這個道理，以後「仁民愛物」這四個字一定要切實做到！

　　……我們革命軍人最要緊的一個精神，就是仁民愛物。仁民就是愛百姓，愛物就是現在所講的要保重愛惜一般對象。比方我們吃的米，你若是不愛惜，隨便就可糟蹋許多；這些米，你若真是有多，拿來周濟難民，百姓當然感激；否則，我們自己也應當好好保存下來。又如普通一根棍子，你們如果能夠愛惜，不隨便丟了，到爬山的時候，就可以當作手杖，就助力很大。所以我們做軍人的沒有一草一木，一粥一飯，可以不愛惜的！我們為什麼要革命？就是要將這個已經殘破黑暗的社會，和腐敗紛亂的國家，重新整理起來，建設起來，改造出一個文明進步的新社會和光華燦爛的新國家，將一般迭遭天災人禍內憂外患痛苦不堪的人民，從水深火熱中拯救出來，使能同登衽席，共享安樂！這就是所謂仁民愛物。我們革命的目的既如此，所以我們如果不知道仁民愛物的道理，不能去身體力行，那就不配做革命軍軍人！因此，我們一般革命軍的軍官，必須以身作則，來教好一般士兵，使他們個個人能夠仁民愛物！無論到什麼地方，不要拆毀人家的房子，砍斷人家的樹木，破壞人家的東西，否則就不是革命軍，而和土匪沒有分別！那麼何必要我們革命軍呢？革命軍的特點，就是要能愛國愛民，如果將人家的東西毀壞，那就不叫愛民，而是害民了！大家要知道，害民是害了那一個？害民不是害了那一個，就是害我們自己！反轉來講，你如果愛民，也就是愛你自己！為什麼害民就是害自己，愛民就是愛自己？這個道理最明顯也最要緊！就是曾國藩在他的愛民歌中所講的「愛民之軍個個喜，擾民之軍處處嫌」。〔註8〕

8.4〔註9〕大將以救大局為主，並以救他人為主。須有「嘉善而矜不能」(1)之氣度，乃可包容一切。覺得勝仗無可驕人，敗仗無可尤人。即他人不肯救我，而我必當救人。（胡林翼）（蔣介石眉批：大將氣度）

〔註 8〕《總統蔣公思想言論總集‧卷十一演講》，中國國民黨中央委員會黨史委員會，1984 年，第 419～421 頁。
〔註 9〕本節指出《胡林翼集》（二），嶽麓書社，1999 年，第 440 頁。

【注釋】

（1）「嘉善而矜不能」：讚美品質好、能力強的人，憐憫素質低、能力差的人。語出《論語·子張》：「君子尊賢而容眾，嘉善而矜不能。」矜：憐憫，憐恤，同情。

【譯文】

大將以救大局、救他人為己任。必須有「讚美好人，又憐憫能力差的人」的氣度，才能包容一切。覺得打了勝仗也沒有什麼可驕傲的，打了敗仗也不必怨天尤人。在戰場上，即使他人不肯出手救我，而我卻必當救人。

【解讀】

胡林翼強調將領必須具備仁愛精神，將領之間必須彼此相顧，密切配合，「以救大局、救他人為己任」。曾國藩早在編練湘軍之初，就已經看到了八旗兵、綠營兵沒有戰鬥力，不堪一擊的根源，就是部隊之間的「勝則相忌，敗不相救」。他說：「今日之兵，極可傷恨者，在『敗不相救』四字。彼營出隊，此營張目而旁觀，哆口而微笑。見其勝，則深妒之，恐其得賞銀，恐其獲保奏。見其敗，則袖手不顧，雖全軍覆沒，亦無一人出而授手，拯救於生死呼吸之頃。」〔註10〕又說：「將與將不和，卒與卒不習；勝則相忌，敗不相救，即有十萬眾在我麾下，亦且各懷攜貳，離心離德。居今之世，用今之兵，雖諸葛復起，未必能滅此賊也。」〔註11〕曾國藩這裡惟妙惟肖、活靈活現地展示了當時綠營軍之間，互相看對方笑話的神態。他憤激地指出，以這樣的軍隊，即使諸葛武侯再世也無法打敗太平軍。因此，曾國藩下定決心要打造一支萬眾一心、諸將一氣的軍隊。「鄙意欲練勇萬人，呼吸相顧，痛癢相關，赴火同行，蹈湯同往。勝則舉杯酒以讓功，敗則出死力以相救。」〔註12〕他認為只有這樣，或許還有成功的一天。這一點，胡林翼與曾國藩的想法是完全一致的，甚至胡林翼在這裡強調的更加極端一點，不僅要做到敗則相救，而且即使「他人不肯救我，而我必當救人」。這既是出自胡林翼強烈的大局觀，也是其包容仁愛精神的體現。蔣介石眉批贊曰：「大將氣度！」

〔註10〕《曾國藩全集·書信一》，嶽麓書社，1990年，第 192 頁。
〔註11〕《曾國藩全集·書信一》，嶽麓書社，1990年，第 223 頁。
〔註12〕《曾國藩全集·書信一》，嶽麓書社，1990年，第 196 頁。

8.5〔註13〕必須諄囑將弁，約束兵丁，愛惜百姓，並隨時訪查，隨時董戒（1），使營團皆行所無事，不擾不驚，戢暴（2）安良，斯為美備。（胡林翼）

【注釋】

（1）董戒：監督管理、戒備。

（2）戢：止，停止。

【譯文】

必須諄諄叮囑將士，約束兵丁，愛惜百姓，並隨時進行訪查和監督，使軍中各營團都安好無事，不驚擾百姓，且能除暴安良。這算是一支美善完備的軍隊了。

【解讀】

愛惜百姓，不騷擾百姓，是治兵要義，自然是極正確的話。但如果只是一味宣傳，不去嚴格軍紀，則只能流於口號而已。因此，胡林翼此處強調的是落實，即隨時進行訪查和監督，真正造就一支仁義之師。

《荀子·議兵》曰：「仁義之兵，所存者神。」即仁義之兵，神都會幫助。明代兵書《草廬經略》主張要大興仁義之師，禁暴安民，平亂扶義。認為戰爭的目的不是為了炫耀武力，以殺為務，尤其強調軍隊不要擾民。《草廬經略·禁暴》篇對仁義之師有較為全面的說明，謹抄錄如下：

> 兵之興也，所以遏亂安民也。暴而不禁，是滋之亂，而民愈不安，殊菲從來征伐本意。故王者之師，倡仁而戰，扶義而征。喜其來而悲其晚，良以拔諸水火，而厝之生全也。師到之處，無暴神祇，無行田獵，無毀土壙，無燔牆屋，無焚林木，無掘丘墳，無取六畜、禾黍、器械，無掠婦女，見其老幼，慰歸無傷，雖遇壯者，不可無敵。敵若傷之，醫藥歸之。秋毫無犯，市肆不易，皆由主將禁戒之嚴，故其下奉命而不敢違也。由是仁風遐揚，士民歡呼鼓舞，有若更生，簞食壺漿，迎降載道。敵雖暴令，不行於效順之民；我即孤往，可藉力於新附之士。兵家所謂反客為主者，此其是矣。暴若弗禁，民必悉其所歸，逃匿大城，與之竭力死守；或藏溪谷，蹤跡無眹。吾糧食無從得，攻取又無效。然則向之不戢其眾者，寧非自害歟？

〔註13〕本節指出《胡林翼集》（二），嶽麓書社，1999年，第458頁。

8.6〔註14〕愛人當以大德，不以私惠。（胡林翼）

【譯文】

關愛別人，應當是出於大的仁德，不是施小恩小惠。

【解讀】

《孟子·離婁下》中講了一件事，說子產主持鄭國的政事時，曾經用自己乘坐的車去幫助別人渡過溱水和洧水。孟子批評他是「惠而不知為政」，即這是小恩小惠的行為，並不懂得從政。如果他十一月修好走人的橋，十二月修好通車的橋，百姓就不會為渡河而發愁了。在上位的人只要把政事治理好，出門時讓人迴避都可以，怎麼能去幫人一個個地渡河呢？如果執政的人要去討好每一個人，時間就太不夠用了。本來子產用自己乘坐的車幫百姓過河，在一般人看來是親民愛民的美德，但孟子是從政治家的角度來要求子產，批評他沒有把握從政的要領。孟子認為從政者的首要任務是把政務做好，要有大局觀，搞清輕重緩急，懂得抓大放小，不應以小恩小惠去取悅於人，更不應以此來沽名釣譽。所以，孟子的意思並不是說不應該在小事上幫助人，而是強調從政者要懂得如何善盡職責。《資治通鑒·魏紀七》載，諸葛亮說「治世以大德，不以小惠」，亦是此意。

「愛人當以大德，不以私惠」，是胡林翼給部下嚴樹森信中所言。他在此信中列舉一系列歷史往事，如宋仁宗派人採購海外早稻種子移植中國、春秋時孫叔敖興修芍陂、戰國時李冰修建都江堰水利工程等，他認為這些都是大功德。胡林翼在此告誡嚴樹森，對某某不宜「保奏太速」，然後說「愛人當以大德，不以私惠」，要從長遠著眼。

8.7〔註15〕軍行之處，必須秋毫無犯，固結民心。（胡林翼）

【譯文】

行軍所到之處，必須秋毫無犯，才能團結堅實民心。

【解讀】

曾國藩講「愛民為治兵第一要義」。愛民的重要表現，就是行軍所到之處，不騷擾民間，做到秋毫無犯。《史記·卷九二·淮陰侯列傳》載，楚漢相

〔註14〕本節指出《胡林翼集》（二），嶽麓書社，1999年，第495頁。
〔註15〕本節出自《胡林翼集》（二），嶽麓書社，1999年，第547頁。

爭時期，韓信因得不到項羽的重用就投奔劉邦，劉邦問韓信有什麼高見。韓信便把劉邦與項羽進行一番對比，他說：「項王所過無不殘滅者，天下多怨，百姓不親附，特劫於威強耳。名雖為霸，實失天下心。……大王之入武關，秋毫無所害，除秦苛法，與秦民約，法三章耳，秦民無不欲得大王王秦者。」項羽的軍隊所經過的地方，無不摧殘毀滅，天下的人大都怨恨，百姓不願歸附，只是迫於威勢，勉強服從。雖然名義上是霸主，實際上卻失去了民心。而劉邦進入武關，秋毫無犯，廢除了秦朝的苛酷法令，與秦地百姓約法三章，秦地百姓沒有不想要他在秦地做王的。因此，韓信總結劉邦軍隊與項羽軍隊的本質不同，在於劉邦愛民，對百姓秋毫無犯，深得民心。

8.8〔註16〕長官之於屬僚，須揚善公庭，規過私室。（胡林翼）

【譯文】

長官對於下屬，應當在公開場合進行表揚，批評、規勸則應當在私下進行。

【解讀】

本節所言，胡林翼稱是引自他人，曾國藩也說過相似的話，由於曾國藩後來名聲比較大，後人多將「揚善於公庭，規過於私室」歸於曾國藩名下。曾國藩的原話是，「務須尊賢容眾，取長補短，揚善於公庭，規過於私室，庶幾人服其明而感其寬」〔註17〕。別人的善行要在公開場合進行表揚，使其美名傳揚。長官批評、規勸下屬，要在私下場合進行，不僅是為了給人面子，避免讓人難堪，也便於轉圜溝通。這是仁愛的一種表現，與隱惡揚善有相似之處。

8.9〔註18〕聖賢仙佛（1），英雄豪傑，無不以濟人濟物為本，無不以損己利人為正道。（胡林翼）

【注釋】

（1）聖賢仙佛：聖賢是儒家最高的理想人格；成仙則是道教的修煉目

〔註16〕本節出自《胡林翼集》（二），嶽麓書社，1999年，第981頁。
〔註17〕《曾國藩全集·書信八》，嶽麓書社，1994年，第5885頁。
〔註18〕本節出自《胡林翼集》（二），嶽麓書社，1999年，第75頁。

標；成佛則是佛家的最高境界。三者構成儒道佛三家的最高理想和境界。

【譯文】

大凡儒家之聖賢，道家之神仙，佛家之諸佛，以及一切英雄豪傑，無不以助人利物為根本，又無不以犧牲自己，成就別人為正道。

【解讀】

聖賢、仙、佛，是中國文化中儒道佛三家的最高理想。英雄豪傑是世人所理解的人格目標。但無論是信仰層面的聖賢、仙、佛，還是世俗層面的英雄豪傑，都是以助人利物為根本，以犧牲自己，成就別人為正道，一切皆以仁愛為出發點。

8.10〔註19〕**愛人之道，以嚴為主，寬則心馳而氣浮。（胡林翼）**（蔣介石眉批：愛人之道）

【譯文】

愛人之道，以嚴格要求為主，過寬則使之心馳而氣浮。

【解讀】

愛人之道，不是嬌生慣養，不是姑息縱容，過於寬容不僅不能成就人，反足以害人。古往今來，未有不嚴格管理，嚴加訓練，而能成就人才的。因此，孟子有「苦其心志，勞其筋骨」之說。

8.11〔註20〕**自來義士忠臣，於曾經受恩之人，必終身奉事惟謹。韓信為王，而不忘漂母一飯之恩。張蒼作相，而退朝即奉事王陵及王陵之妻如父母，終身不改。此其存心正大仁厚，可師可法。（胡林翼）**

【注釋】

（1）韓信為王句：《史記·淮陰侯列傳》載，韓信當初為平民百姓時，
　　　既貧窮又品行不好，經常寄居在別人家吃閒飯，人們大多厭惡他。
　　　韓信不得不在城下釣魚為生，一個漂洗絲絮的老大娘見他可憐，

〔註19〕本節出自《胡林翼集》（二），嶽麓書社，1999年，第300頁。
〔註20〕本節出自《胡林翼集》（二），嶽麓書社，1999年，第744頁。

就拿出飯給韓信吃。一連十幾天都如此。韓信很高興，對那位大娘說：「我一定重重地報答老人家。」大娘生氣地說：「大丈夫不能養活自己，我是可憐你這位公子才給你飯吃，難道是希望你報答嗎？」後來韓信成為楚王，特地找到那位漂絮大娘，送給她一千金酬謝。

（2）張蒼作相句：《史記‧張丞相列傳第三十六》載，張蒼對曾經救過自己性命的王陵感恩戴德。張蒼作了高官之後，經常把王陵當作父親一般侍奉。王陵死後，張蒼已經是丞相了，但是每逢五天一休假的時候，總是先拜見王陵夫人，獻上美食之後，才敢回家。

【譯文】

自古以來，義士忠臣，對於曾經有恩於自己的人，必定終身恭謹侍奉。漢初韓信被封王，卻不忘當初漂母的一飯之恩。張蒼作了丞相，每次下朝之後，便去侍奉有恩於自己的王陵夫婦，就像父母一樣，且終身不改。這是因為他們內心正大光明、仁愛厚道，值得後世效法。

【解讀】

在別人失意落魄，或危難之際，施與援手，給予一點幫助，正是宅心仁厚的表現，漂母、王陵是也。知恩圖報，滴水之恩，湧泉相報，則是仁義君子的表現，韓信、張蒼是也。兩人，一人得以成就大事業，一人得以盡享天年，誰能說這不是對仁義君子的回報。

8.12〔註21〕不慌不忙，盈科後進（1），向後必有一番回甘滋味出來。（增補曾國藩）

【注釋】

（1）盈科後進：泉水遇到坑窪，要充滿之後才繼續向前流。比喻學習要步步落實。語出《孟子‧離婁下》：「原泉混混，不捨晝夜，盈科而後進，放乎四海。」

【譯文】

不慌不忙，循序漸進，經過一些困難和挫折的考驗後，必會有一番甜美

〔註21〕本節出自《曾國藩全集‧家書一》，嶽麓書社，1985年，第359頁。有的《曾胡治兵語錄》版本中，無此節。

滋味出來。

【解讀】

　　湘軍名將李續賓打仗的特點是「不輕進，不輕退」（本書 9.18），臨戰時悠然自若，氣定神閒。曾國藩信中說弟弟曾國荃打仗勇敢和銳氣有餘，而沉毅不足，因而告誡曾國荃要效法李續賓腳踏實地、不慌不忙、循序漸進，過後必然苦盡甘來。曾國藩將這樣一種理念，編成一幅對聯，曰：「打仗不慌不忙，先求穩當，次求變化，辦事無聲無臭，既要老到，又要精明。」〔註22〕

■蔡鍔按：帶兵如父兄之帶子弟一語，最為慈仁貼切。能以此存心，則古今帶兵格言，千言萬語，皆可付之一炬。父兄之待子弟，慮其愚蒙無知也，則教之誨之；慮其飢寒苦痛也，則愛之護之；慮其放蕩無行也，則懲戒之；慮其不克發達也，則培養之。無論為寬為嚴，為愛為憎，為好為惡，為賞為罰，均出之以至誠無偽，行之以至公無私。如此則弁兵愛戴長上，亦必如子弟之愛其父兄矣。（蔣介石眉批：帶兵如帶子弟）

軍人以軍營為第二家庭，此言殊親切有味。然實而按之，此第二家庭，較之固有之家庭，其關係之密切，殆將過之。何以故？長上之教育部下也，如師友，其約束督責愛護之也，如父兄。部下之對長上也，其恪恭將事，與子弟之對其師友父兄，殆無以異耳。及其同蒞戰役也，同患難，共死生，休戚無不相關，利害靡不與共。且一經從戎，由常備而續備，由續備而後備，其間年月正長，不能脫軍籍之關係。一有戰事，即須荷戈以出，為國宣勞。此以情言之耳。國為家之集合體，衛國亦所以衛家，軍人為衛國團體之中堅，則應視此第二家庭為重。此以義言之耳。（蔣介石眉批：軍營為第二家庭、軍人為衛國團體之中堅）

古今名將用兵，莫不以安民愛民為本。蓋用兵原為安民，若擾之害之，是悖用兵之本旨也。兵者民之所出，餉亦出之自民。索本探源，何忍加以擾害？行師地方，仰給於民者，豈止一端。休養軍隊，採辦糧秣，徵發夫役，探訪敵情，帶引道路，何一非藉重民力！若修怨於民而招其反抗，是自困也。至於興師外國，亦不可以無端之禍亂，加之無辜之民，

〔註22〕《曾國藩全集‧詩文》，嶽麓書社，1986 年，第 113 頁。

致上干天和，下招怨黷（1），仁師義旅，決不出此。此海陸戰條約所以嚴擄掠之禁也。（蔣介石眉批：用兵本旨）

【注釋】

（1）怨黷（dú）：怨恨誹謗。

【譯文】

蔡鍔按：曾公「帶兵如父兄之帶子弟」這句話，極為仁慈貼切。能把這句話牢記心裏，則古今以來的帶兵格言，千言萬語，都可以付之一炬。父兄對待子弟，擔心他們愚昧無知，於是常常教誨他們；擔心他們飢寒痛苦，於是對他們愛護有加；擔心他們行為放蕩，於是懲戒他們；擔心他們不能成功發達，於是努力培養他們。無論是寬是嚴，是愛是憎，是好是惡，是賞是罰，都是出自至誠無偽之心，行之以公正無私之心。如果是這樣，則士兵愛戴長官，就如子弟愛戴他們父兄一樣了。

軍人以軍營為第二家庭，這話聽起來特別親切有味。而實際上，這第二家庭比起本有的家庭其關係更加親密。何以如此呢？長官教育部下，如同師友，對士兵的約束、督責和愛護，如同父兄。部下對長官，其恭敬行事的態度，與子弟對待父兄一樣，沒有差別。到了戰場上，則同生死，共患難，休戚與共，利害相關。而且一旦從軍，由常備兵而續備兵，由續備兵而後備兵，其間歲月很長，不能脫軍籍關係。一有戰事，就要持槍上陣，保衛國家。這是從情感角度而言。國乃是家的集合體，保衛國也就是保衛家，軍人是保衛國家的中堅力量，因此，應當把軍隊這第二家庭看的更重一些。這是從道義角度而言。

古今名將用兵，沒有不把安民愛民作為根本的，因為用兵的目的就是為了安民，如果反而騷擾禍害百姓，就從根本上違背了用兵的宗旨。軍人出自百姓，糧餉也是出自百姓，溯本追源，怎忍心擾害百姓呢？在地方行軍打仗，仰仗百姓的地方何止一個方面，休養軍隊，採辦糧草，徵發勞役，探察敵情，帶引道路，哪一項不是要藉重民力！如果得罪百姓，使其怨聲載道，招致反抗，則是自己困住自己。至於對國外用兵，也不能製造無端禍亂，加在無辜百姓身上，乃至上犯天和，下招民怨，這決不是仁義之師做的事。這也是海戰、陸戰條約之所以要嚴禁擄掠的原因。

【解讀】

蔡鍔極為稱讚曾國藩「帶兵如父兄之帶子弟」的說法，又提出「父兄之

待子弟,慮其愚蒙無知也,則教之誨之;慮其飢寒苦痛也,則愛之護之;慮其放蕩無行也,則懲戒之;慮其不克發達也,則培養之」,更加詳盡地落實了曾國藩期待士卒「個個學好,人人成材」的理念,是對古代兵法中關愛士卒之說的進一步完善和提升。

蔡鍔稱「軍人以軍營為第二家庭」,若帶兵果如父兄帶子弟,甚至這第二家庭比自己原本的家庭,其關係會更親密。這是由於彼此同生死、共患難、休戚與共、利害相關的這種關係,在自己的家庭中是體會不到的。因此,常言軍隊是大熔爐、大學校,軍人自應將這第二家庭看的更重一些。

民為邦本的民本思想在我國有著悠久的歷史傳統,《管子・形勢解》曰:「人主,天下之威者也。得民則威立,失民則威廢。蛟龍待得水而後立其神,人主待得民而後成其威。」《管子・牧民》曰:「政之所行,在順民心;政之所廢,在逆民心。」《六韜・發啟》曰:「利天下者,天下啟之;害天下者,天下閉之。」《呂氏春秋・順民》曰:「先王先順民心,故功名成。……失民心而立功名者,未之曾有也。」賈誼《新書・大政》曰:「夫民者,萬世之本也,不可欺。」王符《潛夫論・邊議》曰:「國以民為基。」朱熹《四書集朱・孟子・盡心下》曰:「國以民為本,社稷亦為民而立。」受此思想影響,古今名將用兵,沒有不把安民愛民作為根本的。民心向背是取決於戰爭勝負的關鍵因素,因為糧食需要民眾種植,財物需要民眾付出,武器需要民眾生產,運輸需要民眾承擔,城池需要民眾修建,勇氣需要民眾勉勵,強大需要民力支持……,從政治、經濟、軍事、思想狀況等,無一不與民眾支持息息相關。正如蔡鍔所言:「休養軍隊,採辦糧秣,徵發夫役,探訪敵情,帶引道路,何一非藉重民力!」因此,蔡鍔指出,溯本追源,怎忍心擾害百姓呢?而且蔡鍔特別指出,對外用兵,騷擾民間也同樣是不能接受的,上犯天和,下招民怨,決非仁義之師所當為。

蔣介石說:「曾文正曰:『行軍以不擾民為本。』不擾民者,即救民也,蔡松坡曰:『兵者民之所出,餉亦出之自民,溯本窮源,何能加以擾害?師行地方,仰給於民者,豈止一端?休養軍隊,採辦糧秣,徵發伕役,探訪敵情,帶行道路,何一非藉重民力?若修怨於民,而招其反抗,是自困也。』」蔣介石對曾國藩與蔡鍔的這兩段話進行了深入解讀。他說:

> 這就是講怎麼叫做救民?軍隊與人民是如何的一種關係?我們軍隊行軍作戰,最緊要的是什麼?這幾件事曾蔡二氏說得非常透

徹。我們軍隊無論何時，尤其是行軍作戰的時候，最要緊的就是不
擾民，擾民就是土匪，不擾民就是愛民之始，也就是救民。尤其是
蔡松坡解釋兵與人民關係的一段話，最緊要，最精警。你們大家要
知道，兵是從那裡來的？是從百姓中徵調或招募而來的；所以兵就
是民，軍民原屬一體。再問我們的軍餉從那裡來的？全是從百姓的
捐稅中拿來的，所以說：「餉亦出之自民。」既然兵是出之自民，餉
也是仰給於民，那麼，我們應當記得：我們自己的父母兄弟妻子親
戚朋友，統統是人民，如果我們擾害百姓，擾害人家的父母兄弟妻
子，旁人不也是要擾害我們自己家裏的父母兄弟妻子，和自己的親
戚朋友嗎？所以軍隊如果擾民，就是擾害了軍人自己的骨肉親友！
何況我們的軍餉仰給於人民，人民就是我們軍隊的衣食父母，古人
一飯尚且不忘，我們就連衣食父母也要擾害嗎？所以說：「溯本窮
源，何能加以擾害？」我們明白了這個道理，當然不會擾民，不敢
擾民了。再退一步專就我們本身利害來講，也萬不可擾民，因為：
「師行地方，仰給於民者，豈止一端？休養軍隊，採辦糧秣，徵發
伕役，探訪敵情，帶行道路，何一非藉重民力？」你們看我們行軍
打仗這些重要的事，統統要藉重人民的力量，如果你擾害人民，人
民就要怨恨我們反抗我們，那我們就是自己危害自己，自己消滅自
己！你們不僅要深切的懂得這個道理，而且回到各部隊，一定要對
士兵講明這個道理，常常要告訴他們：我們為什麼要愛民？如果不
愛民的時候，我們軍隊自己將受到如何的困難危險？只要一些士兵
統統懂得這道理之後，一定能夠全軍相戒不擾民，便能愛護百姓，
也就救民了！

　　「我們革命之口號：曰不怕死！曰不貪財！曰愛國家！曰愛百
姓！……」「拉伕者，擾民也；姦淫者，擾民也；搶奪者，擾民也；
索錢者，擾民也。凡有一於此者，必殺無赦，以實行我革命軍救國
救民之三民主義也。」

　　……最緊要的事情，就是不擾民，現在更要舉出幾件具體的擾
民事情來，來叫大家絕對不做。拉伕就是擾民，姦淫搶奪就是擾民，
索錢捐款也是一樣擾民。這幾種就是情節重大而為擾民之尤者，如
果那個犯了一項，一定要以軍法從事必殺無赦！為什麼呢？為的是

要實行我革命軍救國救民的主義！我們的三民主義是愛國愛民的主義，是救國救民的主義，我們要實現三民主義，所以我們一定要真能愛國愛民，真能救國救民！如果擾害百姓的時候，那就違反了三民主義，成了我們革命軍的敵人，我們也一定拿來要像對土匪一樣的懲辦，然後才能樹立我們三民主義的革命軍的紀律，來完成我們革命的使命！

「愛民為治兵第一要義。」所謂治兵就是帶兵，帶兵最要緊的道理，就是要愛民，從消極方面來講，就是首先要做到剛才所講的不擾民。〔註23〕

〔註23〕《總統蔣公思想言論總集・卷十一演講》，中國國民黨中央委員會黨史委員會，1984 年，第 534～536 頁。

第九章　勤　勞

【題解】

蔣介石說：「曾國藩治軍之道，以勤為先，胡林翼也說軍旅之事，非以身先勞之，事必無補。」〔註1〕曾國藩反覆強調，「治軍之道，以勤字為先」（9.4），指出「習勞為辦事之本」（9.19），「百種弊端，皆由懶生」（9.3），「精神愈用而愈出，不可因身體素弱，過於保惜」（9.17），強調去「驕」，去「惰」。胡林翼則強調，「軍旅之事，非以身先之勞之，事必無補」（9.8）。

9.1〔註2〕練兵之道，必須官弁晝夜從事，乃可漸幾於熟。如雞伏卵，如爐煉丹，未可須臾稍離。（曾國藩）（蔣介石眉批：練兵之道）

【譯文】

練兵之道，必須官兵晝夜訓練，才可能漸至於熟練。好比母雞孵卵，火爐煉丹，一刻也不能離開。

【解讀】

軍事訓練最忌三天打魚，兩天曬網，貴在堅持不懈，不中斷。其實，推而廣之，凡事皆然。

〔註1〕《總統蔣公思想言論總集・卷十一演講》，中國國民黨中央委員會黨史委員會，1984年，第222頁。
〔註2〕本節出自《曾國藩全集・書信一》，嶽麓書社，1990年，第326～327頁。

9.2〔註3〕天下事，未有不由艱苦中得來，而可大可久者也。（曾國藩）

【譯文】

天下的事情，沒有不從艱難困苦中得來，而能壯大持久的。

【解讀】

北宋哲學家張載《正蒙・乾稱篇》曰：「貧賤憂戚，庸玉汝於成也。」意思是說，人在貧賤憂患中，受到了鍛鍊，可以成就一個人。所以說，貧賤憂戚是上天為了寶愛他，用來磨煉成就他的手段。後來這話演變成人們常說的，「艱難困苦，玉汝於成」。強調人若成大器，必須經過艱難困苦的磨練。

9.3〔註4〕百種弊端，皆由懶生。懶則弛緩，弛緩則治人不嚴，而趣功不敏。一處弛，則百處懶矣。（曾國藩）

【譯文】

世間的種種弊病，都是從懶惰而生。懶惰就會鬆弛懈怠，管理治人就會不嚴格，而建功立業之心也就不迫切。所以說，一處遲緩會導致處處懈怠。

【解讀】

好逸惡勞是人的本能，因此現實中，人大多數是懶惰的，盡可能逃避勞作。曾國藩說：「凡人之情，莫不好逸而惡勞，無論貴賤智愚老少，皆貪逸而憚於勞，古今之所同也。」（本書13.18）有人把懶惰視為安逸、休息，甚至是幸福，但實際上給人的往往是倦怠、無聊和消沉，足以破壞人對前途的期盼，以及對人生的懷疑。懶惰的人即使有著宏大的目標，也缺乏去做的勇氣。因此，懶惰拖延極具破壞性，是一種危險的惡習，一旦形成根深蒂固的習慣，會使人喪失進取心。另外，懶惰也是天主教所謂「七宗罪」之一。但丁《神曲》裏，對懶惰者的最終懲罰是丟入蛇坑。曾國藩對懶惰行為深惡痛絕，可見無論東西方，懶惰確實是人類共同的頑疾。

9.4〔註5〕治軍之道，以勤字為先。身勤則強，逸則病。家勤則興，懶則

〔註3〕本節出自《曾國藩全集・日記一》，嶽麓書社，1987年，第527頁。

〔註4〕本節出自《曾國藩全集・日記二》，嶽麓書社，1988年，第988頁。與5.32重複。

〔註5〕本節出自《曾國藩全集・書信三》，嶽麓書社，1992年，第1752頁。

衰。國勤則治，怠則亂。軍勤則勝，惰則敗。惰者，暮氣也，常常提其朝氣。（曾國藩）（蔣介石眉批：治軍之道）

【譯文】

治軍之道，當以「勤」字為先。身體勤則強壯，貪圖安逸則生病。家勤則家興旺，懶惰則家衰敗。國勤則國治，怠惰則國亂。軍隊勤則必勝，懶惰則必敗。懶惰是暮氣的表現，因此要培養和提起軍隊的朝氣。

【解讀】

曾國藩曾就為官者個人的角度，提出了五勤的要求：「一曰身勤：險遠之路，身往驗之；艱苦之境，身親嘗之。二曰眼勤：遇一人，必詳細察看；接一文，必反覆審閱。三曰手勤：易棄之物，隨手收拾；易忘之事，隨筆記載。四曰口勤：待同僚，則互相規勸；待下屬，則再三訓導。五曰心勤：精誠所至，金石亦開；苦思所積，鬼神跡通。」﹝註6﹞這裡，曾國藩又對舉了「身」「家」「國」「軍」四個方面，在「勤」與「惰」兩種情況下，所得到的不同結果，藉此說明「勤」之重要。

對於治軍而言，為何「勤」很重要呢？心理學認為，懶惰是人心理上的一種厭倦情緒，它使人遇事拖延推諉，慢慢喪失進取心，最終成為根深蒂固的惡習。可想而知，這樣一種行為習慣，若是在軍隊中存在，將是多麼可怕！曾國藩極富見地地指出，懶惰是暮氣的表現，而軍隊恰恰要培養和提起朝氣。懶惰是軍隊的大敵，故治軍必以勤字為先。

9.5﹝註7﹞治軍以勤字為先，由閱歷而知其不可易。未有平日不早起，而臨敵忽能早起者。未有平日不習勞，而臨敵忽能習勞者。未有平日不能忍饑耐寒，而臨敵忽能忍饑耐寒者。（曾國藩）

【譯文】

治軍以「勤」字為先，從自己的閱歷知道這確實是不可更改的真理。沒有平日不早起，而在臨戰時忽然能早起的。沒有平日不吃苦耐勞，而臨戰忽然能吃苦耐勞的。沒有平日不能忍饑耐寒，而臨戰忽然能忍饑耐寒的。

﹝註6﹞《曾國藩全集・詩文》，嶽麓書社，1986年，第439頁。
﹝註7﹞本節出自《曾國藩全集・書信三》，嶽麓書社，1992年，第1762頁。

【解讀】

上一節，曾國藩從理念層面分析了何以治軍要以勤字為先。這裡他又連絡人們日常生活的切身經歷，再次指出，人一旦平時養成好睡懶覺、好吃懶做、嬌生慣養的懶惰習性，便不可能在軍隊臨戰時突然變得能早起，能吃苦耐勞，能忍饑耐寒。

9.6〔註8〕每日應辦之事，積擱過多，當於清早單開本日應了之件，日內了之，如農家早起，分派本日之事，無本日不了者，庶幾積壓較少。（曾國藩）（蔣介石眉批：辦事之法）

【譯文】

如果明天應該處理的事情積壓過多，就應當在清早開列一個本日應完成事項的單子，在當天完成。好比農家早起，分派當日應完成事項，便沒有當天完不成的。這樣積壓完不成的事就會越來越少。

【解讀】

這裡，曾國藩是在教導部下如何養成勤快的好習慣，親自講解示範辦事之法，可謂用心良苦。

9.7〔註9〕養生之道，莫大於懲忿窒欲，多動少食。（曾國藩）（蔣介石眉批：養生之道）

【譯文】

養生之道，莫過於克制憤怒，節制欲望，多動少食。

【解讀】

《周易·損卦》曰：「君子以懲忿窒欲。」《周易·益卦》曰：「君子以見善則遷，有過則改。」周敦頤將兩者歸納為「懲忿窒欲、遷善改過」。由此，「懲忿窒欲、遷善改過」成為儒家重要的修持工夫，後來被朱熹收入《白鹿洞書院揭示》之中，作為白鹿洞書院學規和修身方法。周敦頤《通書·乾損益動第三十一》曰：「君子乾乾不息於誠，然必懲忿窒欲、遷善改過而後至。」君子要剛健不息以達到誠，前提是要做到能夠戒除忿怒，止息欲望，改過

〔註 8〕本節出自《曾國藩全集·日記二》，嶽麓書社，1988 年，第 784 頁。
〔註 9〕本節出自《曾國藩全集·日記一》，嶽麓書社，1987 年，第 578 頁。

遷善。

「懲忿窒欲」是從養心上下工夫；「多動少食」則是從養身上下工夫。養生之道，人多以養身為主，容易忽視養心，曾國藩將兩者並重，可謂深得養生要訣。只是由於常年征戰，身心疲憊，其健康受到嚴重損害，曾國藩僅享年六十一歲。

9.8〔註10〕軍旅之事，非以身先之勞之，事必無補。古今名將，不僅才略異眾，亦且精力過人。（胡林翼）

【譯文】

軍旅之事，如果將領不能身先士卒，吃苦在前，享受在後，軍事必將難以補救。古今名將，往往不僅才略出眾，而且常常精力過人。

【解讀】

明代兵書《草廬經略》專有《將勤》一章，要求將領要勤力治軍，身先士卒，並指出將領需要親力親為的具體方面：「營寨部隊，躬為督視；軍資器械，親董其事；撫降馭下，情意懇惻；賓客遊士，不妨折節；詞訟聽覽，曲直欲明；簿書箋牘，校讎欲情；遴選眾職，務得其人；賞罰群類，務服其心；外察敵人，欲詳以審；內職軍情，務密以精。千綱萬目，無不瞻舉。非有奇術，總由將勤。」這其中，對軍隊中可能發生的大事小情，不厭其詳地指出將領應當努力的方向。蔣介石在總結曾國藩、胡林翼等人對軍旅勤勞論述的基礎上，又有重要且詳盡的發揮：

> 在一切實際生活中，我們要如何才可做到真實呢？第一個要件就是「勤勞」，因為我們只要不想偷懶，不怕吃苦，真能勤勞的話，什麼事都很容易做成，什麼事都可因為我們的精神貫注，而能夠做得周密確實，也正因為我們一般高級將領能勤勞，然後一般部下，才不敢偷懶，不敢敷衍，大家養成勤勞的習慣，和做事的風氣，如此則事事物物，當然可以一天比一天臻於實在了。本來勤勞是個人以至整個國家轉弱為強的基本要道，而我們要帶兵能夠帶得好，作戰能夠打勝仗，勤勞更屬緊要，所以說「治軍之道，以勤為先」，「軍旅之事，非以身先之勞之，事必無補」，「總須腳踏實地，克勤

〔註10〕本節出自《胡林翼集》（二），嶽麓書社，1999年，第125頁。

小物，乃可日趨有功」，「成大事者，規模遠大，綜理密微，缺一不可。」這都是確鑿不移顛撲不破的至理名言。我們每一個革命軍人，尤其是各位高級將領所應洞明徹悟，身體力行的，莫如「綜理密微」四個字，乃為勤勞的入手致力之處，大家格外要努力做到，現在中國的帶兵官，特別的難做，特別的要勤勞，因為不僅軍官本身的職責要盡到，凡是軍隊裏一切的人，一切的事和一切的物，無論是軍官軍佐、戰鬥兵或雜役兵，無論是指揮、訓練、經理、衛生、通信、交通，無論是餉項、糧秣、被服、武器、彈藥和馬匹、車輛，那怕是極細微的事務，我們的精神都要貫注到，然後才算綜理密微，軍隊才帶得好。這還只就平時對於軍隊本身的事務而言，若再就我們現在所擔負的剿匪任務來講，那麼，我們軍官應做的事情更多，職責更為繁複了，因為許許多多軍隊本身以外的事情，如匪區的封鎖，社會的調查，團隊的組織和訓練，社會教育之推行，各地碉堡的修築，公路的興修，以及其他種種政治經濟社會方面的事情，在剿匪區域剿匪期間以內，都要靠我們軍隊，尤其是要一般高級將領，能夠苦其心志，勞其筋骨來切實督導扶持，然後才能推行順利，循序漸進。惟有這樣，剿匪的任務才能順利完成。比方要真能嚴密封鎖匪區，第一就要靠我們做官長的能認真監督，切實巡查，執行一切封鎖的辦法，尤其是要勤於巡查，而巡查又必於大風大雨或夜深人靜，大家所不及防的時候，且要巡查其所不及料的地方。單是這一件事情，也就要我們勤勞刻苦了。所以現在中國的軍官，一定要格外的勤勞刻苦，不好有一點擺架子，貪安逸，各人至少要將現在的地位降三級來做事，這就是說，我做統帥的不僅要盡統帥的職責，而且要能同時做軍長師長所要做的一切事情。你們做軍長師長的也是一樣，除本身的職責以外，必須兼做師長旅長以至團長營長所做的事情。以下旅長團長營長以至連排長都可以此類推，總要格外勤勞刻苦，才配做今日剿匪的軍官，才可以成功立業。你不要怕自己精神不夠，智慮不及，須知「精神愈用而愈出，智慧愈苦而愈明」，只要我們自己注重衛生，辦事得法，沒有吃不得的苦，辦不了的事，我常常告訴大家，「一分精神，一分事業」，我們要成功大事業，只有從「勤勞」二字做起，關於勤勞的要旨，我已

經講過許多，大概最要緊的，就是要以「事必躬親」的精神，做到確能「綜理密微」的地步。即須於古人所講「心到、目到、口到、手到」之外，更能「腳到」。從此務須做到「五到」，才能算得勤勞，才可做到確實。〔註11〕

9.9〔註12〕將不理事，則無不驕縱者；驕縱之兵，無不怯弱者。（胡林翼）

【譯文】

將領懶於理事，則士兵沒有不驕縱的；驕縱的士兵，則沒有不膽小懦弱的。

【解讀】

古代兵書《百戰奇法》有《驕戰》一章，其中曰：「凡敵人強大，未能必取，須當卑辭厚禮，以驕其志。候其有隙可乘，一舉可破。」意思是說，凡是敵人強大，沒有取勝把握的情況下，應當用謙卑的詞語和厚重的禮物，來麻痺敵人，使其驕傲自大。等待可乘之機，一舉擊破它。書中舉了一個典型戰例，三國時關羽帥軍北伐，活捉魏將于禁，斬龐德，圍困曹仁於樊城，關羽之名威震華夏。吳國守將呂蒙與陸遜商議，認為關羽向來勇猛，又深得荊州百姓擁戴，加之剛打勝仗，氣勢正盛，不易圖謀。陸遜接替呂蒙守陸口後，立即寫信給關羽，極盡恭維之辭，關羽看到陸遜對自己極為謙恭敬仰，於是大為放心，對吳國不再有所疑忌。吳主孫權於是乘關羽鬆懈之際，令呂蒙和陸遜暗中派兵北上，攻佔了公安和南郡兩地。

驕傲而放鬆警惕，必然疏於對軍隊事務的管理，不能勤於操練，時時演習。久之，軍隊的上上下下，便會彌漫驕縱之氣。在安逸放縱中迎敵，未有不敗的。

9.10〔註13〕凡兵之氣，不見仗則弱，常見仗則強。久逸則終無用處，異日則必不可臨敵。（胡林翼）

〔註11〕《總統蔣公思想言論總集·卷七專著》，中國國民黨中央委員會黨史委員會，1984年，第38～40頁。
〔註12〕本節出自《胡林翼集》（二），嶽麓書社，1999年，第243頁。
〔註13〕本節出自《胡林翼集》（二），嶽麓書社，1999年，第443～444頁。

【譯文】

大凡軍隊的士氣，不打仗則必然虛弱，常打仗則必然旺盛。長久安逸，軍隊就會喪失戰鬥力，將來無法上陣臨敵。

【解讀】

戰爭是敵對雙方力量的競爭。雙方的力量體現在兩個方面：一是國家經濟實力、武器裝備、軍隊數量等物質方面的力量；二是軍心、士氣、將帥心理素質、謀略水平等精神方面的力量。胡林翼所謂「兵之氣」，即士氣是精神力量中一個重要方面。

著名的《曹劌論戰》說：「夫戰，勇氣也。」《孫子兵法·軍爭》曰：「三軍可奪氣」，即對敵人的軍隊要打擊它的士氣。《吳子·論將》提出打仗的關鍵問題，第一個就是士氣。《司馬法·嚴位》曰：「凡戰，以力久，以氣勝。」《尉繚子·十二陵》曰：「戰在於治氣」，即戰鬥關鍵在於激勵士氣。《淮南子·兵略訓》曰：「勝在得威，敗在失氣。」《衛公兵法》指出，兵有三勢，氣勢第一。《唐太宗李衛公問對·卷下》曰：「用兵之法，必先察吾士眾，激吾勝氣，乃可以擊敵焉。」宋朝將領張浚《歷代名臣奏議·卷二三二》曰：「用兵之道，以氣為主，氣勝則強，氣衰則弱。」以上歷代兵法無不說明，「士氣」是決定戰鬥雙方強弱、勝敗的關鍵因素。因此，培養和激勵士氣，就成為歷代兵家非常重視的問題。其中，養吾正氣，防其邪氣；練吾膽氣，防其恐氣；嚴吾剛氣，防其驕氣；葆吾銳氣，防其暮氣……，都是重要方面。胡林翼此處所言，就是要求勤於練兵，不能貪圖安逸，要培養軍隊的勝氣，而防止敗氣。

9.11〔註14〕兵事如學生功課，不進則退，不戰則並不能守。敬姜之言曰：「勞則思，逸則淫。」(1)設以數萬人屯兵境上，無論古今無此辦法，且久逸則筋脈皆弛，心膽亦怯，不僅難戰，亦必難守。（胡林翼）

【注釋】

（1）敬姜之言句：敬姜，齊侯之女，姜姓，諡曰敬，是魯國大夫公父文伯的母親，世稱賢母。《敬姜論勞逸》是春秋戰國時期家訓的代表

〔註14〕本節出自《胡林翼集》（二），嶽麓書社，1999年，第469頁。其中「敬姜」前句，亦出自是書第1084頁。

作，後被收入《古文觀止》。原典出自《國語‧魯語下》：「昔聖王
之處民也，擇瘠土而處之，勞其民而用之，故長王天下。夫民勞則
思，思則善心生；逸則淫，淫則忘善，忘善則噁心生。沃土之民不
材，逸也；瘠土之民莫不向義，勞也。」孔子對敬姜不貪圖安逸表
示稱讚。

【譯文】

用兵之事如同學生做功課，不進則退，不能戰鬥也就不會堅守。敬姜曾
說：「人們辛勞就會思考，安逸就會放縱慾望。」假如以數萬軍隊駐紮在邊境
上毫無作為，無論古今，都沒有這樣做法。而且長久放逸會使人筋骨鬆弛，
心膽怯懦，不僅難以戰鬥，即使固守也很困難。

【解讀】

所謂生於憂患死於安樂，軍隊若貪圖安逸沒有不敗亡的。此處，胡林翼
借《敬姜論勞逸》之說，警示治軍要勤勉，不能貪圖安逸，無所作為。

9.12〔註15〕淫佚酒色，取敗之媒，征逐嬉娛，治兵所戒。金陵圍師之潰
（1），皆由將驕兵惰，終日酣嬉，不以賊匪為念。或樂桑中之喜（2），或
戀室家之私，或群與縱酒酣歌，或日在賭場煙館，淫心蕩志，樂極忘
疲，以致兵氣不揚，禦侮無備，全軍覆沒，皆自宣淫縱慾中來也。夫兵
猶火也，不戢則焚。兵猶水也，不流則腐。治軍之道，必以苦其心志、
勞其筋骨為典法。（胡林翼）（蔣介石眉批：此今日廣東之現象也；治軍
法典）

【注釋】

（1）金陵圍師之潰：清朝為鎮壓太平天國，組織全國各地質素較好的綠
營官兵，在南京城東孝陵衛駐紮，成為江南大營。前後分為兩期，
但都被太平軍所攻破。自此，清朝政權不得不完全依賴曾國藩、胡
林翼等所創辦的湘軍武裝。根據胡林翼寫作此文時間，其所謂「金
陵圍師之潰」，當是指 1860 年（咸豐十年）五月，第二次江南大營
被太平軍李秀成部所擊潰一事。
（2）桑中之喜：指男女不依禮法的結合。典出《左傳‧成公二年》：春秋

〔註15〕本節出自《胡林翼集》（二），嶽麓書社，1999 年，第 1007～1008 頁。

時，楚共王即位，準備發動陽橋戰役以援救齊國，並派巫臣到齊國去告知出兵日期。申叔路遇巫臣，知巫臣已娶夏姬為妾，並將與之偕逃，便說：「異哉！夫子有三軍之懼，而又有桑中之喜，宜將竊妻以逃者也。」又《詩經·國風》有《桑中》詩，是一首情詩，描寫了一位男子和情人的幽會和送別。《毛詩序》曰：「《桑中》，刺奔也。衛之公室淫亂，男女相奔，至於世族在位，相竊妻妾，期於幽遠，政散民流而不可止。」也就是說，《毛詩序》認為，這是一首諷刺批評男女淫亂、私奔成風的詩作。

【譯文】

驕奢淫逸，沉迷酒色，是敗亡的媒介；追逐嬉戲娛樂，為治兵所當戒。圍攻金陵之師之所以潰敗，完全是由於將驕兵惰，終日酗飲作樂，不把剿匪大事放在心上。或嫖妓淫樂，或留戀家室，或集體縱酒歡歌，或泡在賭場煙館，淫心蕩志，樂極忘疲，以致軍隊士氣不振，絲毫無禦敵的準備。金陵之戰全軍覆沒，都是宣淫縱慾的結果。兵如火，不加以控制，必將焚毀殆盡。兵又如水，不使其流動就會腐臭。治軍之道，必須以「苦其心志、勞其筋骨」作為最高原則。

【解讀】

此節文字出自胡林翼的批劄《飭各統帶查辦各營》。文中胡林翼首先指出江南大營潰敗的原因，完全是由於將驕兵惰，終日酗飲作樂，宣淫縱慾，不把剿匪大事放在心上。曾國藩在給友人信中也談到金陵大營的軍紀廢弛問題，並稱早已料到難以持久。他說：「金陵大營潰退，……前聞彼中將弁，多挾婦女，散居營外，志滿氣盈，早慮無以持其後也。」〔註16〕當時美國來華的基督教牧師對江南大營的描述，進一步證實了曾胡二人的說法。牧師說，江南大營「不像軍隊，形同市集，吃喝玩樂，大煙娼賭俱全」〔註17〕。這與胡林翼的說法是完全一致的，可見綠營軍的軍紀敗壞到何種程度。胡林翼在文中提到，自己所屬楚軍最近也出現了將家眷藏匿軍營附近民房，以及夜不歸營等問題。因此，他飭令將領要悉心查訪，嚴格監督，痛除聲色煙賭等事。一經發現有以上事情，立即稟參斥革，從嚴辦理。此外，更要「每日夜點名二

〔註16〕《曾國藩全集·書信二》，嶽麓書社，1991年，第1366頁。
〔註17〕參見網絡百度「江南大營」條目。

次，每日早晚操演二次，以肅軍政。」胡林翼通過嚴肅軍紀、嚴加訓練的手段，力圖避免重蹈江南大營綠營軍的覆轍。

9.13〔註18〕耐冷耐苦，耐勞耐閒。（增補曾國藩）

【譯文】

要耐得住清冷，耐得住辛苦，耐得住勞煩，還要耐得住賦閒。

【解讀】

此節文字是蔣介石在編選中刪繁就簡的結果，但簡是簡了，卻易造成一些理解上的偏差。僅看這八個字，容易誤以為是要士卒不怕冷、不怕苦、不怕累、不怕寂寞，教導士卒要加強身體素質鍛鍊。但實際上，這是曾國藩著名的為官之道的「耐」字訣。原文出自曾國藩寫給黃廷瓚的信，信中說：「弟有一言，奉吾兄於數年之內行之者，其曰『耐』乎。不為大府所器重，則耐冷為要；薪米或時迫窘，則耐苦為要；聽鼓不勝其煩，酬應不勝其擾，則耐勞為要；與我輩者，或以聲氣得利，在我後者，或以干請得榮，則耐閒為要。安分竭力，泊然如一無所求者，不過二年，則必為上官僚友所欽屬矣。」〔註19〕大意是說，不被上級器重「耐冷」，收入窘迫要「耐苦」，上堂聽訟、應酬煩多要「耐勞」，見同僚得利、得榮要「耐閒」。這四個方面，包括了官場的上下級關係，同僚之間關係，工作問題、收入問題，涵蓋了官場可能遇到的主要問題。曾國藩對這些給出了自己的解決辦法，他在給兒子曾紀澤的信中也說：「吾服官多年，亦常在耐勞忍氣四字上做工夫。」〔註20〕教導弟弟曾國荃帶兵，「居官以耐煩為第一要義」〔註21〕。「遇棘手之際，須從耐煩二字痛下工夫。」（本書5.4）

9.14〔註22〕立法不難，行法為難，以後總求實實行之，且常常行之。應事接物時，常從人情物理中之極粗極淺處著眼，莫從深處細處看。（增

〔註18〕本節出自《曾國藩全集·書信一》，嶽麓書社，1990年，第25頁。
〔註19〕《曾國藩全集·書信一》，嶽麓書社，1990年，第25頁。
〔註20〕《曾國藩全集·家書二》，嶽麓書社，1985年，第937頁。
〔註21〕《曾國藩全集·家書一》，嶽麓書社，1985年，第375頁。
〔註22〕本節出自《曾國藩全集·書信二》，嶽麓書社，1991年，第1299頁。本節前半部分與6.5基本相同：「立法不難，行法為難。凡立一法，總須實實行之，且常常行之。」

補曾國藩）（蔣介石眉批：應事接物之法）

【譯文】

設立法令不難，難的是執行法令。今後總要切實執行，而且要一直不間斷地執行。應對事情，待人接物，要經常從人情世故的日常粗淺之處著眼，不要總想從深處、細處看。

【解讀】

有法不依，執法不嚴，必將使所立之法形同兒戲、形同虛設，大大降低法令的嚴肅性，也使立法者的公信力喪失殆盡。

所謂人無完人，沒有人是完美的，人都是有缺陷的。所以曾國藩提出要從人情世故的日常粗淺之處著眼，不要總想從深處、細處看，其意就是說對人情事理不能過於苛求。如果對人過於苛察，就很難以獲得朋友和追隨者。古語所謂「水至清則無魚，人至察則無徒」就是這個道理。

9.15〔註23〕身體雖弱，卻不宜過於愛惜。精神愈用則愈出，陽氣愈提而愈盛。每日作事愈多，則夜間臨睡愈快活。若存愛惜精神的意思，將前將卻，奄奄無氣，決難成事。（增補曾國藩）

【譯文】

身體雖然瘦弱，但不宜過於愛惜。精神是越用越振奮，陽氣是越提越旺盛。每天做事越多，則晚上睡的越快越踏實。如果心存愛惜精神的念頭，遇事瞻前顧後，患得患失，奄奄無生氣，很難成就大事。

【解讀】

曾國藩對勤勉的追求可謂無以復加了，絕不給自己半點偷懶的藉口。「精神是越用越振奮，陽氣是越提越旺盛」，是他勤勉精神的寫照。他強調身勤則強，家勤則興，國勤則治，軍勤則勝。在他看來，修身齊家治國平天下，無不以「勤」為關鍵。

《大學》曰：「小人閒居為不善，無所不至。」劉宗周解釋說：「閒居時有何不善可為？只是一種懶散精神，漫無著落處，便是萬惡淵藪，正是小人無忌憚處，可畏哉！」（《明儒學案・蕺山學案》）大意是說，所謂「不善」的行

〔註23〕本節出自《曾國藩全集・家書一》，嶽麓書社，1985年，第359頁。

為，就是懶惰和精神散漫，其害處就是孔子所批評的「飽食終日，無所用心，難矣哉！」呂坤在《呻吟語‧修身》中，痛批「懶散」的惡劣影響。他說：「懶散二字，立身之賊也。千德萬業，日怠廢而無成；千罪萬惡，日橫恣而無制。皆此二字為之。」可見，懶散實在是為人處世的最大敵人。人一旦懶散，生活喪失目的，精神無所寄託，便如行屍走肉，開始墮落敗壞。

精神上的懶散有百害而無一利，曾國藩對治懶散的方法就是「勤」，即他所謂「精神是越用越振奮，陽氣是越提越旺盛」。但「勤」也是要把握分寸，過分的「勤」，人身體也未必承受的了，嚴重的會導致累垮甚至猝死，這是需要注意的。中國古代修身傳統中，對治懶散的方法有很多，如「敬」的方法，亦可採用。

9.16〔註24〕總須腳踏實地，克勤（1）小物，乃可日起而有功。（增補曾國藩）

【注釋】

（1）克勤：能勤勞。克：能夠。

【譯文】

做事總須腳踏實地，能夠在小事上勤勞不懈，才可能每天都有起色，有功效。

【解讀】

這是曾國藩告誡弟弟曾國荃治軍要腳踏實地，不可好高騖遠，要從身邊小事做起。他說自己平生最不講究禮儀文飾的東西，結果處處行不通，所以他這裡以自己的經歷告訴弟弟，在外辦事要考慮這些小事、瑣事。

曾國藩於此事深有領悟，專門寫有《克勤小物》一文。其中說：「古之成大業者，多自克勤小物而來。百尺之樓，基於平地；千丈之帛，一尺一寸之所積也；萬石之鍾，一銖一兩之所累也。文王之聖，而自朝至於日中昃，不遑暇食。周公仰而思之，夜以繼日，幸而得之，坐以待旦。仲山甫夙夜匪懈，其勤若此，則無小無大，何事之敢慢哉？諸葛忠武為相，自杖罪以上，皆親自臨決。杜慧度為政，纖密一如治家。陶侃綜理密微，雖竹頭木屑皆儲為有用之物。朱子謂為學須銖積寸累，為政者亦未有不由珠積寸累而克底於成者

〔註24〕本節出自《曾國藩全集‧家書一》，嶽麓書社，1985年，第367頁。

也。」〔註25〕

曾國藩列舉古代一些帝王及治國能臣，如周文王、周公、仲山甫、諸葛亮、杜慧度、陶侃等，來說明他們如何勤勉，如何事無大小，親力親為，最後以大儒朱熹所謂為學須銖積寸累之說，指出為政者亦當如此。

9.17〔註26〕**精神愈用而愈出，不可因身體素弱，過於保惜。智慧愈苦而愈明，不可因境遇偶拂，遽爾摧沮。（增補曾國藩）**

【譯文】

精神是越用越有精神，不能因自己身體平常瘦弱，而過於愛惜。智慧是越苦思勤用，越明達，不可因一時的逆境挫折，就灰心沮喪。

【解讀】

前面曾國藩說「精神愈用則愈出，陽氣愈提而愈盛」（9.15），這裡則說「精神愈用而愈出，智慧愈苦而愈明」。相較而言，「智慧愈苦而愈明」的說法更好一點，頭腦越用越靈光，越不用越遲鈍。但「陽氣愈提而愈盛」，則恐怕未必。肉體的生命力終究是脆弱而有限的，過分的勤苦可能會損害人的身體和精神。

梁啟超在對曾國藩「精神愈用而愈出」的說法身體力行之後，非常相信和讚賞，在給朋友的信中，他說：「湘鄉言精神愈用則愈出，此誠名言，弟體驗而益信之。」〔註27〕

9.18〔註28〕**不輕進，不輕退。（增補曾國藩）**

【譯文】

不輕易進攻，不輕易後退。

【解讀】

「結硬寨，打呆仗」是曾國藩崇尚的戰術方法，因此他打仗特別強調「穩」，「不輕進、不輕退」就是這一特點的體現。曾國藩反對沒有把握的浪

〔註25〕《曾國藩全集·詩文》，嶽麓書社，1986年，第386頁。
〔註26〕本節出自《曾國藩全集·家書一》嶽麓書社，1985年，第382頁。
〔註27〕《梁啟超全集》第十九集，中國人民大學出版社，2018年，第503頁。
〔註28〕本節出自《曾國藩全集·家書一》，嶽麓書社，1985年，第385頁。

戰，他叮囑曾國荃：「凡與賊相持日久，最戒浪戰。兵勇以浪戰而玩，玩則疲；賊匪以浪戰而猾，猾則巧。以我之疲敵賊之巧，終不免有受害之一日。故余昔在營中誡諸將曰：『寧可數月不開一仗，不可開仗而毫無安排算計。』」〔註29〕所謂「不輕進」，就是要穩紮穩打，謀定而後動，不打無準備之仗。「不輕退」則是因為既已開戰，就不能因一點困難挫折而輕易退卻，必須具有堅忍不拔的意志和堅持到底的精神。

　　曾國藩極為欣賞湘軍將領李續賓，「不輕進、不輕退」六字就源於對李續賓的稱讚。他說：「迪安善戰，其得訣在『不輕進，不輕退』六字。」〔註30〕另外他還說李續賓，「用兵得一『暇』字訣，不特平日從容整理，即使臨陣，亦迴翔審慎，定靜安慮。」〔註31〕李續賓不僅平日治軍能從容應對，有條不紊，即使臨戰亦能悠然自若，氣定神閒。曾國藩信中告誡弟弟曾國荃，其臨敵不如李續賓鎮靜，應對向他學習。

9.19〔註32〕**習勞為辦事之本。引用一班能耐勞苦之正人，日久自有大效。（增補曾國藩）**

　　【譯文】

　　練習勞苦為做事的根本。若能任用一班吃苦耐勞的正人君子，日久自有大的成效。

　　【解讀】

　　「習勞則神欽」是曾國藩的日課四條之一，因此，「習勞」是曾國藩的立身之本。同時，曾國藩還認為「習勞」為辦事之本。不僅自己要做「習勞」之人，辦事也要用「習勞」之人。

9.20〔註33〕**欲去驕字，總以不輕非笑人為第一義。欲去惰字，總以不晏起（1）為第一義。（增補曾國藩）（蔣介石眉批：戒驕惰之法）**

〔註29〕《曾國藩全集·家書一》，嶽麓書社，1985年，第348～349頁。
〔註30〕《曾國藩全集·家書一》，嶽麓書社，1985年，第385頁。
〔註31〕《曾國藩全集·家書一》，嶽麓書社，1985年，第357頁。
〔註32〕本節出自《曾國藩全集·家書一》，嶽麓書社，1985年，第559頁。
〔註33〕本節出自《曾國藩全集·家書一》，嶽麓書社，1985年，第628頁。

【注釋】

（1）晏起：晚起。晏：晚，遲。

【譯文】

要想去掉「驕」字，總要以不輕視、不非議、不嘲笑別人為第一要義。要想去掉「惰」字，總要以不睡懶覺為第一要義。

【解讀】

曾國藩對驕傲和懶惰的習性深惡痛絕，他說：「軍事有驕氣、惰氣，皆敗氣也。」〔註34〕又說：「天下古今之庸人，皆以一惰字致敗；天下古今之才人，皆以一傲字致敗。吾因軍事而推之，凡事皆然。……但從傲惰二字痛下工夫，不問人之罵與否也。」〔註35〕他認為，天下事都是因傲惰而導致失敗，因此要在這二字上痛下工夫。對於如何下工夫，他曾說：「勤字所以醫惰，慎字所以醫驕。」（本書4.6）但對如何「勤」、如何「慎」並沒有具體說明。此節他給出了具體的，可參照實行的下手處。「勤」從不睡懶覺開始；「慎」從不輕視，不非議，不嘲笑別人開始。

9.21〔註36〕**每日臨睡之時，默數本日勞心者幾件，勞力者幾件，則知宣勤國事之處無多，更宜竭誠以圖之。（增補曾國藩）**

【譯文】

每天臨睡之前，要默數一下，今日做了幾件苦心的事，做了哪些勞力的事，就知道自己為國效力之處並不多，更應該竭盡所能為國分憂。

【解讀】

讀此，可知曾文正公是曾子所謂「吾日三省吾身」的忠實踐行者；讀此，可知曾文正公擔得起諸葛武侯「鞠躬盡瘁，死而後已」一語。曾國藩死後，其幕僚趙烈文所言可為明證，其言曰：「吾師今年六十有二，歲壽未期臺。生平稟賦之強，盡以用之國家民生。」〔註37〕曾國藩一生勤勉，把自己的精力和體力用到了極限，為國事民生耗盡了最後一滴心血。

〔註34〕《曾國藩全集·書信二》，嶽麓書社，1991年，第1182頁。

〔註35〕《曾國藩全集·家書一》，嶽麓書社，1985年，第587頁。

〔註36〕本節出自《曾國藩全集·家書二》，嶽麓書社，1985年，第834頁。

〔註37〕趙烈文：《能靜居日記》，嶽麓書社，2013年，第1485頁。

9.22〔註38〕自古聖賢豪傑，文人才士，其志事不同，而其豁達光明之胸，大略相同。吾輩既辦軍務，係處功利場中，宜刻刻勤勞，如農之力穡，如賈之趨利，如篙工之上灘，早作夜思，以求有濟。而治事之外，此中卻須有一段沖融氣象，二者並進，則勤勞而以恬淡出之，最有意味。（**增補曾國藩**）（蔣介石眉批：沖融氣象，勤勞恬淡）

【注釋】

（1）沖融：沖和，恬適。

【譯文】

自古以來聖賢豪傑，文人才士，雖然他們的志向事業不同，但其豁達光明的心胸，則是大體相同。我輩既然辦理軍務，就是身處功利場中，應該時時勤勞，如農夫之稼穡，商賈之逐利，篙工之撐篙，早起勞作，夜晚尋思，以求做事有成效。而在做事之外，還要有一段沖和、恬適的氣象。勤勞與恬淡並進，則是以勤勞開始，而以恬淡終之，這樣才有人生意味。

【解讀】

勤勞與恬淡並進，是此節要旨。埋頭苦幹、辛勤勞作是曾國藩反覆提倡的，但如果僅做到這一點，則與農夫、商賈、篙工沒有什麼差別，而若要達到聖賢豪傑、文人才士豁達光明的心胸，還有很大距離。差在哪裏呢？曾國藩強調，「治事之外，此中卻須有一段沖融氣象」。這種境界，大約相當於著名心理學家馬斯洛所謂的「高峰體驗」，他稱之為「感受到一種發自心靈深處的顫慄、欣快、滿足、超然的情緒體驗」。他舉了一個著名的例子：「一位年輕的母親在廚房裏為丈夫和孩子們準備早餐而轉來轉去，奔忙不止。這時一束明媚的陽光瀉進屋裏，陽光下孩子們衣著整潔漂亮，一邊吃東西，一邊嘰嘰喳喳地說個不停；而丈夫也正在輕鬆悠閒地與孩子們逗樂。當她注視著這一切的時候，她突然為他們的美所深深感動，一股不可遏止的愛籠罩了她的整個心靈。她產生了高峰體驗。」〔註39〕

曾國藩所謂以勤勞開始，而以恬淡終之的沖融氣象，正是這樣一種「高峰體驗」。在這種境界中，勞作時的辛苦開始變得沖和、恬適，身處其中的人，則有了萬物一體，天人合一的生命體驗。這樣豁達光明的心胸，才是聖賢豪

〔註38〕本節出自《曾國藩全集·家書二》，嶽麓書社，1985年，第959頁。
〔註39〕馬斯洛等：《人的潛能和價值》，華夏出版社，1987年，第369～370頁。

傑、文人才士所當為。

9.23〔註40〕用兵最戒驕氣惰氣，作人之道，亦惟「驕」「惰」二字誤之最甚。扶危救難之英雄，以心力勞苦為第一義。（增補曾國藩）

【譯文】

用兵最需戒除的是驕氣惰氣，作人之道，也是唯「驕」「惰」二字最誤人。扶危濟困的英雄，應以心力勞苦為第一要義。

【解讀】

在曾國藩看來，「驕」「惰」二字可謂是萬惡之源。但一般人大多認為，「驕傲」和「懶惰」不過是小毛病，似乎談不上那麼大的罪惡。這裡結合天主教教義中「七宗罪」的說法，有助於理解這個問題。「七宗罪」指的是人的七個原罪，準確的講應該叫「七罪宗」，即罪惡的來源有七種：驕傲、嫉妒、憤怒、懶惰、貪婪、淫慾和暴食。意思是說這些罪會引發其他罪行的發生，換言之，其他所有罪行都是由這七種罪引起的。這七罪宗是產生其他罪的源頭，看似是小的道德缺陷，卻可以誘發其他的一系列「罪」。如驕傲會導致輕視別人、無法與人和睦相處、自我迷戀、喪失愛心等。又如偷盜的罪行源自貪婪。

曾國藩所痛恨的「驕」「惰」二字，恰好是七宗罪的「驕傲」和「懶惰」二罪宗。因此從這個意義上講，稱其為萬惡之源，不僅不過分，反而是異常準確。

■蔡鍔按：戰爭之事，或跋涉冰天雪窟之間，或馳驅酷暑惡瘴之鄉，或趁雨雪露營，或晝夜趲(1)程行軍，寒不得衣，饑不得食，渴不得水。槍林彈雨之中，血肉橫飛，極人世所不見之慘，受恒人所不經之苦。其精神，其體力，非於平時養之有素，練之有恆，豈能堪此！練兵之主旨，以能效命於疆場為歸屬。欲其效命於疆場，允宜於平時竭盡手段，以修養其精神，鍛鍊其體魄，嫻熟其技藝，臨事之際，乃能有恃以不恐。故習勞忍苦，為治軍之第一要義。而馭兵之道，亦以使之勞苦為不

〔註40〕本節「扶危」之前，出自《曾國藩全集·日記一》，嶽麓書社，1987 年，第538 頁。「扶危」之後句，出自第 515 頁。

二法門。蓋人性似猴，喜動不喜靜，宜勞不宜逸。勞則思，逸則淫。閒居無所事事，則為不善。此常人恒態。聚數百千血氣方剛之少年於一團，苟無所以苦其心志，勞其體膚，其不逾閒蕩檢(2)潰出堤防之外者，烏可得耶？（蔣介石眉批：練兵主旨，以能效命疆場為歸宿。）

【注釋】

（1）趲（zǎn）程：趕路。趲：趕，快走。

（2）逾閒蕩檢：指行為不規矩，不守禮法。逾、蕩：超越。閒、檢：規矩、法度。

【譯文】

蔡鍔按：行軍打仗，有時跋涉於冰天雪地之中，有時行軍在酷暑惡瘴之鄉，有時在雨雪中露營，有時要晝夜趕路行軍。寒不得衣，饑不得食，渴不得水。槍林彈雨之中，血肉橫飛，看盡了人世間難以想像的慘狀，受盡了常人沒有經歷過的苦痛。其精神和體力，如果在平時不能訓練有素，持之以恆，如何能忍受得了！練兵的宗旨，是以士兵能夠在戰場奮勇殺敵為目的的。要想其能效命於疆場，應當在平時竭盡訓練手段，以培養其精神，鍛鍊其體魄，嫻熟其技藝。這樣一旦發生戰事，才能成竹在胸，有恃無恐。所以說，習勞忍苦，為治軍第一要義。而馭兵之道，也是以使士兵習練和習慣勞苦為不二法門。因為人性像猴子，喜動不喜靜，適宜辛勞，不適宜放逸。辛勞則會思索，安逸則生淫慾。閒居無所事事，就會做不善之事。這是一般人的常態。把數百上千血氣方剛的青年人聚集在一起，若沒有什麼事情用以「苦其心志，勞其體膚」，要想使他們遵守規矩、禮法，不越雷池一步，如何能做到呢？

【解讀】

行軍打仗是極堅苦之事，需要強健的體魄和堅強的意志。蔡鍔說：「野蠻者，人所深惡之詞，然靈魂貴文明，而體魄則貴野蠻。以野蠻之體魄，覆文明其靈魂，則文明種族必敗。」〔註41〕他舉例說，羅馬人敗於日耳曼蠻族，漢族常敗於蒙古，條頓、拉丁難抗俄羅斯民族，德軍優於法軍，日軍優於歐美，都是這個緣故。蔡鍔的這一說法深深影響了青年毛澤東，他在《體育之研究》一文中寫道：「近人有言曰：文明其精神，野蠻其體魄。此言是也。欲文明其精神，先自野蠻其體魄；苟野蠻其體魄矣，則文明之精神隨之。」這使得蔡鍔

〔註41〕曾業英編：《蔡鍔集·軍國民篇》，湖南人民出版社，2008 年，第 169 頁。

這一理念廣為流傳。

　　蔡鍔認為中國古代的傳統教育非常重視體魄訓練，只是在大一統之後，承平日久，文弱之氣才越來越嚴重。他說：「古之庠序學校，抑何嘗忘武事哉？壺勺之典，射御之教，皆所以練其筋骨而強其體力者也。自一統以後，天下一家，外鮮強敵，內無凶寇，承平日多，乃文弱之氣日深一日。」〔註42〕

　　梁啟超、蔡鍔師徒等人力倡「尚武」精神。梁啟超在《新民說・論尚武》中說：「尚武者國民之元氣，國家所恃以成立，而文明所賴以維持者也。……體魄者，與精神有切密之關係者也。有健康強固之體魄，然後有堅忍不屈之精神」。蔡鍔指出當時各國對體育鍛鍊的重視，以及鍛鍊體魄手段的多種多樣。他說：「故體育一端，各國莫不視為衣服飲食之切要，凡關係體育之事，獎勵之方，無微不至。曰競漕，曰擊劍，曰競走，曰擊毬，曰海泳，曰打靶，曰相撲，曰競馬，曰競射，曰競輪（以足踏車競走也），優者爭以重資贈之，或獎以寶星，甚至顯職碩儒，亦有逐隊競爭，欲博此名譽者。習染既久，乃成為風俗。」〔註43〕

　　國民需要強健的體魄，對於軍隊而言，更是需要「修養其精神，鍛鍊其體魄，嫻熟其技藝」。因此，本章的核心就是：習勞忍苦，為治軍之第一要義。馭兵之道，使之勞苦為不二法門。

　　蔣介石對於習勤勞一項，受曾、胡、蔡的思想影響很大，他說：

　　　　吾輩革命軍人，當此倭寇侵凌，國家危急存亡之秋，欲盡其持顛扶危繼絕舉廢之責，雖曰最後勝利必有可期，然所以致勝之道，則惟有人人勤勞自持，以補智慧才力之所不及而已。今日軍隊訓練不精，組織未備，士兵程度參差不齊，一有疏忽，則失敗隨之。故無論派遣偵探，巡查步哨，調查戶口，組織民眾，研究宣傳，盤訪敵探，偵察地形，皆非官長身體力行不可。而各級主管長官尤須以身作則，習勤習勞，耐苦耐餓，不計時刻，不分晝夜，如雞伏卵，如爐煉丹，未可須臾稍離。故凡巡哨查營，至午夜十二時後，尤須格外勤慎，無或稍懈。曾文正云：「治軍之道，以勤為先，軍勤則勝，惰則敗。惰者暮氣也，須常常提起其朝氣為要。」又云：「精神愈用而愈出，智慧愈苦而愈明，不可因境遇偶挫遽而摧沮。」又云：「璞

〔註42〕曾業英編：《蔡鍔集・軍國民篇》，湖南人民出版社，2008年，第172頁。
〔註43〕曾業英編：《蔡鍔集・軍國民篇》，湖南人民出版社，2008年，第171頁。

－248－

山帶兵，有名將風，每於接仗之前一夕，傳集各營長官，與之暢論敵情地形，令諸將各抒所見，次日戰罷，有與初謀不符者，雖有功亦必加罰。平日無事，每日必傳各官長熟論戰守之法」。胡文忠云：「軍旅之事，非以身先之勞之，事必無補。」又云：「治軍之道，必以苦其心志，勞其筋骨為法典。」蔡松坡云：「戰爭之事，或跋涉冰天雪窖之間，或馳驅酷暑惡瘴之鄉，或趁雨雲露營，或晝夜繼程行軍，寒不得衣，饑不得食，渴不得飲，槍林彈雨之中，血肉橫飛，極人世所不見之慘，受恒人所不經之苦。其精神，其體力，非於平時養之有素，練之有恆，豈能堪此？練兵主旨，以能效命於疆場為歸宿，欲其效命於疆場，尤宜於平時竭盡手段，以修養其精神，鍛鍊其體魄，嫻熟其技藝，臨事之際，乃能有恃以不恐，故習勞忍苦，為治軍第一要義，而馭兵之道，亦以使之勞苦為不二法門。」夫以昔賢用兵，猶勤勞自勉如此，而況吾輩後進，當此空前未有之寇患，豈能不以勤勞自矢，期底於成乎？！

一分精神，一分事業。少一分檢點，多一分失敗。綜理密微，克勤小物。

軍旅之事，不以身先之勞之，事必無補。

習勞忍苦，為治軍第一要義。馭兵之道，亦以使之勞苦為不二法門。〔註44〕

〔註44〕《總統蔣公思想言論總集・卷十六演講》，中國國民黨中央委員會黨史委員會，1984 年，第 533～534 頁。

第十章　和　輯

（蔣介石眉批：本章各條皆治國治兵之祕訣，吾黨同志如不能體察力行，則平時所謂團結精神，與實行主義者，皆為欺妄之詞。何以對黨？何以做人？吾黨同志如不能仿傚此致勝成功之祕訣，雖成必敗，而況無成之道乎？）

【題解】

　　和輯即和睦團結。《草廬經略》之《貴和》篇就是對兵法中「和輯」的重要概況。其言曰：「三軍既和，上下一心，貴賤同力，勝則相讓以歸功，敗則各引以為過。投之所往，如臂之使指，可合而不可離，是謂『父子之兵』也。其不和者，有善歸己，有失歸人；有功則爭，有急不救；名位頡頏，妒忌相仍；群帥猜疑，上下攜二，即幸勝焉，敗可立待也。然和輯之法，常在主將，勢位相忘，過失相隆，強弱不較，嫌隙不生。人有不及，可以情恕。非意相干，可以理遣。主之以仁義，佐之以忠恕。出之以謙恭，成之以遜讓。猶曰有不和者，吾勿信矣。」曾國藩強調，「敬以持躬，恕以待人」（10.3），指出「湘軍之所以無敵者，全賴彼此相顧，彼此相救」（10.4）。胡林翼指出，「為大將之道，以肯救人、固大局為主」（10.7），反之，由於將帥不和，指揮權不統一，擁有優勢兵力而失敗的戰例比比皆是。不服從將領的命令，兵多必敗。

10.1 [註1] 禍機之發，莫烈於猜忌，此古今之通病。敗國、亡家、喪身，皆猜忌之所致。《詩》稱：「不忮不求，何用不臧？」忮、求二端，蓋妒婦、穿窬兼而有之者也。（曾國藩）

───────────────

〔註1〕本節出自《曾國藩全集・書信十》，嶽麓書社，1994年，第7432頁。

【注釋】

（1）「不忮（zhì）不求，何用不臧（zāng）？」：不嫉妒，不貪求，什麼行為能不好呢？語出《詩經·邶風·雄雉》。忮：忌恨。臧：善，好。

（2）穿窬（yú）：指翻牆或鑽洞盜竊的行為。

【譯文】

禍患的發生，沒有比猜忌更嚴重的了，這是古今的通病。敗國、亡家、喪身，都是猜忌所導致。《詩經》云：「不嫉妒，不貪求，怎麼會不好呢？」嫉妒和貪求，大概是好嫉妒的妾婦和盜賊共有的特點。

【解讀】

古代兵家和政治家歷來重視精誠團結的重要性。《左傳·魯桓公十一年》曰：「師克在和，不在眾。」即軍隊勝利的原因在於團結，不在於人數眾多。《司馬法·嚴位》曰：「凡勝，三軍一人勝。」司馬穰苴指出，勝利是由於三軍團結如一人。《吳子·圖國》曰：「不和於國，不可以出軍；不和於軍，不可以出陣；不和於陣，不可以進戰；不和於戰，不可以決勝。是以有道之主，將用其民，先和而造大事。」吳起這裡將「和」作為治理國家的首要任務。《諸葛亮集·將苑·和人》曰：「夫用兵之道，在於人和，人和則不勸而自戰矣。若將吏相猜，士卒不服，忠謀不用，群下謗議，讒慝互生，雖有湯、武之智而不能取勝於匹夫，況眾人乎！」張居正《答總兵戚南塘授擊土蠻之策》曰：「古之論戰者，亦不全恃甲兵精銳，尤貴將士輯和。和，則一可當百；不和，雖有眾，弗能用也。」張居正總結說，戰爭並不完全依靠精良武器裝備取勝，更重要的是官兵的團結。戚繼光《練兵實紀·練膽氣》曰：「氣和則心齊，兵雖百萬，指呼如一人。」《草廬經略·一眾》概括性地總結了古代兵法對萬眾一心重要性的論述：

> 兵法曰：千人同心，則有千人之力；萬人異心，則無一人之用。眾心不一，則彼此互諉，進退疑二；敵人薄之，前陣數顧，後陣欲走。雖百萬之眾，竟亦何益！故一眾之說，兵家所同。《三略》曰：「士眾欲一」。《司馬法》曰：「氣閒，心一」。孫武子曰：「齊勇若一」。《六韜》以一為「獨往獨來」之兵，《尉繚》以一為「獨出獨入」之兵。所謂獨者，謂能使三軍之眾一心同力，齊至死戰。一之之法：拊揗欲厚，激勸欲勤，號令欲嚴，賞罰欲信。俾士卒戴我而

樂於一，畏我而不敢不一。又頓兵死地，示之以必死，令不得不致
其死而一。所以萬人一心，奮勇直前，人莫能御，如《吳子》所稱
「父子之兵」者是也。

如何做到以上所謂的「和輯」呢？曾國藩引用《詩經》所云「不忮不求」
給出了一個答案，即要不嫉妒，不貪求。為此曾國藩專門作《忮求詩》二首
（本書 13.17），以強調不嫉妒、不貪求之重要。

10.2〔註 2〕凡兩軍相處，統將有一分齟齬，則營哨必有三分，兵夫必有
六七分。故欲求和衷共濟，自統將先辦一副平恕之心始。人之好名，誰
不如我？同打仗，不可譏人之退縮，同行路，則不可疑人之騷擾。處處
嚴於治己，而薄於責人，則唇舌自省矣。（曾國藩）

【譯文】

凡是兩支軍隊相處，統領之間有一分齟齬不合，則營哨官必然會有三
分，士兵則必定有六七分。所以，要想和衷共濟，統將需要先有一個公平寬
恕的心胸。人都有好名之心，誰不如此呢？因此，一同打仗，就不要譏諷人
家退縮；一同行軍，就不能懷疑人家騷擾。凡是嚴於律己，寬以待人，則口舌
之爭就可以省了。

【解讀】

兩軍之間是否能和諧相處，首先在於將領之間是否和睦。將領有一分不
和，下級就會不斷放大，士卒為維護自家將領權威，就會將一分不和發展到
六七分。因此將領自身「嚴於律己，寬以待人」，尤為重要。

10.3〔註 3〕敬以持躬，恕以待人。敬則小心翼翼，事無鉅細，皆不敢忽。
恕則凡事留餘地以處人，功不獨居，過不推諉。常常記此二字，則長履
大任，福祚無量。（曾國藩）

【譯文】

「敬」用以保持自己的莊重恭敬，「恕」是推己及人，是對待別人的態
度。心中有「敬」，則會小心翼翼，事無鉅細，絲毫不敢疏忽怠慢。心中有

〔註 2〕本節出自《曾國藩全集·書信六》，嶽麓書社，1992 年，第 3861 頁。
〔註 3〕本節出自《曾國藩全集·書信》（一），嶽麓書社，1990 年，第 686 頁。

「恕」，則對人就會凡事留有餘地，有功不獨佔，有過不推諉。常常謹記「敬」「恕」二字，就能長此擔任大任要職，福祚永享。

【解讀】

「敬」「恕」二字是儒家思想的兩個重要概念，是人們立身處事的基本準則。「敬」是對己的立身之道，「恕」是對人的處事之道。「敬」是君子的重要品德，雖有尊敬他人之意，但其本意是指自身莊重恭敬的態度，並不是對他人而言。理學家將「主敬」作為重要的修養方法。程頤曰：「涵養須用敬。」〔註4〕朱熹說：「敬字工夫，乃聖門第一義，徹頭徹尾，不可頃刻間斷。」「敬只是此心自作主宰處。」〔註5〕另外，「敬」與「誠」是相貫通的。程顥曰：「誠者天之道，敬者人事之本，敬則誠。」〔註6〕劉宗周曰：「為學之要，一誠盡之矣，而主敬其功也。敬則誠。」〔註7〕「恕」是推己及人的態度，即孔子所謂：己所不欲，勿施於人。曾國藩又將「恕」作為帶兵之道的四個核心概念之一：「勤、恕、廉、明，缺一不可。」（本書1.2）

10.4〔註8〕湘軍之所以無敵者，全賴彼此相顧，彼此相救。雖平日積怨深仇，臨陣仍彼此照顧，雖上午口角參商（1），下午仍彼此救援。（曾國藩）

【注釋】

（1）參（shēn）商：指參星與商星，二者在星空中此出彼沒，互不相見，古人以此比喻雙方彼此對立，不和睦。

【譯文】

湘軍之所以天下無敵，全靠大家彼此相顧，彼此相救。雖然平日曾積下仇怨，戰場上仍然彼此照顧。雖然上午還口角對立，下午仍然彼此救援。

【解讀】

曾國藩對綠營兵「敗不相救」的惡習深惡痛絕，他認為造成這種惡習的原因在於「卒與卒不相習」，以及兵非將有，將不知兵，兵不識將的弊病。因

〔註4〕《二程遺書·卷十八》。

〔註5〕《朱子語類·卷十二》。

〔註6〕《二程遺書·卷十一》。

〔註7〕《明儒學案·蕺山學案》。

〔註8〕本節出自《曾國藩全集·批牘》，嶽麓書社，1994年，第209頁。

此在招募組建湘軍，他強調統兵者要親自招募，並且要在原籍招募。加之，曾國藩、胡林翼等人在治軍上痛下工夫，使得湘軍與綠營軍相比，面目一新，從根本上消除了綠營軍這一弊端。

蔣介石認為此節曾國藩所言，充分體現了「和」的精神。他在抗戰中第一次南嶽軍事會議開會訓詞中說：「曾胡之所以成功，除上面所說能忍耐之外，就是在『拙』與『和』二字。曾文正公說：湘軍之所以無敵者，全賴彼此相顧，彼此相救，雖平白積怨深仇，臨陣仍彼此照顧，雖上午口角參商，下午仍彼此相援。又說：『功不獨居，罪不推諉』，而能『以平恕待人，和衷共濟』，這就是『和』的精神，能『和』才能協同，能持久，能愈戰愈強，轉敗為勝。」〔註9〕

10.5〔註10〕軍旅之事，以一而成，以二三而敗。唐代九節度之師，潰於相州（1）。其時名將，如郭子儀、李光弼，亦不能免。蓋謀議可資於眾人，而決斷須歸於一將。（胡林翼）（蔣介石眉批：以一而成）

【注釋】

（1）九節度兵敗相州：相州，今安陽。公元758年，唐肅宗令重臣郭子儀、李光弼、李嗣業、王思禮及淮西節度使魯炅、興平節度使李奐、滑濮節度使許叔冀、平盧兵馬使董秦、鄭蔡節度使季廣琛等九節度使率領唐軍數十萬，討伐逃往黃河之北衛州（今河南衛輝）一帶的安祿山兒子安慶緒的叛軍。史思明指揮十多萬叛軍急趨相州城，與唐軍在城之北相遇。唐軍雖然兵多將廣，但唐肅宗害怕諸將擁兵自重，便不在軍中設主帥。唐軍指揮失靈。肅宗還派親信宦官魚朝恩，為觀軍容宣慰使，到軍中牽制。諸將畏首畏尾，不敢大膽決策，最終導致相州之戰，唐軍死傷慘重。

【譯文】

軍旅中的事情，權力統一則成功，分散二三人則失敗。唐代九個節度使的軍隊，潰敗於相州，就連當時名將郭子儀、李光弼，也未能幸免。商議謀略可以諮詢眾人，但最終決斷權必須歸於一人。

〔註9〕《總統蔣公思想言論總集‧卷十五演講》，中國國民黨中央委員會黨史委員會，1984年，第494～495頁。
〔註10〕本節出自《胡林翼集‧奏疏》（一），嶽麓書社，1999年，第335頁。

【解讀】

《六韜·文韜·兵道》曰：「凡兵之道，莫過乎一。一者，能獨往獨來。」這裡強調用兵的原則，最重要的莫過於專一。專一就能不受任何因素的干擾，獨來獨往，所向無敵。指揮權集中統一是其中的重要要求。《諸葛亮集·將苑·兵權》曰：「夫兵權者，是三軍之司命，主將之威勢。將能執兵之權，操兵之要勢，而臨群下，譬如猛虎，加之羽翼，而翱翔四海，隨所遇而施之。若將失權，不操其勢，亦如魚龍脫於江湖，欲求游洋之勢，奔濤戲浪，何可得也。」王陽明說：「自古未有事權不一而能有成者。」〔註11〕軍隊的指揮權，關乎三軍將士的身家性命，是主將威勢的體現。主將能執掌這一權力，就會如虎添翼，攻無不克，戰無不勝。主將若失去指揮權，沒有了威勢，就如同魚龍脫離了江湖，再想搏擊浪濤，哪裏還能做得到呢？因此，九節度之師雖有數十萬大軍，且擁有郭子儀、李光弼等名將，但由於沒有統一的指揮權，終於在有優勢兵力的情況下，導致相州之役的慘敗。

曾國藩有鑒於事權不一所引起的教訓，強調：「一曰事權宜專。一營之權，全付營官，統領不為遙制。一軍之權，全付統領，大帥不為遙制。統領或欲招兵買馬，儲糧制械，黜陟將弁，防剿進止，大帥有求必應，從不掣肘。近來江楚良將為統領時，即能大展其材，縱橫如意，皆由事權歸一之故。」〔註12〕

10.6 〔註13〕古來將帥不和，事權不一，以眾致敗者，不止九節度使相州一役。（胡林翼）（蔣介石眉批：致敗之道）

【譯文】

自古以來，由於將帥不和，指揮權不統一，以擁有優勢兵力竟致失敗的，不止唐代的九節度使兵敗相州這一例。

【解讀】

胡林翼非常重視湘軍內部的和諧團結，將此視為湘軍成功與否的關鍵。他說：「軍中之事，不患兵力之不勇，而患兵心之不齊；不患軍勢之不盛，而

〔註11〕《王陽明全集》第一冊，浙江古籍出版社，2011年，第181頁。
〔註12〕《曾國藩全集·奏稿十》，嶽麓書社，1993年，第6323頁。
〔註13〕本節出自《胡林翼集》（二），嶽麓書社，1999年，第394頁。

患軍令之不一。」〔註14〕因此，他極力維繫湘軍內部的團結統一，努力調和諸將關係。方宗誠《柏堂師友言行記·卷二》，記載了一件胡林翼調和湘軍兩員大將之間矛盾的著名事例。彭玉麟、楊岳斌都是湘軍水師統領，一個掌管長江水師，一個掌管內湖水師，但二人偶然因事不和。胡林翼分別給二人寫信，要求他們前來會商軍情要事。楊岳斌先行到來，與胡林翼言談甚歡，很快彭玉麟也來了，楊岳斌一見立即起身要走，胡林翼強行攔住。彭玉麟見楊岳斌在座，轉身也要走，胡林翼又強行攔住。彭玉麟與楊岳斌二人相對無語。胡林翼命人擺設酒宴，酌酒三斗，自捧一斗，跪在二人面前，說：「現在天下糜爛到這種地步，全賴各位齊心協力，共撐危局；公等今日自生嫌隙，又如何實現中興大業？」說完，泣下沾襟。彭玉麟和楊岳斌大為感動，趕緊扶起胡林翼，一起向胡林翼謝罪，表示「如果再有嫌隙，上無以對皇上，下無以對宮保！」二人從此捐棄前嫌，和好如初。胡林翼苦心維持大局，以一片赤誠感動彭、楊二人。曾國藩在總結胡林翼功績時，說外省盛傳湘軍非常和諧團結，親如骨肉，而不知道這都是胡林翼苦心調護的結果：

> 近世將材，推湖北為最多，如塔齊布、羅澤南、李續賓、都興阿、多隆阿、李續宜、楊載福、彭玉麟、鮑超等，胡林翼均以國士相待，傾身結納，人人皆有布衣昆弟之歡。或分私財以惠其室家，寄珍藥以慰其父母。前敵諸軍，求餉求援，竭蹶經營，夜以繼日，書問饋遺，不絕於道。自七年以來，每遇捷報之折，胡林翼皆不具奏，恒推官文與臣處主稿。偶一出奏，則盛稱諸將之功，而己不與焉。其心兢兢以推讓僚友、扶植忠良為務。……此臣所自愧昔時之不逮，而又憂後此之難繼者也。〔註15〕

10.7 〔註16〕 為大將之道，以肯救人、固大局為主，不宜炫耀己之長處，尤不宜指謫人之短處。（胡林翼）

【譯文】

為大將之道，以肯解救他人，穩固大局為主，不應該炫耀自己的長處，尤其不應該指謫他人的短處。

〔註14〕《胡林翼集》（二），嶽麓書社，1999年，第375頁。
〔註15〕《曾國藩全集·奏稿三》，嶽麓書社，1987年，第1636頁。
〔註16〕本節出自《胡林翼集》（二），嶽麓書社，1999年，第427頁。

【解讀】

胡林翼前面言曰：「大將以救大局為主，並以救他人為主。須有『嘉善而矜不能』之氣度，乃可包容一切。覺得勝仗無可驕人，敗仗無可尤人。即他人不肯救我，而我必當救人。」（本書 8.4）與此節所言可以互相發明，兩相對照理解。蔣介石在一次對高級將領演講中的一段話，可謂是對胡林翼這兩段文字的最好詮釋。他說：

> 大將應有大將的風度和修養；要能忍耐，要以救大局為主，以協助友軍勝利成功為榮，我們有了這種大將的氣度，就什麼意氣偏見都消除了，什麼困難失敗都能忍耐。反之，如果我們缺乏這種修養，不能忍耐堅持，受了幾次挫失，就志衰氣餒，意志消沉，這就是失了大將的風度，就不能得到最大的成功與是後的勝利！要知道我們今後要獲得最後的勝利，我們高級將領一定要有持久的毅力，和忍耐的精神，無論處境如何困難危險，遭受怎樣的挫失和恥辱，我們一定要有修養，要能堅毅不拔，持久奮鬥，即如曾文正當初失敗到無一兵一卒，尚能忍耐堅持，所以終能崛然再起！中國歷史上凡是成大功創大業的人，沒有不是從「堅忍謙和」四字作起的。可以說我們中華民族最大的一種立國的精神就是在能忍耐。你們高級將領以後在前線無論遇到什麼挫折，總要能忍耐，然後才能再接再勵，愈挫愈奮，把我們革命軍勇往直前，有勝無敗的特性表現出來，尤其我們與友軍同在一個陣線，要能發揮我們相讓相救共同一致的精神，即使我們自己受了犧牲，給友軍以勝利，這亦是我們革命軍大俠大義同仇敵愾之所當為。要知道我們同友軍面對大敵，我不犧牲，誰來犧牲？我們不幫助友軍，誰來幫助？豈可給敵人以間隙，致使我們自己同歸於盡？！所以我們這一回抗日的高級將領，一定要注重道德上的修養，要能夠忍耐持久，更要能和衷共濟，無論我們自己如何失敗犧牲，含垢忍辱都好，只要我們友軍能夠勝利成功，亦就是自己成功，我們現在真是相對於「骨嶽血淵」之中，還有什麼個人的意氣和虛榮，如果我們現在還存在著有一絲一毫的虛榮心，甚而至於意氣用事，以後就不能成大功立大業，如何對得起已死官兵和諸先烈？〔註17〕

〔註17〕《總統蔣公思想言論總集・卷十五演講》，中國國民黨中央委員會黨史委員

10.8〔註18〕**兵無論多寡，總以能聽號令為上。不奉一將之令，兵多必敗。能奉一將之令，兵少必強。（胡林翼）**

【譯文】

兵無論多寡，必須以聽從號令為上。不服從將領的命令，兵多必敗。能服從將領的命令，兵少必強。

【解讀】

胡林翼強調，兵無論多寡，必須聽從號令，要做到「號令未出，不准勇者獨進。號令既出，不准怯者獨止」（本書6.11）。《草廬經略·號令》曰：「大將有號令，是三軍之所栗而奉者也。號令不嚴，則玩而易之，何以責人之用命哉！是令之出也，必明如日月，凜若雷霆，迅若風行。方其欲發，必躊躇：既定，可以必人之能從，可以諒事之必濟，然後渙汗從而施焉。蓋軍有常刑，將無反令。故寧審而發，毋發而可以轉移之也。嘗見庸將之令，或中格而不行，或朝更而夕改，或違令而不誅。此雖三令五申，只取煩瀆耳！令苟必行，眾無不遵。」大將的號令，是三軍所敬畏和必須奉行的。號令一出，必須人能服從，事情能達成，命令能落實。軍隊有常設的刑罰，將領沒有反覆的軍令。因此，寧可審慎地發布命令，不要發了再改。一些庸將的軍令，要麼是中間遇到阻礙而廢棄，要麼是朝令夕改，要麼是有違令而不處置。雖然是三令五申，結果卻被屢屢輕慢。因此，必須有令必行，眾無不遵。

10.9〔註19〕**沅弟(1)謂雪(2)聲色俱厲。凡目能見千里，而不能自見其睫，聲音笑貌之拒人，每苦於不自見，苦於不自知。雪之厲，雪不自知。沅之聲色，恐亦未始不厲，特不自知耳。（增補曾國藩）**

【注釋】

（1）沅弟：指曾國荃。

（2）雪：指彭玉麟，字雪琴。

【譯文】

沅弟國荃說彭玉麟待人總是聲色俱厲。人的眼睛能望千里之遠，卻不能

會，1984年，第492頁。
〔註18〕本節出自《胡林翼集》（二），嶽麓書社，1999年，第740頁。
〔註19〕本節出自《曾國藩全集·家書二》，嶽麓書社，1985年，第833頁。

看見自己的睫毛，明明自己的聲音笑貌是在拒人千里之外，但難的是不自知。雪琴態度之嚴厲，雪琴不自知。沅弟的臉色，恐怕未必不嚴厲，只是不自知罷了。

【解讀】

彭玉麟性情「剛介絕俗」，一生不慕名利，不避權貴，嫉惡如仇。曾國藩是其恩師，其思想受曾國藩影響甚大，雖然僅比曾國藩小五歲，但一直尊稱老師，終生以師待之。然而，彭玉麟卻曾幾度上書曾國藩要他誅曾國荃，大義滅親。起因是彭玉麟認為曾國荃在安慶和金陵之戰後，殺降過多，以及一些軍紀廢弛的事情。這裡實際上存在一些對戰爭理念理解不同的問題。曾國藩、胡林翼都認為必須以殺止殺，以暴制暴，才能救百姓於水火。胡林翼的名言是：以霹靂手段，顯菩薩心腸。因此，曾國藩多次勸導弟弟曾國荃，「克城以多殺為妥，不可假仁慈而誤大事。」〔註20〕「既已帶兵，自以殺賊為志，何必以多殺人為悔？」〔註21〕所以，曾國藩在收到彭玉麟的前兩次上書，並不以為意，而當曾國荃得知彭玉麟給哥哥上書內容後，自然憤怒異常。此節是曾國藩給弟弟曾國荃信中部分內容，其信中還說：「雪琴與沅弟嫌隙已深，難遽期其水乳。沅弟所批雪信稿，有是處，亦有未當處。」曾國藩告誡弟弟，不要只看到別人的毛病，也要自我反省。後來，彭玉麟再次上書曾國藩，請誅曾國荃，並且擅自處置了曾經的曾國藩親兵柳壽田，將其割耳。此事終於激起曾國藩回信嚴厲批駁，曾、彭之間大有徹底翻臉之勢。

時隔多年之後，朝廷任命彭玉麟為兩江總督，彭上疏力辭，而密保曾國荃為此職。對曾國荃大力推舉：「現授陝甘總督曾國荃，堅忍耐勞苦，沉毅有智略。……臣往來長江十餘年，習聞兩江士民稱曾國荃之勳，而戴其慈惠，感激猶在人心。曾國荃繫心君國，感奮圖報之念，亦實始終不渝，……臣與曾國荃共事日久，察其議論見識，高出一時。」〔註22〕這與當年欲除之而後快的情形，可謂天壤懸隔。二人當年意氣已平，盡棄前嫌，重歸於好。

■蔡鍔按：古人相處，有憤爭公庭，而言歡私室，有交哄(1)於平昔，而救助於疆場，蓋不以公廢私，復不以私而害公也。人心之不同如其

〔註20〕《曾國藩全集·家書一》，嶽麓書社，1985年，第726頁。
〔註21〕《曾國藩全集·家書一》，嶽麓書社，1985年，第737頁。
〔註22〕《凌霄一士隨筆》（五），山西古籍出版社，1997年，第1663頁。

面，萬難強之使同，驅之相合，則睚眥之怨，芥蒂之隙，自所難免。惟於公私之界分得清，認得明，使之劃然兩途，不相混擾，則善矣。髮撚(2)之役，中日之役，中法之役，列將因爭意氣而致敗績者，不一而足。故老相傳，言之鑿鑿。從前握兵符者，多起自行間，罔知大體，動以意氣行事，無怪其然。今後一有戰役，用兵必在數十萬以上，三十數鎮(3)之師。情誼夙不相孚(4)，言語亦多隔閡，統馭調度之難，蓋可想見。苟非共矢忠誠，無猜無貳，或難免不蹈既往之覆轍。欲求和衷共濟，則惟有恪遵先哲遺言，自統將先辦一副平恕之心始。功不獨居，過不推諉，乃可以言破敵。（蔣介石眉批：破敵秘訣）

【注釋】

（1）交哄（hǒng）：互相爭鬥。

（2）髮撚：指太平軍和撚軍。

（3）鎮：清末新軍的基本建制單位，每鎮官兵定額12512人，由步、馬、炮、工、輜重等兵種組成，設統制率領。鎮下分協、標、營、隊、排、棚，分由協統、標統、管帶、隊官、排長和正、副目率領。

（4）相孚：為人信服。

【譯文】

蔡鍔按：古人相處，有在公庭之上激憤相爭，而在私下握手言歡的；有平時互相爭鬥，而在戰場互相救援的。這是不以公廢私，同時不以私而害公的例子。人心之不同，正如各自面相之不同，無法強迫使之同心，彼此相合。所以，人與人之間，彼此不順眼，心存芥蒂的情況是在所難免的。關鍵在於分清公私界限，將公私截然分開，不相互混擾，就可以了。在剿滅太平軍和撚軍的戰役，以及中日之役和中法之役中，將領之間因意氣之爭而導致失敗的例子，舉不勝舉。經歷過的老人們，口口相傳，不容置疑。從前掌握軍權的將領，大多是行伍出身，不識大體，動輒意氣用事，難怪會出現那些問題。今後一旦發生戰爭，用兵必在幾十萬人以上，三十幾鎮的軍隊，其情誼不足以使彼此信服，語言又有許多隔閡，統馭調度之難，可想而知。如果沒有共同目標，沒有忠誠之心，做到不猜疑，不二心，就難免重蹈覆轍。若想和衷共濟，只有恪守先哲遺言，統將需要先有一個公平寬恕的心胸。有功不獨佔，有過不推諉，這才可以談得上克敵制勝。

【解讀】

蔡鍔主張，不以公廢私，同時不以私而害公，要公私分明。他對近代以來的一系列戰爭的情況非常瞭解，指出這些戰爭之所以失敗，就是因為將領之間，彼此意氣相爭，不能以大局為重。而這又是由於將領大多行伍出身，缺乏文化修養造成的。蔡鍔認為今後戰爭規模將會更大，參與人員將會更多，如果彼此不團結，又缺乏忠誠之心，就會重蹈覆轍。因此，蔡鍔要求將領一定要修養自己，有一個公平寬恕的心胸。

第十一章　兵　機

【題解】

兵機是用兵的機謀。蔣介石告訴部下：「《曾胡治兵語錄》一定要看，其中「兵機」和「戰守」兩章，格外要用心研究一番才好。」〔註1〕又說：「兵機與戰守兩章，在江南地區作戰，益切實用也。」〔註2〕《兵機》和《戰守》兩章是《曾胡治兵語錄》一書十三章中，具體講到戰術方法的部分，是最切實用的內容。曾國藩強調用兵要「選百鍊之卒，備精堅之械」（11.3），「最忌勢窮力竭」（11.7），「蓄不竭之氣，留有餘之力」（11.38），「孤軍無助，糧餉不繼，奔走疲憊」（11.10），乃敗亡之道。胡林翼強調，「兵事決於臨機，而地勢審於平日」（11.13）；「兵分則力單，窮追則氣散，大勝則變成大挫」（11.19）；「蓋敵求戰，而我以靜制動，以逸待勞，以整御散，必勝之道也」（11.15）；「敬則勝，整則勝，和則勝」（11.20）；「屯兵堅城之下，則情見勢絀」（11.23）。

11.1〔註3〕前此為赴鄂救援之行，不妨(1)倉卒成軍。近日為東下討賊之計，必須簡練慎出。若不教之卒，窳敗(2)之械，則何地無之，而必遠求之湖南？等於遼東自詡之豕(3)，仍同灞上兒戲之軍(4)。故此行不可不精選，不可不久練。（曾國藩）

〔註1〕《總統蔣公思想言論總集・卷十一演講》，中國國民黨中央委員會黨史委員會，1984年，第279～280頁。
〔註2〕《蔣中正總統五記・學記》，臺北：國史館，2011年，第29頁。
〔註3〕本節出自《曾國藩全集・書信一》，嶽麓書社，1990年，第326頁。

【注釋】

（1）不妨：不料。

（2）窳（yǔ）敗：陳舊破敝。

（3）遼東自詡之豕：比喻少見多怪。今成語「遼東之豕」，即為此意。典
    出《後漢書·朱浮傳》：「遼東有豕，生子白頭，異而獻之，行至河
    東，見群豕皆白，懷慚而還。」遼東有頭小豬生下來頭是白的，當
    地人以為稀奇，就想以此進獻皇帝。走到黃河以東地區，見所有豬
    都是白的，便十分羞愧地返回。

（4）灞上兒戲之軍：典出《史記·絳侯周勃世家》：「文帝曰：『嗟乎，此
    真將軍矣！曩者霸上、棘門軍，若兒戲耳，其將固可襲而虜也。至
    於亞夫，可得而犯邪？』」（詳見 6.14 的注釋）。漢文帝後元六年（前
    158），匈奴大舉入侵邊境。漢文帝便任命宗正劉禮為將軍，駐軍霸
    上；任命祝茲侯徐厲為將軍，駐軍棘門；任命河內郡守周亞夫為將
    軍，駐軍細柳：以便防備匈奴。皇上親自去尉勞軍隊。到了霸上和
    棘門的軍營，都是長驅直入，將軍以下都騎馬迎送。後來到達細柳
    軍營，卻被士兵攔住，說軍中只聽命將軍命令，不聽皇帝詔令。文
    帝隨從只好拿著符節去中軍大帳通報，才得以進入，但被告知，軍
    中不能驅馬馳騁，文帝只好牽馬慢行。到了營中，周亞夫說，胄甲
    之身不能行跪拜禮，請求用軍禮拜見。文帝感歎說，這才是真正的
    將軍啊！前面在霸上和棘門軍營看到的，簡直像是兒戲，他們的將
    軍真該受襲擊被俘虜。至於亞夫，誰敢去侵犯他呢

【譯文】

此前為了趕赴湖北救援，沒料想倉促組建軍隊。近日為了東進討賊，必
須認真演練，謹慎出擊。若是未經訓練的士兵，破舊的兵器，什麼地方都有，
何必大老遠從湖南招募呢？這種軍隊，如同遼東人自詡的那頭豬，以及灞上
的兒戲之軍一樣。所以，此行招募軍隊，不能不精選，不能不嚴格訓練。

【解讀】

以為用「不教之卒，窳敗之械」，憑著人多勢眾就能打敗敵人的說法，古
已有之。《呂氏春秋·簡選》：「世有言曰：『驅市人而戰之，可以勝人之厚祿教
卒；老弱罷民，可以勝人之精士練材；離散係絫，可以勝人之行陳整齊；鉏櫌

白梃，可以勝人之長銑利兵。』此不通乎兵者之論。今有利劍於此，以刺則不中，以擊則不及，與惡劍無擇，為是鬥因用惡劍則不可。簡選精良，兵械銚利，發之則不時，縱之則不當，與惡卒無擇，為是戰因用惡卒則不可。王子慶忌、陳年猶欲劍之利也。簡選精良，兵械銚利，令能將將之，古者有以王者，有以霸者矣，湯、武、齊桓、晉文、吳闔廬是矣。」其意是說，世人有一種言論說，驅趕普通市人去作戰，可以戰勝俸祿優厚、訓練精良的敵人；老弱疲憊之人，可以戰勝精銳幹練之師；散兵遊勇，可以戰勝軍容整齊的部隊；鋤頭棍棒，可以戰勝長矛利劍。這是對軍事一竅不通之人的胡言亂語。假如有一把鋒利的寶劍，拿它來刺卻刺不中敵手，拿它去擊卻擊不著目標，這同劣劍沒有什麼分別，但因此就以為在作戰時，使用劣劍也一樣，這就不對了。精選士兵，裝備精良，但發動軍隊不合時機，又放縱不予管理，這與烏合之眾沒什麼分別。但因此就以為在作戰時，可以用烏合之眾打勝仗，當然不可取。精選士兵，裝備精良，讓賢能的將領統率，古代有藉此成就王業的，有藉此成就霸業的，商湯、周武王、齊桓公、晉文公、吳王闔廬就是這樣。這裡，《呂氏春秋‧簡選》講的非常明確，軍隊一定要「簡選精良」。

《草廬經略‧丁壯》稱不選精銳先鋒必然敗北。對於如何「簡選精良」，其言曰：「選其人於未教之先而教之，再選其人於既教之後而用之。以材力雄健者為眾兵；仍於眾兵之中，選其武勇超群，一可當百者為選鋒。所謂先登陷陣，勢如風雨，全恃此輩也。」

11.2 〔註4〕 兵者，陰事也，哀戚之意，如臨親喪；肅敬之心，如承大祭，故軍中不宜有歡悅之象。有歡悅之象者，無論或為和悅，或為驕盈，終歸於敗而已矣。田單之在即墨 (1)，將軍有必死之心，士卒無生之氣，此其所以破燕也。及其攻狄 (2) 也，黃金橫帶，有生之樂，無死之心，魯仲連策其必不勝。兵事之宜慘戚，不宜歡欣，亦明矣。（曾國藩）（蔣介石眉批：有必死之心）

【注釋】

（1）田單之在即墨：典出《史記‧卷八十二‧田單列傳》。公元前284
　　 年，燕國將領樂毅出兵攻佔齊國都城臨淄，隨後接連攻下齊國七十

〔註 4〕本節出自《曾國藩全集‧詩文》，嶽麓書社，1986 年，第 386 頁。

餘城，僅剩莒（今山東莒縣）和即墨（今山東平度市東南）兩座孤城。田單率族人逃至即墨，被推舉為城守。田單利用兩軍相持之際，集結士卒，加以整頓、擴充，並增修城壘，加強防務，與軍民同甘共苦，親自巡視城防；編妻妾、族人入行伍，盡散飲食給士卒，深得軍民信任。後用反間計及火牛陣擊破燕軍，將燕軍逐出國境，盡復失地七十餘城。

（2）攻狄：典出《戰國策・卷十三・田單將攻狄》。田單將要進攻狄城，去拜見魯仲連，魯仲連說：「將軍攻狄城，是攻不下的。」田單說：「我曾以區區即墨五里之城，七里之郭，帶領殘兵敗將，打敗了萬乘的燕國，收復了失地，為什麼進攻狄城，就攻不下呢？」說罷，登車沒有道謝就走了。遂攻狄城，三月未下。田單便再去問魯仲連：「先生說我攻不下狄城，請聽聽您講的道理吧。」魯仲連說：「將軍從前在即墨時，坐下就編草筐，站起就動鐵鍬，號召士卒說：『無處去了！宗廟亡了，魂魄丟了，哪裏歸家鄉啊！』在那時，將軍有必死之心，士卒無生還之意。聽了您的號召，士卒無不不揮淚振臂求戰。這就是打敗燕國的原因。如今，將軍東有夜邑封地的租稅，西有淄水之上的娛樂。腰橫黃金玉帶，馳騁在淄水、澠水之間，有貪生之樂，而無戰死之心。這就是打不了勝仗的原因。」

【譯文】

用兵打仗是陰森慘烈之事，需要有哀戚之意，如同親人離喪；還需肅敬之心，如同參加重大祭祀。所以，軍中不宜有歡樂愉悅的氣氛。一旦有了歡樂愉悅的氣氛，無論是因為將士和睦愉快，還是因為勝利帶來的喜驕之氣，終歸會導致失敗。戰國時，齊國田單防守即墨，將軍有必死的決心，士兵無生還的念頭，這是齊國大破燕國軍隊的原因。而到後來田單攻打狄人時，身上都是黃金橫帶，只想著生之樂，而無必死之心，魯仲連料定其必不能獲勝。所以，兵家之事，只適宜保持哀戚之氣，不宜有歡欣之象，道理很明瞭了。

【解讀】

老子早就指出：「夫兵者，不祥之器，物或惡之，故有道者不處。君子居則貴左，用兵則貴右。兵者不祥之器，非君子之器，不得已而用之，恬淡為上，勝而不美，而美之者，是樂殺人。夫樂殺人者，則不可得志於天下矣。吉事尚左，凶事尚右。偏將軍居左，上將軍居右。言以喪禮處之。殺人之

眾，以悲哀蒞之，戰勝以喪禮處之。」（《道德經·三十一章》）不論是什麼樣的戰爭，打仗總是要死人的，是件殘忍的事情，不能以殺人為樂，因此要有哀戚之氣，要以喪禮處之。老子這種思想影響很大，被後世兵家、兵學家普遍繼承。

《尉繚子·武議》曰：「兵者，凶器也；爭者，逆德也。將者，死官也。故不得已而用之。」《呂氏春秋·仲秋紀·論威》曰：「凡兵，天下之凶器也；勇，天下之凶德也。舉凶器，行凶德，猶不得已也。」《三略·下略》曰：「夫兵者，不祥之器，天道惡之，不得已而用之。」晁錯《言兵事疏》曰：「雖然，兵，凶器；戰，危事也。」吳兢《貞觀政要·征伐》曰：「房玄齡對曰：『且兵，凶器；戰，危事。不得已而用之。』」《三國志·蜀志·諸葛亮傳》曰：「兵者，凶器；戰者，危事。」唐太宗《帝範》：「夫兵甲者，國家凶器也。」《太白陰經·善師》曰：「兵者，凶器；戰者，危事。陰謀逆德。」《百戰奇略·好戰》曰：「夫兵者，凶器也；戰者，逆德也。實不獲已而用之。」等等。

蔣介石對此處曾國藩所言評論說：

> 自古以來，兵皆不得已而用之，只有敬慎悲戚者，可以獲勝，老子嘗說：「兩兵相接，哀者勝矣」，曾國藩有一段更說得詳切，「兵者陰事也，哀戚之意，如臨親喪，肅敬之心，如臨大祭，故軍中不宜有歡欣之象。有歡欣之象者，無論或為和悅，或為驕盈，終歸於敗而已矣。田單之在即墨，將軍有必死之心，士卒無生還之氣，此其所以破燕也；及其攻狄也，黃金橫帶，有生之樂，無死之心，魯仲連策其必不勝，兵事之宜哀戚，不宜歡欣，亦明矣」。總之，「無論形勢如何，自己務須敬慎哀肅，不可歡逸驕盈，此乃古今中外克敵致果之要道」，尤其是現在我們討逆，大家要曉得這次叛逆的發生，實在是我們國民革命軍最不幸最可痛的一回事，不僅我做統帥的，格外悲痛慚愧，凡是革命軍人，應該都是一樣，所以我們應該上下官兵共同一致，以哀戚之意，抱必死之心，極其勤勞謹慎，來完成剿匪討逆的任務。過去我們剿匪之所以不能如期成功，最大的原因，就是驕惰和疏忽，尤其是團長以上一般高級官長，不能遵照上面所頒發的各種典則命令切實訓練部下，接到上面的命令，轉下去就算了事，自己既不留心研究，切實奉行，也不管下面的人看不看，更不能實事求是去監督他們，遵照命令去做，檢查他們做到何

種程度。對於上面的命令，尚且如此輕忽，其他的事情，更不待言。你們團長以上的將領如此懶惰，下面一般官長，格外要偷懶了。所以結果弄得軍隊的精神墮落，紀律廢弛，於是隨便嫖妓賭錢，放步哨的隨便睡覺，營房裏或戰壕中到處賭錢，總之，官長一懶惰，軍隊的學術科一定不行，軍風紀一定敗壞，而搜索警戒也統統疏忽，因此土匪有隙可乘，時常要來襲擊我們，我們就很容易中了土匪的詭計被他打敗。所以我們以後無論是剿匪或是討逆，第一要緊的就是要謹慎，要勤勞。〔註5〕

11.3〔註6〕**此次由楚省**（1）**招兵東下，必須選百鍊之卒，備精堅之械。舟師則船炮並富，陸路則將卒並憤，作三年不歸之想。為百戰艱難之行，豈可兒戲成軍，倉卒成行？人盡烏合，器多苦窳，船不滿二百，炮不滿五百，如大海簸豆，黑子著面，縱能迅達皖省，究竟於事何補？是以鄙見，總須戰艦二百號，又補以民船載七八百，大小炮千餘位，水軍四千，陸軍六千，夾江而下，明年成行，始略成氣候。否則名為大興義旅，實等矮人觀場**（2）**，不直方家一曬。（曾國藩）**

【注釋】
（1）楚省：指湖北省和湖南省，也特指湖北省。但這裡應該是指湖南。
（2）矮人觀場：比喻只知道附和別人，自己沒有主見。也比喻見識不廣

【譯文】
這次由湖南招兵東下，必須精挑細選百鍊之卒、裝備精良堅固的器械。水師則要船炮充足，陸軍將士必須同仇敵愾，做好三年不回家的打算。為了迎接千百次的堅苦戰鬥，怎麼能將組建軍隊視同兒戲，倉促成行呢？如果士兵盡是烏合之眾，武器破爛不堪，船不滿二百艘，炮不滿五百門，好比大海簸豆子，臉上長黑點，就算是能迅速抵達安徽，這樣的軍隊，究竟有什麼用？依我鄙陋之見，總須要戰艦二百艘，再補上民船七八百，大小炮千餘門，水軍四千人，陸軍六千人，夾江而下，明年成行。這才算略成氣候。否則，名為大興義師，實際上是矮人看戲，只隨著別人說，不值得行家一笑。

〔註5〕《總統蔣公思想言論總集·卷十一演講》，中國國民黨中央委員會黨史委員會，1984年，第627頁。
〔註6〕本節出自《曾國藩全集·書信一》，嶽麓書社，1990年，第366～367頁。

【解讀】

此節的核心是「選百鍊之卒，備精堅之械」，屬於兵家之軍備論或戰備論的範疇。古代諸兵書中《草廬經略・備邊》對古代戰備歸納的比較全面。其中說：「備邊之策，堅城壘，濬溝塹，掘險要，謹斥堠，廣偵察，多間諜，選將帥，練士卒，積糧餉，明賞罰，精器械，示恩信，開屯田，搜弊蠹，禁啟釁，茲十餘策，從古論邊者所不廢也。」有學者將古代軍事備戰內容概括為十大系統：

1. 指揮系統：選將帥，置王翼，訂戰略，定決策。
2. 兵員系統：慕良材，選銳卒，設三軍，開屯田。
3. 訓練系統：練膽氣，習戰技，練旗章，習陣法。
4. 兵器系統：精研製，置器械，造車船，嚴檢驗。
5. 工程系統：堅城壘，濬溝塹，掘險要，修關寨。
6. 後勤系統：集糧秣，繕甲馬，疏交通，保戰需。
7. 諜報系統：多間諜，廣偵察，明敵情，間敵內。
8. 通訊系統：設烽隧，置驛站，設陰書，置陰符。
9. 宣傳系統：示恩信，明榮辱，振軍心，鼓民氣。
10. 管理系統：禁啟釁，搜弊蠹，嚴賞罰，行軍法。〔註7〕

曾國藩對戰陣非常謹慎，從不打無準備之戰，因此對戰備非常重視。他在此節所強調的「選百鍊之卒，備精堅之械」，就屬於這些戰備系統的範疇。這裡他尤其強調「精堅之械」。「工欲善其事，必先利其器」，武器裝備被歷代兵家崇奉，《管子・參患》曰：「兵不完利，與無操者同實；甲不堅密，與侲者同實。」兵器既不齊全又不鋒利，實質上和沒有兵器一樣；盔甲既不堅固又不嚴密，實質上和無甲單衣者一樣。李覯《強兵策》曰：「兵矢者，軍之神靈也。甲胄者，人之司命也。故一夫奮劍，則千人披靡。」李筌《太白陰經・器械》曰：「器械不精，不可言兵，五兵不利，不可舉事。」《漢書・晁錯傳》曰：「器械不利，以其卒予敵也。」

11.4〔註8〕**夫戰，勇氣也。再而衰，三而竭**(1)。**國藩於此數語，常常體念。大約用兵無他謬巧**(2)，**常存有餘不盡之氣而已。孫仲謀之攻合**

〔註7〕史美珩：《古典兵略》，遼寧教育出版社，1993年，第36頁。
〔註8〕本節出自《曾國藩全集・書信一》，嶽麓書社，1990年，第543頁。

肥，受創於張遼(3)。諸葛武侯之攻陳倉(4)，受創於郝昭。皆初氣過銳，漸就衰竭之故。惟荀罃之拔逼陽(5)，氣已竭而復振。陸抗之拔西陵(6)，預料城之不能遽下，而蓄養銳氣，先備外援，以待內之自斃。此善用氣者也。（曾國藩）（蔣介石眉批：用兵巧妙之點，亦即在此，不盡之氣而已。）

【注釋】

（1）夫戰句：典出《左傳·莊公十年·曹劌論戰》，曰：「夫戰，勇氣也。一鼓作氣，再而衰，三而竭。」

（2）謬巧：詐術與巧計。

（3）「孫仲謀之攻合肥」句：三國時，曹操南征孫權不成，班師前留張遼、李典、樂進與七千多人防守合肥。孫權見曹操在漢中，率十萬人出征合肥，張遼提出在孫權大軍尚未集結完畢之際，突然襲擊，折其盛勢，以安眾心，然後可守，成敗之機，在此一戰。張遼、李典在前夜募集八百勇士，天一亮，張遼披甲持戟，率先衝鋒陷陣，殺死數十人，斬二員將領，張遼大呼自己的名字，衝入軍壘，到達孫權旗下陣營。孫權見此大驚，登上山頂據守。張遼叱孫權下戰，孫權從高處看見張遼率軍甚少，便令軍士將張遼軍團團圍住。張遼突擊衝出，包圍被打開缺口，張遼麾下的數十人得以逃出，但仍有將士被包圍。被圍將士呼喊：「將軍棄我乎？」張遼聞聽再度殺回，衝進包圍圈，再突圍救出眾人。孫權軍望風披靡，無人能抵擋張遼。戰鬥從日出到中午，吳軍士氣全失，回軍修整守備。曹軍則士氣大振，人心安定下來。孫權圍攻合肥十餘日，不能攻下，又遇上疫疾，便命撤軍。張遼率軍追擊，孫軍頓時混亂，孫權被圍，將士拼死才將孫權救出，吳軍慘敗。

（4）諸葛武侯之攻陳倉：公元 229 年年初，蜀漢諸葛亮第二次北伐時，與曹魏的一場戰役。魏將郝昭以千餘之兵拒守諸葛亮數萬大軍，雙方相持二十餘日，諸葛亮無計可破，因糧盡而乘機退兵。

（5）荀罃（yīng）之拔逼陽：公元前 563 年，晉國大將荀偃、士匄（gài）請求討伐逼陽國，主帥荀罃認為不可。荀偃、士匄再三請戰，並當場立下了軍令狀，荀罃只好同意。但事與願違，逼陽城久攻不下，又加之雨季將至，荀偃、士匄向晉主帥荀罃請求撤兵，遭荀罃

痛斥和拒絕。荀、士二人不得已，遂身先士卒，親率聯軍強行攻城。激戰數日，城中箭弩、滾木、礌石都已用盡，終於逼陽城破，國亡。

（6）陸抗之拔西陵：公元 272 年，吳國西陵守將步闡降晉，吳派陸抗討伐步闡。西晉派楊肇、羊祜等率軍援救步闡，陸抗率主力對楊肇軍進行阻擊。陸抗命令進攻西陵的各路軍隊修建高牆，士兵日夜築牆，苦不堪言，怨氣衝天。將領們對陸抗說：「將軍應當乘我軍銳氣，火速攻打西陵。等晉朝的救兵到來，我們已經佔領城池。何必讓將士們耗費氣力築牆呢？」陸抗說：「早年我曾在西陵任職，瞭解西陵的情況。它地勢優越，守備完善，糧草又很充足，所以易守難攻。晉軍很快就到，如果我們沒有防備，就會腹背受敵，陷入困境。」兩軍接觸後，陸抗部將俞贊投降了楊肇，吳軍情況十分危急。陸抗針對俞贊可能提供給晉軍的情報，估計楊肇可能依俞贊之計先攻自己的薄弱環節，乃臨機應變，將計就計，連夜撤下夷兵，換上精兵。第二天，晉軍果然從原夷兵防守之處進攻，遭到吳軍沉重打擊。次月，晉軍無計可施，趁夜間逃遁，陸抗遂攻陷西陵城，西陵之戰以吳勝晉敗而告終。

【譯文】

打仗，靠的就是勇氣。古人所謂：「夫戰，勇氣也。一鼓作氣，再而衰，三而竭。」國藩對這幾句話，常常體會思考。大約用兵沒有什麼詐術與巧計，常常存有用之不盡的勇氣罷了。三國時，孫權攻打合肥，被張遼挫敗；諸葛亮攻擊陳倉，被郝昭挫敗。這都是因為起初氣勢過盛，日久不斷衰竭的緣故。唯有春秋時荀罃攻克逼陽一役，是士氣衰竭而又重新振作的情況。還有三國時，陸抗攻克西陵，戰前預料不可能迅速攻下，於是養精蓄銳，先防備西陵外援，然後等待城內被困死。這都是善用士氣的人。

【解讀】

打仗，靠的是勇氣。曾國藩說：「軍中能成大事者，氣為之也，人為之也。」〔註9〕曾國藩這裡列舉了歷史上著名的四次戰役，即合肥之戰、陳倉之戰、逼陽之戰、西陵之戰，來說明士氣對作戰的影響。他認為合肥之戰和陳倉之戰

〔註 9〕《曾國藩全集‧書信一》，嶽麓書社，1990 年，第 505 頁。

都是因為「初氣過銳，漸就衰竭之故」。孫權和諸葛亮起初都是兵力占絕對優勢，殺氣騰騰，大有勢在必得的氣勢。但孫權大軍竟被張遼的八百精銳，殺了個幾進幾齣，致使士氣全無，結果反而使張遼的守軍士氣大振，穩定了軍心。諸葛亮的大軍對郝昭的守軍，用盡攻城手段，仍是無可奈何，最終用盡糧草，不得不撤兵。逼陽之戰，主帥荀罃本認為不可戰，手下兩員大將堅決請戰後，卻又屢攻不下，士氣受挫，不得已請求撤退，但遭到荀罃堅決反對，二將不得不再次鼓足勇氣，身先士卒，終致守軍彈盡糧絕，城池被攻破。西陵之戰，陸抗深知西陵易守難攻，並不答應部下的請戰，採取築造高牆，深溝高壘的辦法，以待時機出現，最終攻陷西陵。曾國藩認為，四場戰役中，張遼、郝昭、荀罃、陸抗都是善用士氣的人。此節文字出自曾國藩寫給李元度的信。信中曾國藩還說：「足下忠勇內蘊，邁往無前，惟猛進有餘，好謀不足。吾願足下學陸抗，氣未用而預籌之；不願學知罃，氣已竭而復振之。願算畢而後戰，不宜且戰而徐算。」曾國藩根據李元度的性格特質，提出讓他學習陸抗蓄養銳氣的做法，其實這也是他本人喜歡的做法，即深溝高壘、步步為營、穩紮穩打的做法。蔣介石於此節眉批曰：「用兵巧妙之點，亦即在此，不盡之氣而已。」

11.5〔註10〕日中則昃，月盈則虧（1），故古詩「花未全開月未圓」之句，君子以為知道。故余治兵以來，每介疑勝疑敗之際，戰兢恐懼，上下悚懼者，其後常得大勝。當志得意滿之候，各路雲集，狃（2）於屢勝，將卒矜慢，其後常有意外之失。（曾國藩）

【注釋】

（1）日中則昃（zè），月盈則虧：太陽到了正午就要偏西，月亮盈滿就要虧缺。典出《周易‧豐》：「日中則昃，月盈則食，天地盈虛，與時消息，而況乎人乎！」

（2）狃（niǔ）：習慣；習以為常

【譯文】

太陽到了正午就要偏西，月亮到了正圓就要虧缺，所以古詩有「花未全開月未圓」的句子，君子認為這是懂得天道的詩句。因此，我領兵以來，每到

〔註10〕本節出自《曾國藩全集‧書信一》，嶽麓書社，1990年，第598頁。

勝敗猶疑之際,總是戰戰兢兢,全軍上下惶恐不安,其結果往往取得大勝。而每當志得意滿之時,各路大軍雲集,對勝利習以為常,將士驕傲輕慢,其結果往往有意外的失敗。

【解讀】

曾國藩所謂「戰兢恐懼,上下悚懼」,強調的是一種居安思危的狀態。《左傳‧僖公二十二年》曰:「國無小,不可易也。無備,雖眾不可恃也。《詩》曰:戰戰兢兢,如臨深淵,如履薄冰。」《左傳‧襄公十一年》曰:「《書》曰居安思危,思則有備,有備無患。」《周易‧既濟》曰:「君子以思患其豫防之。」《百戰奇略‧忘戰》曰:「凡安不忘危,治不忘亂,聖人之深誡也。天下無事,不可廢武,慮有弗庭,無以捍禦。必須內修文德,外嚴武備,懷柔遠人,戒不虞也。」思危、思亂、思亡,即不忘危、不忘亂、不忘亡,才會防危、防亂、防亡,「安不忘危,治不忘亂」,從而長治久安有望。

志得意滿之時,就是將士驕傲輕慢之日,離敗亡不遠矣。《草廬經略‧戒驕》曰:「嘗觀將當屢勝之後,輒有驕心,其甚者,或一勝而驕,或小勝而驕,皆敗道也。蓋將之輕敵也,始於驕,則自高其功,自神其智,自矜其勇。不憂其寇,不恤其下,忠言逆耳,良士疏斥。戰則輕進,守則弛備。敵窺其情,故卑其辭而隆其禮,佯為敗以示怯,以玩弄於股掌焉。庸知敵之敗者為偶失,而無傷於勝勢。或一詘而力猶可再舉;或為怒我怠師之謀,俟我將驕卒惰,方始乘焉。有一於此,必墮其阱。」所以,古人每當軍隊勝利之際,便更加警覺。《何博士備論‧漢光武論》曰:「夫率師百萬以臨數千之軍者,必勝之軍也。然有時而至於敗者,驕吾所以必勝而以輕敵敗也。提卒數千以當百萬之眾者,必敗之道也。然有時而至於勝者,奮吾所以必敗而以致死勝也。」前者所言,孫權數十萬大軍敗於張遼七千守軍,諸葛亮數萬軍隊敗於郝昭一千守軍,均是因輕敵,缺乏認真準備而失敗。而張遼和郝昭,則是「奮吾所以必敗而以致死勝」。

11.6〔註11〕國家之強,以得人為強,所謂「無競惟人」(1)也。若不得其人,則羽毛未豐,亦似難以高飛。昔在宣宗皇帝,亦嘗切齒髮憤,屢悔和議,而主戰守,卒以無良將帥,不獲大雪國恥。今欲罷和主戰,亦必

〔註11〕本節出自《曾國藩全集‧書信一》,嶽麓書社,1990年,第704頁。

得三數引重致遠、折衝禦侮之人以擬之。若僅區區楚材，目下知名之數人，則干將、莫邪（2），恐未必不終刓（3）折，且取數太少，亦不足以分布海隅。（蔣介石眉批：無競惟人）

【注釋】

（1）無競惟人：意為治理國家，沒有比得到賢人更重要的事情了。典出《詩經・大雅・抑》：「無競維人、四方其訓之。有覺德行、四國順之。」《毛詩注疏》曰：「言人君為國，無強乎維在得其賢人。若得賢人，則國家強矣。所以得賢則強者，以此賢人有德，四方之俗有不善者，其可使此賢人教訓之。此賢人可以教訓者，此賢者有正直大德行，四方之民得其教化，其皆慕仰而順從之。」又見《詩經・周頌・烈文》：「無競維人、四方其訓之。不顯維德、百辟其刑之。」

（2）干將、莫邪：古代寶劍名。鋒利的寶劍的代稱。

（3）刓（wán）：壞，損壞。

【譯文】

國家的強大，以得到人才為強大的標誌，正如《詩經》所說「無競惟人」。若得不到人才，好比羽毛未豐，恐怕是難以高飛。過去道光皇帝也曾切齒髮憤，多次後悔簽訂的和議，主張開戰死守，最終還是因為沒有優秀的將帥人才，而未能大雪國恥。今天要想罷和主戰，也必須得到幾個能夠負重致遠、抵禦敵人的傑出人才來實行。若僅是湖南區區幾個人才，即眼下這幾個名人，就算他們是干將、莫邪那樣的寶劍，恐怕也未必不折斷，況且人數太少，不足以分布到全國各地。

【解讀】

曾國藩說：「行政之要，首在得人。」〔註12〕1860年冬，因英法聯軍攻進北京，朝廷上下有人提出遷都之說。而曾國藩卻指出：「中興在乎得人，不在乎得地。漢遷都許而亡，晉遷都金陵而存。拓跋遷雲中而興，遷洛陽而衰。唐明皇、德宗再遷而皆振，僖宗、昭宗再遷而遂滅。宋遷臨安而昌盛，金遷蔡州而淪胥。大抵有憂勤之君、賢勞之臣，遷亦可保，不遷亦可保；無其君、無其臣，遷亦可危，不遷亦可危。鄙人閱歷世變，但覺除得人以外，無一事可恃

〔註12〕《曾國藩全集・奏稿六》，嶽麓書社，1989年，第3217頁。

也。」〔註13〕曾國藩考察漢、晉、唐、宋各代興亡史，認為遷都與國家興亡關係不大，國家的興衰成敗，關鍵在於是否能重視人才的培養和任用。他領導的湘軍之所以取得巨大成功，完全在於他廣泛延攬人才，使其幕府人才盛極一時，各種人才應有盡有。

11.7〔註14〕用兵之道，最忌「勢窮力竭」四字。「力」是指戰士之精力言之，「勢」是指大局大計，及糧餉之接續，人才之繼否言之。（曾國藩）（蔣介石眉批：勢窮力弱）

【譯文】

用兵之道，最忌諱的就是「勢窮力竭」四字。「力」則是指將士的精力，「勢」則是指軍事大局大計，以及糧餉的接續，人才是否後繼有人而言。

【解讀】

用兵最忌「勢窮力竭」，曾國藩將「勢」與「力」的內涵進行了分疏。「勢」指大局大計、糧餉、人才三個方面的問題，「力」是指戰士精力。若這四者窮竭耗盡，軍事自然沒有希望。曾國藩說：「賊以堅忍死拒，我亦當以堅忍勝之。惟有休養士氣，觀釁而動，不必過求速效，徒傷精銳，迨瓜熟蒂落，自可應手奏功也。」〔註15〕這就是強調要蓄養「勢」和「力」。後人整理編寫曾國藩的《挺經》，將這段話與此節文字改造，合為一體，倒也卻能反映曾國藩的思想。抄錄如下：

> 久戰之道，最忌「勢窮力竭」四字。「力」則指將士精力言之，「勢」則指大局大計及糧餉之接續。賊以堅忍死拒，我亦當以堅忍勝之。惟有休養士氣，觀釁而動，不必過求速效，徒傷精銳，迨瓜熟蒂落，自可應手奏功也。（《挺經‧卷十一‧久戰》）

11.8〔註16〕能戰，雖失算亦勝；不能戰，雖勝算亦敗。（曾國藩）（蔣介石眉批：勝敗之道）

〔註13〕《曾國藩全集‧書信三》，嶽麓書社，1992年，第1839頁。
〔註14〕本節出自《曾國藩全集‧書信九》，嶽麓書社，1994年，第6403頁。
〔註15〕《曾國藩全集‧書信五》，嶽麓書社，1995年，第3513～3514頁。
〔註16〕本節出自《曾國藩全集‧書信二》，嶽麓書社，1991年，第1131頁。

【譯文】

只要是能征慣戰，雖然偶而失算，還是能勝；不能打仗，雖有勝算，也還是要失敗。

【解讀】

打仗是軍隊的本分，能打勝仗才是硬道理。曾國藩手下悍將鮑超，雖粗魯少文，但勇猛絕倫，能戰能勝。所謂「大德不逾閑，小德出入可也」，人無完人，用人用其所長，在曾國藩調教下，鮑超成為湘軍第一猛將。曾國藩告誡弟弟曾國荃：「治軍之道，總以能戰為第一義。倘圍攻半歲，一旦被賊衝突，不克抵禦，或致小挫，則名望隳於一朝。故探驪之法，以善戰為得珠。」〔註17〕

11.9〔註18〕懸軍深入而無後繼，是用兵大忌。（曾國藩）

【譯文】

孤軍深入而後援不濟，是用兵大忌。

【解讀】

湘軍悍將李續賓戰死的三河之戰，便是此節所言「懸軍深入而無後繼」的注腳。李續賓在抵達三河之前，一月之內，接連克復潛山，太湖、桐城及舒城四城，進軍迅猛，但部隊傷亡較重，加之分兵留守。僅帶領不滿五千的疲憊之師，進抵三河鎮。他向朝廷的奏疏上也稱「若遇大股援賊，兵力亦恐難支」。但由於三河在經濟、軍事上地位非常重要，李續賓勢在必得，他希望能在太平軍援軍到達之前，迅速攻下三河。結果，李續賓在損失 3000 餘人攻下鎮外 9 壘之後，已經感到勝負難料，部下也勸他退守桐城。但李續賓繼攻佔武昌之後，又克名城九江，為一股虛驕之氣所支配，雖知戰勝的可能不大，卻不肯撤退，決心在三河與太平軍決一死戰。而此時陳玉成、李秀成率兩路大軍相繼趕到，李續賓陷入陳玉成、李秀成及三河守軍的重重包圍。當時李續賓的上司胡林翼正好回家奔喪，導致無人救援。李續賓雖「勇氣百倍，怒馬當先，往來奮擊」，但終不能出，最後戰死沙場。三河之戰，李續賓所部 5000 精銳全部被殲。李續賓先後克復四十餘城，大小六百餘戰，他的死對湘軍打擊甚大。

〔註17〕《曾國藩全集・家書一》，嶽麓書社，1985 年，第 382 頁。
〔註18〕本節出自《曾國藩全集・書信二》，嶽麓書社，1991 年，第 1164 頁。

11.10〔註19〕**危急之際，尤以全軍保全士氣為主。孤軍無助，糧餉不繼，奔走疲憊，皆散亂必敗之道。（曾國藩）**

【譯文】

在形勢危急之際，尤其要以保全軍隊以及保全士氣為主。孤軍無援，糧餉不繼，奔走疲憊，這些都是軍隊散亂敗亡的先兆。

【解讀】

曾國藩總結，戰爭中的散亂必敗之道有三：孤軍無援，糧餉不繼，奔走疲憊。古兵法《吳子》之《料敵篇》，更詳盡地歸納了軍隊的八種敗亡之象，認為只要有這八種跡象，不用占卜就可以與之戰鬥，必勝無疑：

> 吳子曰：「凡料敵有不卜而與之戰者八：一曰疾風大寒，早興寐遷，刊木濟水，不憚艱難；二曰盛夏炎熱，晏興無間，行驅饑渴，務於取遠；三曰師既淹久，糧食無有，百姓怨怒，妖祥數起，上不能止；四曰軍資既竭，薪芻既寡，天多陰雨，欲掠無所；五曰徒眾不多，水地不利，人馬疾疫，四鄰不至；六曰道遠日暮，士眾勞懼，倦而未食，解甲而息；七曰將薄吏輕，士卒不固，三軍數驚，師徒無助；八曰陳而未定，舍而未畢，行阪涉險，半隱半出。諸如此者，擊之無疑。」

八種情況：一是在狂風嚴寒之日，晝夜行軍，伐木渡河，不顧部隊艱難。二是在盛夏酷暑之日，休息和勞作無時，被驅趕行軍，又饑又渴，只顧要奪取遙遠的目標。三是長久滯留被困，糧食用盡，百姓怨怒，謠言四起，將帥無法制止。四是軍資耗盡，柴草稀少，陰雨連綿，無處掠奪。五是兵力不足，水土不服，人馬多病，援軍不到。六是路遠日暮，士卒疲勞恐懼，困餓交加，解甲休息。七是將吏無威信，士卒軍心不穩。部隊屢屢驚慌，而又孤立無援。八是部署未定，安營未成，翻山越險只過其半。曾國藩的三種敗亡之道就在這八種情況之中。

11.11〔註20〕**有不可戰之將，無不可戰之兵。有可勝不可敗之將，無必勝必不勝之兵。（胡林翼）**

〔註19〕本節出自《曾國藩全集·書信九》，嶽麓書社，1994年，第6346頁。
〔註20〕本節出自《胡林翼集》（二），嶽麓書社，1999年，第148頁。

【譯文】

只有不會打仗的將領，沒有不會打仗的士兵。有只可打勝仗，而不可打敗仗的將領，無必勝或必敗的士兵。

【解讀】

不會打仗的將領有的是，但士卒只要經過認真訓練，則無人不可以戰鬥。有只能勝，不能敗的將領，但士卒只要勇猛就可以勝，驕惰就會不勝，一切都取決於將領如何。對胡林翼這段話，蔣介石作了通俗易懂的解讀。他說：

> 無論過去及現在剿匪的成敗，完全決於當時的一般高級將領，及其統帥的精神，即志氣、學問、能力、修養、和人格，只要我們的高級將領的精神勝過土匪，剿匪沒有不成功的，也不僅剿匪如此，任何軍隊的強弱，與一切戰爭的勝敗，差不多就完全在乎我們高級將領的精神如何，比方講一個師兵力，要能精強致勝，就全靠有一個好師長，一個軍兵力，要能戰勝攻取，就全靠有一個好軍長，如果你當軍長師長的人無志氣，無決心，懦弱無能，畏縮不前，或投機取巧，冒功爭權，那麼無論你部下如何努力，如何勇敢，無論援軍如何迅速策應，亦不會成功，所以我們過去剿不了土匪，不能怪部下如何不努力，更不好說友軍如何不協助，只能怪我們將領自己本身不行。因為部下的努力不努力，友軍的協助不協助，都在乎我們一般將領本身如何。只要我們自立自強，負責盡職，真有精神，真能努力，一切友軍當然佩服我們，相信我們，必能協助我們。什麼部下亦都能訓練精強，都能努力奮鬥，達到任務，獲取勝利。不要說自己所帶多年的部下，格外能夠用命效死，即使新兵，只要經過相當時間的訓練，也一定能夠服從命令，視死如歸，比方說軍隊最普通的技能，就是瞄準射擊，但是無論怎樣愚笨的新兵，只要他身心健全，只要我們官長肯費精神，認真來訓練他，我相信四個星期之後就可以成功一個很好的射擊手。軍隊只要平時能訓練有素，到臨時作戰那有不能獲勝的道理，所以我說：任何軍隊的強弱，一切戰爭的勝敗，完全在乎我們一般高級將領的精神。古人說：「天下強兵在將」。「有不可戰之將，無不可戰之兵」。

「有可勝不可敗之將，無必勝必不勝之兵」。就是這個道理。〔註21〕

11.12〔註22〕古人行師，先審己之強弱，不問敵之強弱。（胡林翼）

【譯文】

古人用兵之時，先審視自己的實力，而不是先看敵人的強弱。

【解讀】

胡林翼這裡強調的是，要瞭解自己的實力和軍心士氣。自己有強大的實力和信心，就不怕敵人強，自己如果信心全無，敵人即使再弱，也難以打贏。胡林翼這裡所言並非《孫子兵法》所謂「不知彼而知己」之意。

11.13〔註23〕兵事決於臨機，而地勢審於平日，非尋常張皇幽渺（1）可比。（胡林翼）

【注釋】

（1）張皇幽渺：亦作「幽眇」。指張揚思想的精深微妙之處。

【譯文】

作戰之事，常常要隨機應變，但地理環境情況的瞭解，要靠平日下工夫留心觀察，絕非像通常那樣誇耀精深微妙，全靠主觀想像發揮。

【解讀】

兩軍對壘之際，雙方斗智鬥勇。在互動過程中，某方出現薄弱環節，給對方以可乘之機的情況時有發生，這時就要隨機應變，把握時機，給敵人以致命打擊。《吳子‧治兵》曰：「凡兵戰之場，立尸之地，必死則生，幸生則死。其善將者，如坐漏船之中，伏燒屋之下，使智者不及謀，勇者不及怒，受敵可也。故曰：用兵之害，猶豫最大，三軍之災，生於狐疑。」《六韜‧龍韜‧軍勢》：「善戰者，居之不撓，見勝則起，不勝則止。故曰：無恐懼，無猶豫。用兵之害，猶豫最大；三軍之災，莫過狐疑。善者見利不失，遇時不疑，失利後時，反受其殃。故智者從之而不釋，巧者一決而不猶豫，是以疾雷

〔註21〕《總統蔣公思想言論總集‧卷七專著》，中國國民黨中央委員會黨史委員會，
　　　　1984年，第7頁。
〔註22〕本節出自《胡林翼集》（二），嶽麓書社，1999年，第199頁。
〔註23〕本節出自《胡林翼集》（二），嶽麓書社，1999年，第296頁。

不及掩耳，迅電不及瞑目，赴之若驚，用之若狂，當之者破，近之者亡，孰能御之？」兩部兵法都極力強調「用兵之害，猶豫最大」，主張抓住時機，果斷出擊。

另一方面，胡林翼又指出，對地理環境情況的瞭解，必須要靠平日下工夫留心觀察，不能靠主觀想像發揮。《孫子兵法‧地形篇》曰：「孫子曰：地形有通者，有掛者，有支者，有隘者，有險者，有遠者。我可以往，彼可以來，曰通；通形者，先居高陽，利糧道，以戰則利。可以往，難以返，曰掛；掛形者，敵無備，出而勝之；敵若有備，出而不勝，難以返，不利。我出而不利，彼出而不利，曰支；支形者，敵雖利我，我無出也；引而去之，令敵半出而擊之，利。隘形者，我先居之，必盈之以待敵；若敵先居之，盈而勿從，不盈而從之。險形者，我先居之，必居高陽以待敵；若敵先居之，引而去之，勿從也。遠形者，勢均，難以挑戰，戰而不利。凡此六者，地之道也；將之至任，不可不察也。」地形、地貌，千變萬化，孫子將它們歸納為六種類型：「通」「掛」「支」「隘」「險」「遠」，並一一分析了各種特點。由此可見，對這種種地勢的瞭解顯然非一朝一夕之功。因此，胡林翼說「地勢審於平日」。

11.14〔註24〕**軍事有先一著而勝者，如險要之地，先發一軍據之，此必勝之道也。有最後一著而勝者，待敵有變，乃起而應之，此必勝之道也。至於探報路徑，則須先期妥實辦理。（胡林翼）（蔣介石眉批：兵事妙著）**

【譯文】

軍事上有先走一著而獲勝的，如先派一支軍隊佔據險要之地，這是必勝之道。也有最後一著而獲勝的，即先不行動，等待敵情變化，相機行事，這也是一種必勝之道。至於探察行軍路線，則必須提前周密安排。

【解讀】

先據兵家必爭的戰略要地，所謂「先居者逸，後起則勞」。明代兵書《兵壘‧先》曰：「兵家惟其先人，故能有奪人之心。……古之善戰者，先為不可勝，以待敵之可勝，未有不先處戰地而待敵者也。是故治氣則先，治心則先，治力則先，治變則先。隘則先居之，險則先去之，愛則先奪之。蓋先勝

〔註24〕本節出自《胡林翼集》（二），嶽麓書社，1999年，第428頁。

而後戰，非先戰而後勝也。弈，小數耳，猶曰自始至終著著求先，況乎兵哉！」《先篇》的核心是強調要「自始至終著著求先」。所謂「後發制人」，是戰略用語，並非戰術用語。胡林翼所講「有最後一著而勝者，待敵有變，乃起而應之」，大抵是講兩軍對壘時，要隨機應變，雖為後發，但求其先至。正如《荀子・議兵》所言，「後之發，先之至，此用兵之要術也」。至於探察行軍路線，則必須提前周密安排。《孫子兵法・用間篇》曰：「明君賢將，所以動而勝人，成功出於眾者，先知也。先知者，不可取於鬼神，不可象於事，不可驗於度，必取於人，知敵之情者也。」古來明君賢將，之所以戰無不勝，皆是事先掌握了敵情。

11.15 〔註25〕兵事之妙，古今以來，莫妙於拊(1)其背，衝其腰，抄其尾。惟須審明地勢、敵情，先安排以待敵之求戰，然後起而應之，乃必勝之道。蓋敵求戰，而我以靜制動，以逸待勞，以整御散，必勝之道也。此意不可拘執，未必全無可採。（胡林翼）

【注釋】

（1）拊：擊。

【譯文】

自古以來，用兵之妙，莫過於襲擊敵人後路，衝斷敵人中路，包抄敵人尾部。但必須查清地勢，查明敵情，先安排部署好，等待敵人來求戰，然後我方根據敵人情況，起而應敵，此乃必勝之道。因為敵人求戰，我方以靜制動，以逸待勞，以整御散，所以是必勝之道。我們在作戰時可以採取這些方法，但決不可拘泥於它。

【解讀】

陣戰之法，貴在出其不意，攻其不備，必須要能隨機應變。「拊其背，衝其腰，抄其尾」，各種陣法變幻無窮。咸豐七年（1857）二月，胡林翼派唐協和追剿逃竄的太平軍，唐率部連夜追擊上敵人。太平軍「分五路來撲，約四千人，而馬賊數百，由中路衝突。唐協和令副訓營按陣不動，俟其逼近，始以正訓營之右哨、後哨左右橫出，以截其腰。三面圍殺，斃賊三百餘名。馬賊大

〔註25〕本節出自《胡林翼集》（二），嶽麓書社，1999年，第434、438頁。

敗，各路步賊亦潰。我軍追之數里，又斃賊千餘名。」〔註26〕這就是胡林翼所說「衝其腰」戰術的成功案例。

胡林翼還主張，「凡戰，以靜制動，以主待客，以整御散，以逸待勞為妙。」〔註27〕戰前查清地勢，查明敵情，然後周密部署，據壘以守，等敵人先發到攻擊。待其勢窮力竭之時，起而應敵，戰而勝之。蔣介石結合胡林翼的這一原則，對「以靜制動」戰術進行了深入闡發。他說：

> 以靜制動——這是根據穩紮穩打的原則，以爭取主動的戰術，現在赤匪唯一的本領，就是鑽隙打圈，竄來竄去，總想逃避我們的實力所在，再找一個機會，尋一點空隙，來討點小便宜。我們要剿滅這種飄忽狡黠的赤匪，在戰術上有兩個要訣，就是一方面要使我們的軍隊，儘量增加機動的能力，找到可乘之機，挾其疾雷閃電之勢予以撲滅。而在另一方面，我們必須處處「先求穩當」，不要跟著赤匪尾巴去走，必要使赤匪來依我們的計劃來行，所謂「善戰者致人而不致於人」。胡林翼嘗說：「馭天下之至紛者以靜」，就是這個道理。「以靜制動」，就是要「以主待客」和「以逸待勞」，不過此處所謂「靜」，乃指「寧靜」「鎮靜」「安靜」而言，乃是「實質的」，充滿著生動的精神的，不可誤為「寂靜」「清靜」等空虛寂滅毫無生意之靜，這層精義認識以後，才可以知道以靜制動的真諦及其妙用。〔註28〕

又說：

> 這「以靜制動」四個字，不僅是在戰略戰術上非常重要，而且自個人待人接物以至運用政治，要來治國平天下，這個以靜制動的道理，也極其緊要，差不多可以說是我們中國歷來政治軍事家，成功的一個秘訣。我們訓練軍隊之所以最重要注重「靜肅」，現在講戰略戰術之所以要來特別講明這一句話，就是這個道理。……「以靜制動」的精義和方法是什麼呢？就是你們貼在那邊的兩句標語：「以拙制巧，以實擊虛。」土匪用種種巧妙的方法來騷擾我們，我

〔註26〕《胡林翼集》（一），嶽麓書社，1999年，第235頁。
〔註27〕《胡林翼集》（二），嶽麓書社，1999年，第437頁。
〔註28〕《總統蔣公思想言論總集·卷七專著》，中國國民黨中央委員會黨史委員會，1984年，第48頁。

們只有先集結兵力，堅築工事，用一個呆笨方法自己固守起來！以後再找好的機會來消滅他！土匪用聲東擊西，搖旗吶喊，以及及種種虛聲恫嚇裝模作樣的巧妙方法來擾亂我們耳目，打擊我們的精神，從而討取便宜，我們只有一概不管，自己實實在在準備自己的實力，強固自己的工事，拿我們一切實在的東西，來對付土匪一切虛偽的花樣，這就是所謂「以拙制巧，以實擊虛」，亦即所謂以靜制動的方法。胡林翼說：「惟誠可以破天下之偽，惟實可以破天下之虛」，所以我們無論在軍事上、政治上，以及自己修養上，一切總要從體會得「以靜制動」的精義。從「誠實」「樸拙」上用工夫！今天我告訴你們這個秘訣，以後你們就要照著實行，成功你們一切的事業。但是有一點，你們還要知道：我所講的「以靜制動」的道理，絕對不是呆板不動的「靜」，而實在更含有「勇猛精進」之「動」的意義。〔註29〕

11.16〔註30〕 **臨陣之際，須以萬人並力，有前有後，有防抄襲之兵，有按納不動以應變之兵，乃是勝著。如派某人守後，不應期而進，便是違令。應期而不進，便是怯戰。此則必須號令嚴明者也。徇他人之意，以前為美，以後為非，必不妥矣。（胡林翼）**

【譯文】

臨陣之際，必須萬眾一心，齊心協力，兵力有前有後，有防止敵人抄襲之兵，有按兵不動，伺機應變之兵，此乃勝著。如果派某人守後路，不按約定擅自行進，就是違令。按照約定，但不前進，就是怯戰。這就要求必須號令嚴明。如果順著別人的意思，以為在前敵作戰就好，在後面防守就不好，這顯然不是正確的認識。

【解讀】

臨陣之際必須對部隊進行統籌安排，有正面應敵之軍，有防敵包抄之軍，有應變之軍。只有周密部署，齊心協力，互相配合，才能取得勝利。胡林翼在給多隆阿的信中，總結清軍第二次江南大營被太平軍打破的原因時說：「本年

〔註29〕《總統蔣公思想言論總集‧卷十一演講》，中國國民黨中央委員會黨史委員會，1984年，第544～545頁。
〔註30〕本節出自《胡林翼集》（二），嶽麓書社，1999年，第440頁。

江南之事，以七萬人綴於城下，賊從旁路、後路橫軼紛擾，遂至潰敗決裂不可收拾。其患在有圍兵而無備戰之兵，有守兵而無備剿之兵也。」〔註31〕究其原因，所謂「有圍兵而無備戰之兵，有守兵而無備剿之兵」，就是違背了胡林翼此節所提出的臨陣之際的基本原則。

11.17〔註32〕夾擊原是上策，但可密計而不可宣露，須並力而不宜單弱。須謀定後戰，相機而行，而不可或先或後。（胡林翼）

【譯文】

兩面夾擊原本是上策，但只可密謀而不可對外洩露，須集中兵力而不能力量太單薄。需要在周密謀劃後，相機行事，而不能一方早，一方晚。

【解讀】

《草廬經略·夾擊》曰：「兵家夾擊，欲分其勢也。彼勢既分，其陣自弱。御前則後不支，御左則右不支，無所不禦，則無所能支，所以勝也。況彼之趨戰，前陣方銳，我之夾擊，無處不銳。受敵之處既多，固備之勢不密，以我之銳，擊彼無備，自應傾敗矣。且一處既敗，無處不驚，即有一將力戰，未有見勢去而不潰走者。乘卒獵散，合勢掩之，覆之如反手耳，此用眾之法。」

夾擊之法是攻敵上策，但胡林翼指出，夾擊必須注意三個方面的問題：一是夾擊的計劃必須嚴格保密，切不可洩露。二是必須集中兵力而不能力量太單薄，奇襲之兵力量薄弱，恐為敵所乘。三是夾擊需要周密部署，彼此配合，各方必須全力出擊，不能有早有晚、有快有慢。

《草廬經略·夾擊》舉了一個宋軍曹友聞抵禦蒙元入侵的戰例，曰：「古來以夾擊而取勝者多，惟曹友聞御元於蜀，分命諸將，一擊其前軍，一擊其中軍，一擊其後軍。內外兩軍皆殊死戰，而竟以敗死，是不度勢、不度力也。元之兵勢，逾友聞何啻十倍。分擊則愈弱，弱不敵強，理之自然。宜命諸將分部而伏，同力致死，夾擊其前，前軍既敗，中軍、後軍便自奪氣，如此則蜀事尚可為也。友聞之見不及此，而忠義矯矯，可稱將臣之良。」曹友聞採用夾擊之策對付蒙元大軍，本來就力量單薄，分兵之後愈加薄弱，雖忠勇可嘉，但終難免一敗。

〔註31〕《胡林翼集》（二），嶽麓書社，1999年，第678頁。
〔註32〕本節出自《胡林翼集》（二），嶽麓書社，1999年，第441頁。

11.18 〔註 33〕**不輕敵而慎思，不怯戰而穩打。**（胡林翼）

【譯文】

不輕敵且能謹慎思考，不怯戰且能穩紮穩打。

【解讀】

不輕敵，不怯戰，只是表面說法。只有慎思，才能懂得如何不輕敵；只有作戰能穩紮穩打，才是不怯戰。

11.19 〔註 34〕**兵分則力單，窮追**〔註 35〕**則氣散，大勝則變成大挫。非知兵者也，不可不慎。**（胡林翼）

【譯文】

兵力分散必然會勢單力薄，窮追不捨必然會士氣耗散，導致大勝變成大敗。這是不懂兵法的表現，不能不慎重。

【解讀】

兵法有「分戰」與「合戰」之說，《百戰奇略·分戰》曰：「凡與敵戰，若我眾敵寡，當擇平易寬廣之地以勝之。若五倍於敵，則三術為正，二術為奇；三倍於敵，二術為正，一術為奇。所謂一以當其前，一以攻其後。法曰：『分不分為麋軍。』」《百戰奇略·合戰》曰：「凡兵散則勢弱，聚則勢強，兵家之常情也。若我兵分屯數處，敵若以眾攻我，當合軍以擊之。法曰：『聚不聚為孤旅。』」當我眾敵寡，就應當分兵夾擊，否則當分不分，就是自我束縛。反之，應知兵散則勢弱，聚則勢強，否則當聚不聚，就是自我削弱。所以，分兵當視敵我兵力情況而定，若敵眾我寡時分兵，只能使自己更加勢單力薄，達不到預想的目的。

窮追不捨則會使士氣耗散。1865 年，捻軍殘部在賴文光的領導下，行蹤飄忽，盤旋於兗州、沂州、曹縣、濟州之間。僧格林沁督師猛進，連續追擊捻軍一個月，每天行軍百餘里，從河南追入山東，急行軍三千餘里，部下人困馬乏，軍中怨言載道。僧格林沁認為最後的勝利就在眼前，便命令部隊拼命追趕敵人，累極了下馬在路邊小睡片刻，喝兩大杯燒酒，繼續上馬追擊。因

〔註 33〕本節出自《胡林翼集》（二），嶽麓書社，1999 年，第 443 頁。

〔註 34〕本節出自《胡林翼集》（二），嶽麓書社，1999 年，第 446 頁。

〔註 35〕「窮追」，通行本為「窮進」。據謝本書校蔡鍔手稿本，及《胡林翼集》改。

疲憊之極，連馬韁繩都抓不住，就用布帶把韁繩綁在肩膀上。僧格林沁千里急行軍，讓清廷很擔心，同治帝下旨，告誡他要持重為戒。但他最終的時刻還是來了，僧格林沁率領騎兵孤軍冒進，被誘入埋伏圈，夜間突圍時在混戰中被殺。這是典型的因急於求成，對敵軍窮追不捨，反而由大勝轉為大挫的事例。

11.20〔註36〕**敬則勝，整則勝，和則勝。三勝之機，決於是矣。（胡林翼）**（蔣介石眉批：三勝之機）

【譯文】

敬畏謹慎則勝，隊伍整齊則勝，將士和睦則勝。三種取勝的機會，就取決於能否做到「敬」、「整」、「和」。

【解讀】

「敬」則必然小心謹慎，「整」則整肅莊重，「和」則和睦融洽，胡林翼稱此為「三勝之機」。既嚴肅守紀，又不失團結和諧，這樣的軍隊氛圍自然是取勝的好兆頭。

11.21〔註37〕**我軍出戰，須層層布置，列陣縱橫，以整攻散，以銳蹈瑕（1），以後勁而防抄襲。臨陣切戒散隊，得勝尤忌貪財。（胡林翼）**

【注釋】

（1）蹈瑕：利用過失。瑕：錯誤。

【譯文】

我軍出戰，要做到層層嚴密布置，列陣縱橫，以整齊之師攻擊敵人散亂之兵，以精銳之師攻擊敵人的失誤之處，以勁旅斷後防止敵人抄襲。臨陣之時切忌隊伍散亂，得勝之時切忌貪財。

【解讀】

曾、胡的帶兵原則都是主張穩紮穩打，因此在出戰前必要周密部署，仔細安排。對具體戰術原則，如「以整攻散，以銳蹈瑕，以後勁而防抄襲。臨

〔註36〕本節出自《胡林翼集》（二），嶽麓書社，1999年，第446頁。
〔註37〕本節出自《胡林翼集》（二），嶽麓書社，1999年，第457頁。

陣切戒散隊，得勝尤忌貪財」等，都有詳細要求。尤其重要的是「得勝尤忌貪財」，他說：「貪搶財物，尤為散隊亂陣，犯兵家之大忌，墮狡賊之奸謀。」〔註38〕得勝之後，貪搶財物，必然會隊伍散亂，有時還會墮入敵人的圈套。《草廬經略·逐利》曰：「恐敵以利而誘我，我誤趨之，必為所敗。如委棄輜重、畜牧、糧食、貨財之類者，是謂餌兵，斷不可逐也。」

11.22〔註39〕**熟審地勢、敵情，妥謀分擊之舉。或伺敵之缺點，蹈瑕而入；或挈敵之重處，並力而前。皆在相機斟酌。惟臨陣切忌散隊，切戒貪財。得勝之時，尤宜整飭隊伍，多**〔註40〕**求痛殺。（胡林翼）（蔣介石眉批：趨勢赴機之道盡於此矣）**

【譯文】

認真審視地勢、敵情，妥善謀劃分兵出擊的舉措。或者抓住敵人的缺點，利用敵人的錯誤，趁虛而入；或者抓住敵人的要害處，全力出擊。這一切全靠相機行事，仔細斟酌。特別需要注意的是，臨陣切忌隊伍分散，切戒貪財。得勝之時，尤其要整頓隊伍，多求痛殺敵人。

【解讀】

此節所談仍是戰前仔細謀劃，布置戰術的問題。也又一次談到「切忌散隊，切戒貪財」問題。接著他講到，得勝之時，尤其要整頓隊伍，多求痛殺敵人。胡林翼從來都是把消滅敵人有生力量放在首位，因此他主張要乘勝追擊，擴大戰果，「竄敗之賊利在遠追」〔註41〕。而實際上，追擊戰正是大量消滅敵人的最有利時機。《草廬經略·乘勝》曰：「兵何以宜乘勝也？勝則敵之心膽已摧，我之銳氣益壯。以方勝之氣，當已疲之敵，所謂勢如破竹，數節之後，迎刃而解也。乘之云者，謂吾之銳氣過久則衰，敵之衰氣漸養則振，釋此不乘，因循荏苒，機會一失，悔無及也。」若不乘勝追擊，機會一旦失去，悔之晚矣。胡林翼與《草廬經略》作者的說法可謂如出一轍。咸豐六年

〔註38〕《胡林翼集》（二），嶽麓書社，1999年，第473頁。

〔註39〕本節出自《胡林翼集》（二），嶽麓書社，1999年，第459～460頁。

〔註40〕「多」字有版本誤為「勿」字，如《曾胡治兵語錄白話解》，軍學編譯社印行，民國二十四年一月；《增補曾胡治兵語錄詳解》，西安大東書局印行，民國三十三年五月，兩版本均為「勿求痛殺」。今據謝本書校蔡鍔手稿本及《胡林翼集》確定為「多」。

〔註41〕《胡林翼集》（二），嶽麓書社，1999年，第152頁。

（1856）十一月，打下武昌城後，胡林翼命令湘軍追擊太平軍「五日五夜不停趾」〔註42〕。結果，在湘軍的追擊下，太平軍敗退了二百里，湘軍乘勢肅清了湖北。

有意思的是，民國二十四年，由軍學編譯社印行的《曾胡治兵語錄白話解》一書，與民國三十三年，由西安大東書局印行的《增補曾胡治兵語錄詳解》一書，兩書都將「多求痛殺」寫成「勿求痛殺」。一字之差，意思完全相反。前書解讀為「均是人類，不可殺害俘虜」；後書解讀為「均是人類，不可趕盡殺絕」。兩者意思差不多，但都誤解了胡林翼的原意。胡林翼所謂「多求痛殺」，並非是要濫殺無辜，而是要在乘勝追擊中最大限度地擴大戰果，殲滅敵人的有生力量。

11.23〔註43〕**軍務只應以一處合圍以致敵，其餘盡作戰兵、援兵、兜剿之兵。若處處合圍，則兵力皆為堅城所牽綴。屯兵堅城之下，則情見勢絀。（胡林翼）**

【譯文】

戰場上只應該在一個地方合圍，以吸引敵人，其他全部當作作戰之兵、救援之兵、包抄圍剿之兵。如果處處合圍，則兵力全部被堅固的城池所牽制。而且屯兵在防守堅固的城池之下，情勢會越來越不利。

【解讀】

胡林翼反對攻打堅城，他的戰略戰術是圍城打援，即用一部分精銳部隊包圍敵人的戰略要地，吸引敵人敵人援軍前來解圍，然後將主力部隊埋伏好，襲擊敵人援軍。打垮了援軍，守城之敵必然軍心不穩，或者冒險突圍，或者不戰而降。如果敵人不來救援，就加緊圍困，令其彈盡糧絕，乘勢奪取城池。這樣的做法，有效地減少了攻城人員的傷亡損失，最大限度地消滅了敵人的有生力量。這樣的戰術，在軍隊的調度上，圍城的兵力相對較少，打援的兵力相對較多。因此胡林翼強調只能一處合圍，其餘大量兵力要作打援之用。若處處合圍，自然就沒有打援之兵。攻打堅城必然損失慘重，且一旦敵人援軍前來，守城敵軍殺出，我軍被敵夾擊，必將慘敗。胡林翼在與太平

〔註42〕《胡林翼集》（二），嶽麓書社，1999年，第152頁。
〔註43〕本節出自《胡林翼集》（二），嶽麓書社，1999年，第552頁。

軍的作戰中，多次運用「圍城打援」的戰術，打敗了太平軍名將石達開和陳玉成。

11.24〔註44〕用兵之道，全軍為上策，得土地次之。破敵為上策，得城池次之。古人必四路無敵，然後圍城，兵法所謂「十則圍之」之義也。（胡林翼）

【譯文】

用兵之道，以保全軍隊為上策，佔領敵人地盤為其次。以擊破敵人為上策，奪取城池為其次。古人用兵，只有在四路無敵的情況下，才會圍城，即《孫子兵法》所謂「十倍於敵則可以包圍」之義。

【解讀】

胡林翼的軍事戰略核心是保存自己的有生力量，殲滅敵人的有生力量，這是最決定性的。若付出極大代價得到了土地，佔領了城池，而未能消滅敵人主力，得到的城池、土地最終也守不住。若我軍損失不大，卻重創敵軍主力，即使暫時沒有拿下城池，敵人也守不住，終將敗亡。胡林翼類似的說法有很多，他說：「兵事以全軍為上，得土地次之。善戰多殺賊為上，攻堅斯下矣。」〔註45〕「保國之道，全軍為上，審時、審勢、審機為上，得土地次之。」〔註46〕「用軍之道，全軍旅為上策，得土地次之；殺賊為上策，破援賊為大功，得城池次之。……今天下大局，不以得城為喜，而以破援賊為功。」〔註47〕曾國藩也有很多相似的說法，如說：「用兵之道，全軍為上，保城池次之。」〔註48〕

圍攻堅城是自我軍力損耗極大的作戰行為，因此胡林翼堅決反對採取攻城戰術，尤其反對不顧士卒生死，以血肉之軀攻打堅固的城池。他說：「打仗最忌攻堅，凡城池之堅者，自古無攻法。驅血肉之軀，與炮石相抗，傷亡必多，銳氣必挫，且賊之善戰不如我，而其死守則過於我。以我之短，制彼之長，其可得乎？孫武有言曰：『銳卒勿攻。』夫銳卒猶不可攻，況角勝於堅城

〔註44〕本節出自《胡林翼集》（二），嶽麓書社，1999年，第585頁。
〔註45〕《胡林翼集》（二），嶽麓書社，1999年，第199頁。
〔註46〕《胡林翼集》（二），嶽麓書社，1999年，第210頁。
〔註47〕《胡林翼集》（二），嶽麓書社，1999年，第695頁。
〔註48〕《曾國藩全集·家書二》，嶽麓書社，1985年，第890頁。

之下哉？」〔註49〕甚至他還說，假如城可以攻，則天地間何必設城？他舉例說，石達開以二十萬太平軍圍攻寶慶，七十多天未能攻克。清軍綠營兵建立江南、江北大營圍困金陵，七年不能攻不下。所以，胡林翼強調，要在四路無敵的情況下，才會圍城，把我軍的損失減少到最小。不必在乎一城一地之得失，要以消滅敵人有生力量為戰略目標。

蔣介石評論說：

> 用兵的人，一定要懂對「全軍為上」的道理，這是與重智謀有連帶關係的，所謂全軍為上，並不是要怕犧牲的意思，而是要避免一切無謂的犧牲，具體地說就是有智謀，有計劃，能得極大的代價，如此的犧牲，就愈大愈好，若因為不謹慎，無智謀，而致中伏上當的犧牲，須要絕對避免。」譬如一團有兩千人，你如果單憑血氣之勇，和敵人拼了之後，這兩千人完全犧牲，而不能得到相當的代價，那麼這種損失多可惜，所以我們完全在乎有智謀。一方面要以智謀打敗敵人，一方面要以智謀來保全我們部下，這樣才可以增長我們的戰鬥力，獲得真正的最後勝利。「古人所謂用兵之道，全軍為上，得土地次之，就是這個意思」。大家總要時時記住：應當犧牲的時候，當然不惜犧牲，應當勇敢的地方，當然要勇往直進。不過無論何時何地，如果你沒有智謀，徒然能勇敢肯犧牲，那麼勇敢不足成功，犧牲沒有價值，不僅是沒有功，並且要有罪了。所以我們現在所要注重的，在謀而不在勇，至於注重謀的時候，第一要懂得運用之妙，存乎一心，特別修養我們自己的心身，我增補曾胡治兵語錄最後一章治心的道理，實在就是智謀之所由生，希望大家格外注意。〔註50〕

11.25〔註51〕兵事有須先一著者，如險要之地，以兵據之，先發制人，此為扼吭之計，必勝之道也。有須後一著者，愈持久愈神妙，愈老到愈堅定，待敵變計，乃起而乘之，此可為奇兵而拊其背，必勝之道也。（胡

〔註49〕《胡林翼集》（二），嶽麓書社，1999年，第957頁。

〔註50〕《總統蔣公思想言論總集‧卷十一演講》，中國國民黨中央委員會黨史委員會，1984年，第154頁。

〔註51〕本節出自《胡林翼集》（二），嶽麓書社，1999年，第672頁。

林翼）（蔣介石眉批：持久，神妙，老到，堅定）

【注釋】

（1）扼吭（háng）：喻控制要害部位。

【譯文】

用兵之事，有時需要搶先一著，如在險要之地，搶先據守，先發制人，這是扼住咽喉之計，是必勝之道。有時需要晚一著，堅持的愈持久愈神妙，愈老到愈堅定，靜待敵人生變，而趁機出擊。這是出奇兵而突襲背後，這也是必勝之道。

【解讀】

此節是對前面 11.14 內容的進一步闡發，兩廂可以對照參讀。胡林翼認為，搶先佔據險要之地，等於扼住敵人的喉嚨，這是先發制人，是必勝之道。《草廬經略・地形》指出了搶佔戰略要地的重要性，曰：「大都屯營置陣，得地者強。所謂『善戰者，立於不敗之地，而不失敵之敗也』。營陣處高陽，依險阻，堪設伏，便樵汲，利糧道，無餘蘊矣。而戰地則不一端，總宜居己於崇高，居敵於卑下；居己於寬舒，居敵於隘塞；居己於陽潔，居敵於坎坷；居己於可藉之鄉，居敵於無所可恃之處；居己於有勝無敗之境，居敵於敗莫救之中；居己於先至逕勝之明，居敵於後至失據之拙。兩軍交戰，地不兩利，我先得之，敵為我制。」這裡揭示了無論是紮營，還是布陣，在地形地勢上都有一些選擇的重要原則。幾乎是誰先佔領了這些要地，勝利就是誰的了。

有先發制人，也有後發制人。其做法是待敵人生變，我方隨機應變，出奇兵突襲敵人背後。後發者往往被動，若想成功，難度比較大。因此胡林翼指出，運用這種戰術，「愈持久愈神妙，愈老到愈堅定」，需要有豐富的臨戰經驗才行。

11.26〔註52〕一年不得一城，只要大局無礙，並不為過。一月而得數城，敵來轉不能戰，則不可為功。（胡林翼）

【譯文】

打仗一年而未攻克一座城池，只要不妨礙大局，並不是過分。而一個月

―――――――――――――

〔註52〕本節出自《胡林翼集》（二），嶽麓書社，1999 年，第 684 頁。

攻佔數座城池，敵人來了卻不能戰鬥，則不能算作功勞。

【解讀】

這是胡林翼以破敵為上，以得城池次之理念的貫徹和延伸。最大限度地消滅敵人的有生力量才是戰爭的首要目的，其次才是佔領土地和城池。因此，他認為一年打不下一座城池，如果不妨礙大局，並不過分。而就算是一個月攻佔數座城池，如果敵人又打過來，不能打，守不住，那又怎麼能算功勞呢？

咸豐八年（1858），湘軍悍將李續賓在一月之內接連攻克四座城池，名震天下，但自己部隊也傷亡巨大。佔領城池後，又不得不派兵把守，使主力部隊兵力大大減少，最終導致三河大敗，湘軍精銳之師毀於一旦，前面打下的四座城池，也先後被太平軍重新奪回。胡林翼總結說：「此次兵敗，過不在寡。前一月連克四城，俗士驚喜，以為兵將如虎如熊，殆將飛而食肉。林翼早竊憂之，四次寓書相戒。聞每克一城，中傷千人。攻堅為下策，已犯兵家之深忌。……鄂中大將，殆虛無人。且此次道、府、州、縣、副、參、千、把總死者千數百人，人才殄瘁，莫此為甚。」〔註53〕此次兵敗，使湘軍元氣大傷，人才不濟，長久不能恢復元氣。

11.27〔註54〕軍隊分起行走，相隔二日，每起二千人。若前隊遇敵先戰，非必勝之道也。應於近敵之處，飭前茅、後勁、中權(2)會齊並力，乃可大勝。（胡林翼）（蔣介石眉批：戰術）

【注釋】

（1）飭（chì）：整頓；命令。

（2）前茅、後勁、中權：典出《左傳·宣公十二年》：「前茅慮無，中權，後勁。」前茅：即先頭部隊。古代行軍時，前哨斥侯以茅為旌，如遇敵人或敵情有變化，舉旌以通知後軍中權後勁。中權：指中軍。後勁：殿後的精兵。

【譯文】

軍隊分批行走，每批二千人，相隔二天。如果前隊遇到敵人就先戰鬥，

〔註53〕《胡林翼集》（二），嶽麓書社，1999年，第201頁。

〔註54〕本節出自《胡林翼集》（二），嶽麓書社，1999年，第696頁。

這不是必勝之道。應該在一個靠近敵人的地方，命令前軍、中軍、後軍會合一處，齊心協力，才可大勝。

【解讀】

由於軍隊是分批行軍，如果先頭部分遇敵就直接戰鬥，後續隊伍還未趕到，勢必勢單力孤，其受挫或戰敗，將危害大局。因此，妥善的辦法是前軍、中軍、後軍會合一處，統一禦敵，方是大勝之道。《百戰奇略·合戰》曰：「凡兵散則勢弱，聚則勢強，兵家之常情也。若我兵分屯數處，敵若以眾攻我，當合軍以擊之。」

蔣介石在給將領講解戰略戰術時，對胡林翼的這段話頗有闡發。他說：

> 凡到一個地方，我們總要先將手下所有兵力集結攏來，看好地形，勘定陣地，只要我們自己的陣腳站穩了，再不怕土匪來攻，並且我們要等他來攻，只要他攻了幾天，攻不下，我們看破他的弱點，找到了出擊機會，就可以馬上拿全力來和他決戰。如此最後勝利，一定是屬於我們的。胡文忠曰：「若前頭部隊遇敵，先戰非必勝之道也，應於近敵之處，飭前茅（即前衛），後勁（即後衛），中權（即本隊）會齊並力，乃可大勝。」也就是講全力決戰的道理。你們還要曉得赤匪的慣技，就是集結全力，猛攻一點。所以他每次進攻的時候，總是使用很大的兵力，因之我們擔任前衛的部隊，遇著他決不好隨便帶著一部軍隊，冒失向前去衝，再把其餘的兵力，逐漸增加上來，這個戰術，旁的戰爭固用不得，尤其是剿匪戰爭，更是絕對不行的。我們全般部隊的使用，固然要採縱深配備，但是各個單位，自一營、一團、乃至一師、一軍，到了要和土匪的主力正式決戰的時候，一定要先集結兵力，全部使用，方有把握，這是最重要的一點，切勿疏忽。〔註55〕

11.28〔註56〕**臨陣分枝 (1)，不嫌其散，先期合力，必求其厚。（胡林翼）**
（蔣介石眉批：此即今日戰術開進後之展開，論兵至此可謂入神矣。）

〔註55〕《總統蔣公思想言論總集·卷七專著》，中國國民黨中央委員會黨史委員會，1984年，第51～52頁。
〔註56〕本節出自《胡林翼集》（二），嶽麓書社，1999年，第698頁。

【注釋】

（1）分枝：即分支。這裡指軍事上分兵部署。

【譯文】

臨戰之時分兵幾路，不嫌其分散；而戰前集結兵力，則是求其兵力雄厚。

【解讀】

在臨陣戰鬥中，分兵幾路包抄夾擊敵人，比用所有兵力在正面對殺效果要好的多。但在臨陣之前，必須先要儘量集結兵力，使兵力雄厚。同時，胡林翼也提醒：「不可不分枝，亦忌太分則力單耳。」〔註57〕首先必須要分兵，其次分兵不能分的過散，以免每一支都顯得力量單薄。蔣介石於此節眉批贊曰：「論兵至此可謂入神矣。」

11.29〔註58〕荀悅（1）之論兵也，曰：「權不可預設，變不可先圖。與時遷移，隨物變化。」（2）誠為用兵之至要。（胡林翼）

【注釋】

（1）荀悅（148～209）：字仲豫，東漢史學家、政論家，思想家。他奉漢獻帝之命以《左傳》體裁為班固《漢書》作《漢紀》，寫成《漢紀》30篇。另有《申鑒》等著作。

（2）「權不可預設」句：語出《資治通鑒・卷第十一・漢紀二》，曰：「權不可豫設，變不可先圖；與時遷移，應物變化，設策之機也。」

【譯文】

東漢荀悅論軍事說：「權衡時機是無法提前預設的，瞬息萬變之事是無法事先謀劃的。因此，要隨時間的遷移而遷移，隨事物的變化而變化。」這確實是用兵的重要原則。

【解讀】

公元前205年10月，漢將韓信率幾萬軍隊攻擊趙國。趙國聚集二十萬重兵，嚴密防守。韓信派出一萬人沿著河岸背水擺開陣勢。漢軍背水而戰，非常勇敢，最終俘獲趙王。公元前205年4月，項羽以三萬精兵在彭城一

〔註57〕《胡林翼集》（二），嶽麓書社，1999年，第460頁。
〔註58〕本節出自《胡林翼集》（二），嶽麓書社，1999年，第760～761頁。

帶，擊潰漢軍五十六萬人。其間，項羽收復彭城，又緊追不捨至睢水上，劉邦軍被逼入河中，淹死十餘萬人，「睢水為之不流」。兩場大戰，同樣是背水一戰，韓信大勝，劉邦則大敗。這是什麼原因呢？《資治通鑑》對此進行了分析：

> 伐趙之役，韓信軍於泜水之上而趙不能敗。彭城之難，漢王戰於睢水之上，士卒皆赴入睢水而楚兵大勝。何則？趙兵出國迎戰，見可而進，知難而退，懷內顧之心，無出死之計；韓信軍孤在水上，士卒必死，無有二心，此信之所以勝也。漢王深入敵國，置酒高會，士卒逸豫，戰心不固；楚以強大之威而喪其國都，士卒皆有憤激之氣，救敗赴亡之急，以決一旦之命，此漢之所以敗也。且韓信選精兵以守，而趙以內顧之士攻之；項羽選精兵以攻，而漢以怠惰之卒應之，此同事而異情者也。

趙軍迎戰漢軍，看見順利才前進，遇到困難就退縮，心裏想著自身安危，無拼死的決心；而韓信的軍隊在水邊孤立無援，士兵有必死的決心，這是韓信能獲勝的原因。漢王深入敵國，擺設酒宴，士兵們安逸享樂，無求戰之心；而楚軍有強大的威勢卻喪失了自己的國都，將士們都義憤填膺，都具有挽救敗局、不怕犧牲的急切心理。這是劉邦漢軍失敗的原因。而且韓信挑選精兵以守，趙軍士兵卻還打著自己算盤；項羽用精兵發動進攻，漢軍卻用怠惰之兵去對付。所以，同樣的事情，結果卻完全不同。因此，荀悅指出，權衡時機是無法提前預設的，瞬息萬變之事是無法事先謀劃的。因此，要隨時間的遷移而遷移，隨事物的變化而變化，是制訂策略的關鍵。

11.30 〔註59〕戰陣之事，恃強者是敗機，敬戒者是勝機。（胡林翼）

【譯文】

戰場上的事，恃強輕敵是敗亡的先兆，敬畏謹慎是勝利的預示。

【解讀】

恃強輕敵是敗亡的先兆，《何博士備論·漢光武論》曰：「夫率師百萬以臨數千之軍者，必勝之軍也。然有時而至於敗者，驕吾所以必勝而以輕敵敗也。」以百萬之眾對陣數千之軍，焉有不勝之理，但事實上敗者並不鮮見，其

〔註59〕本節出自《胡林翼集》（二），嶽麓書社，1999年，第904頁。

原因就在恃強輕敵。《草廬經略·卷二·戒驕》曰：「蓋將之輕敵也，始於驕，則自高其功，自神其智，自矜其勇，不憂其寇，不恤其下，忠言逆耳，良士疏斥。戰則輕進，守則弛備。」將領輕敵，百病叢生，敗亡先兆，所謂驕兵必敗也。敬畏謹慎則是勝利的預示。揭暄《兵經百篇·謹》曰：「慎以行師，至道也。」謹慎小心，認真謀劃，不僅對強敵如此，對弱旅也如此。在整個戰爭過程中，自始至終都要保持謹慎小心的狀態，深謀慎戰。

11.31〔註60〕軍旅之事，謹慎為先。戰陣之事，講習為上。蓋兵機至精，非虛心求教不能領會，矧可是己而非人？兵機至活，非隨時謹密，不能防人，矧可(1)粗心而大意？（胡林翼）

【注釋】

（1）矧（shěn）可：豈可。

【譯文】

軍中之事，首先要謹慎。戰陣之事，以講授和習練為主。因為用兵之道非常精深，不虛心求教則不能領會，豈可自以為是而否定別人？而且用兵之道非常靈活，如果不能隨時謹慎周密處事，就不能防禦敵人，豈可粗心大意？

【解讀】

軍旅之事，以謹慎為先；戰陣之事，以講授和習練為主。「兵機至精」，所指為戰陣之事，必須虛心求教，認真習練。「兵機至活」，所指為軍旅之事，瞬息萬變，必須隨時謹慎周密行事。所謂用兵如神，實質就是對「兵機至精」和「兵機至活」的完美掌握。《孫子兵法·虛實篇》曰：「兵無常勢，水無常形，能因敵變化而取勝者，謂之神。」《何博士備論·霍去病論》曰：「天下之事，莫神於兵，……法有定論，而兵無常形。一日之內，一陣之間，離合取捨，其變無窮，一移踵、瞬目，而兵形易矣。守一定之書，而應無窮之敵，則勝負之數戾矣。」《陣紀·因勢》：「能因敵轉化，用敵於無窮；因形措勝，用形於不竭者，謂之神。」根據敵情的變化而調整，用無窮變化對付敵人的弱點。知用兵境界之高，何敢「是己而非人」？何敢「粗心而大意」？

〔註60〕本節出自《胡林翼集》（二），嶽麓書社，1999年，第957頁。

11.32〔註61〕**偵探須確、須勤、須速。博訪以資眾論，沉思以審敵情。敵如不分枝，我軍必從其入境之處，並力迎剿。敵如分枝，則我軍必於敵多之處專剿。（胡林翼）**

【譯文】

偵察敵情，必須準確、勤快、迅速。要儘量多多探訪，以便博採眾議，認真思考以審視敵情。敵人如果不分兵，我軍就必須從他們入境的地方，兵合一處，全力應敵。敵人如果分兵進犯，則我軍就必須專注剿滅敵人的主力部隊。

【解讀】

行軍打仗，一切安排均要以情報為依據。沒有情報，莽撞行動，只能是盲人瞎馬，置軍隊於危險之境而不知。關於軍事偵察之重要，《管子‧制分》曰：「故小征千里遍知之，築堵之牆，十人之聚，日五間之。大征，遍知天下。日五間之，散金財用聰明也，故善用兵者，無溝壘而有耳目。」其意是說，小規模的征戰，方圓千里的情況都要掌握。哪怕是一堵牆，十人聚集的地方，也要每天偵察五次。至於大規模的征戰，天下的情況都要瞭解。每日偵察五次，就需要花金錢收買耳目充當間諜。所以，善於用兵的人，即使沒有構築溝壕、堡壘，也要有從事偵察的耳目。《孫子兵法‧用間》曰：「明君賢將，所以動而勝人，成功出於眾者，先知也。先知者，不可取於鬼神，不可象於事，不可驗於度，必取於人，知敵之情者也。」孫子明確指出，明君賢將之所以一出兵就能戰勝敵人，其重要原因，在於他事先瞭解敵情。而且強調要瞭解敵情，不可用迷信鬼神，不可與過去簡單類比，也不能用星宿位置來驗證，必須要向瞭解敵情的人那裡去獲得。胡林翼還提出，在獲取情報之後，還要多多探訪，博採眾議，認真思考以審視敵情。然後再確定應敵之策。

11.33〔註62〕**凡善弈者，每於棋危劫（1）急之時，一面自救，一面破敵，往往因病成妍（2），轉敗為功，善用兵者亦然。（增補曾國藩）**

【注釋】

（1）劫：這裡指圍棋術語，一般稱「打劫」，也稱「劫爭」、「爭劫」。爭

〔註61〕本節出自《胡林翼集》（二），嶽麓書社，1999 年，第 988 頁。
〔註62〕本節出自《曾國藩全集‧書信一》，嶽麓書社，1990 年，第 534 頁。

奪某一從屬未定的棋眼。對局雙方從開劫、提劫、找劫、應劫、再提劫，直至劫最後解消的整個過程，均可概括稱為「打劫」。

（2）妍（yán）：美好。

【譯文】

凡是善於下棋的人，每到棋局危險，「劫爭」緊急之時，總是一方面努力自救，一方面力求破敵，往往因禍得福，轉敗為勝，善於用兵的人也是如此。

【解讀】

曾國藩一生中曾有兩大嗜好：吸煙和圍棋。後來，他發誓立志「戒圍棋」和「戒水煙」。經過痛苦的過程，水煙終於戒掉了，但卻沒有戒掉圍棋，終身被圍棋所困，是個不折不扣的超級圍棋迷。這裡他以圍棋喻兵法，其中門道只有善於圍棋之人方能體會。其實，以圍棋喻兵法自古有之。東漢時期儒家經學大師馬融《圍棋賦》曰：「略觀圍棋兮，法於用兵。三尺之局兮，為戰鬥場。陳聚士卒兮，兩敵相當。」（《藝文類聚》七十四，《古文苑》）蔣介石說：

> 所謂靈活的思考力、亦就是戰爭藝術的來源，但這並非是一般教材所能講授得來。岳武穆說的「運用之妙，存乎一心」，便是靈活的思考力的極致。曾國藩說的「凡善奕者，每於棋危劫急之時，一面自救，一面破敵，往往因病成妍，轉敗為功，善用兵者亦然」；此亦即我所說的「存心時時可死，作戰步步求生」的意思，這便是靈活的思考力的最佳注腳。在所有中外戰史裏，最足寶貴效法的，就是這樣一類的先例，特別是韓信拔趙幟、立漢幟的背水陣，可以說是運用靈活的思考力的傑作之一。〔註63〕

11.34 〔註64〕平日千言萬語，千算萬計，而得失仍只爭臨陣須臾之頃。（增補曾國藩）

〔註63〕《總統蔣公思想言論總集‧卷二十八演講》，中國國民黨中央委員會黨史委員會，1984年，第461～462頁。

〔註64〕本節出自《曾國藩全集‧書信二》，嶽麓書社，1991年，第1131～1132頁。自民國以來的《增補曾胡治兵語錄》都將此節與下一節（11.35）合為一節，統稱為胡林翼所作。而實際上，11.34為曾國藩所作，11.35為胡林翼所作，故分為兩節。蔣介石是《增補曾胡治兵語錄》的增補者，由下節的解讀可以看出，將11.34與11.35誤為一節的正是蔣介石本人。

【譯文】

平日裏千言萬語，百般算計，都未必有用，勝敗得失往往只在戰場上的一瞬間。

【解讀】

曾國藩這裡強調的是軍隊必須有戰鬥力，能打仗。前邊他說：「能戰，雖失算亦勝；不能戰，雖勝算亦敗。」（本書 11.8）與此處所言是一個道理。

11.35〔註65〕**凡奇謀至計，總在平實處，如布帛菽粟之類，愈近淺易，愈廣大而精微（1）也。（增補胡林翼）**

【注釋】

（1）廣大而精微：由廣博宏大到精細微妙。語出《中庸》第二十七章：
　　　　「故君子尊德行而道問學，致廣大而盡精微，極高明而道中庸。」

【譯文】

凡是奇謀妙計，總是在最平實處，如布帛菽粟這些衣服糧食之類，越是淺易，越是「致廣大而盡精微」。

【解讀】

胡林翼認為，所謂奇謀妙計，並非多麼高深的東西，就在生活的最平實地方。胡林翼這段語錄的編選者蔣介石，對此有很好的闡發，他說：

　　　　「戰爭並不限於預定的手段，與固定的方式」，所以必須大家不斷針對敵情，不斷精心研究，「操危慮患」，「見微知著」，「即物窮理」與「即事窮理」，然後始能「策之而知得失之計，作之而知動靜之理」。胡林翼說：「平日千言萬語，千算萬計，而得失仍只在臨陣須臾之頃，凡奇謀至計，總在平實處，如布帛菽粟之類，愈近淺易，愈廣大而精微也。」這種從平實處、從細微處著手的工夫，亦可以糾正從前陸軍大學——尤其是從日本等地陸大畢業歸來的那種一知半解、舍本逐末與大言不慚的偏弊。〔註66〕

〔註65〕本節出自《胡林翼集》（二），嶽麓書社，1999 年，第 314 頁。
〔註66〕《總統蔣公思想言論總集·卷二十七》，中國國民黨中央委員會黨史委員會，1984 年，第 286 頁。

11.36〔註67〕**凡事過於求好，轉多不妥之處。**（增補左宗棠）

【譯文】

凡事過於求完美，反而更多不妥當之處。

【解讀】

本節語錄的編選增補者蔣介石解讀如下：

> 將領最要膽大心細，切勿粗疏，亦勿求萬全，須知天下事，每每兼眾長者無一長，求萬全者無一全，「凡事過於求全，轉多不全之處」，而「軍事之要，必有所忍，乃能有所濟，必有所捨，乃能有所全，若處處設備，即十萬兵力亦無尺寸之效。」（胡林翼語）我們要做一個帶兵的好手，成一個優越的將才，一定要懂得這個道理。〔註68〕

11.37〔註69〕**凡危急之時，只有在己者靠得住，其在人者，皆不可靠。恃之以守，恐其臨危而先亂；恃之以戰，恐其猛進而驟退。**（增補曾國藩）

【譯文】

凡是在危急的時候，只有依靠自己才是最可靠的，想依靠別人都是靠不住的。依靠別人防守，恐怕是臨危先自混亂；依靠別人去戰鬥，恐怕他們不是冒失猛進，就是驟然退卻。

【解讀】

同治元年九月，曾國荃大營被太平軍所圍，清軍將領都興阿派遣副將楊心純，率四營兵力支持助守。曾國藩在給弟弟信中談及此事說：「都將軍派兵四營來助守，固屬可嘉，而亦未必可恃。凡危急之時，只有在己者靠得住，其在人者，皆不可靠。恃之以守，恐其臨危而先亂；恃之以戰，恐其猛進而驟退。幸四營人數不多，或不致攪動弟處全局。否則彼軍另有風氣，另有號令，恐非徒無益，而反有損，弟宜謹慎用之。去年春間，弟不要陳大富一軍，又不

〔註67〕本節出自《左文襄公全集・左文襄公書牘卷七・與楊石泉》，其他版本誤為胡林翼語，實為左宗棠所言。

〔註68〕《總統蔣公思想言論總集・卷七專著》，中國國民黨中央委員會黨史委員會，1984 年，第 57 頁。

〔註69〕本節出自《曾國藩全集・家書二》，嶽麓書社，1985 年，第 870 頁。

留成大吉一軍，余深喜弟之有識有志也。」〔註70〕在被困之際，有友軍前來支持，本來應該是件令人高興的事，但曾國藩卻擔心「恐非徒無益，而反有損」，還說幸虧來的人不多，可見曾國藩對清軍的不信任。曾國藩強調的是，危急之時，打仗一定要靠自己，別人是靠不住的。明白了這一點，沒有了依靠，就會想方設法激發出自己的所有潛能，發揮出最強戰鬥力。這個道理不僅軍事如此，凡事皆然。

11.38〔註71〕凡用兵須蓄不竭之氣，留有餘之力。（增補曾國藩）（蔣介石眉批：用兵要旨）

【譯文】

凡是用兵，必須不斷積蓄永不枯竭的士氣，留有餘力。

【解讀】

此節文字出於曾國藩寫給弟弟曾國荃的信，他非常讚賞曾國荃堅持不浪戰的做法，稱：「弟營現雖士氣百倍，而不肯浪戰，正所謂留有餘之力也。孤軍駐雨花臺，後無退路，勢則竭矣。吾欲弟於賊退後，趁勢追賊，……所謂蓄不竭之勢也。」〔註72〕

士氣為兵之本，《孫子兵法·軍爭》稱「三軍可奪氣」，即要打擊敵軍的士氣。張預注曰：「氣者，戰之所恃也。夫舍生稟血，鼓作鬥爭，雖死不省者，氣使然也。故用兵之法，若激其士卒，令上下同怒，則其鋒不可當。故敵人新來而氣銳，則且以不戰挫之，伺其衰倦而後擊；故彼之銳氣，可以奪也。」《司馬法·嚴位》曰：「凡戰，以力久，以氣勝。」《曹劌論戰》曰：「夫戰，勇氣也。」王余祐《乾坤大略·四囊書》曰：「兵之所以戰者氣也，氣之所以激者怒也。方其氣勇怒盈，雖童稚亦有死志。及其氣衰怒解，雖勇士亦無鬥志。」因此，「善用兵者，養其氣，蓄其銳，怒時出而用之。有所不戰，戰必勝矣。」

曾國藩所謂「蓄不竭之氣」，即要不斷積蓄軍隊旺盛的士氣，歷代兵家對此多有論述。其中，激吾勝氣，防其敗氣；養吾正氣，防其邪氣；蓄吾怒氣，防其失氣；葆吾銳氣，防其暮氣；鼓吾勇氣，防其洩氣；嚴吾剛氣，防其驕

〔註70〕《曾國藩全集·家書二》，嶽麓書社，1985 年，第 870 頁。
〔註71〕本節出自《曾國藩全集·家書二》，嶽麓書社，1985 年，第 881～882 頁。
〔註72〕《曾國藩全集·家書二》，嶽麓書社，1985 年，第 882 頁。

氣；養吾力氣，防其傷氣；練吾膽氣，防其恐氣……，都是「養吾氣」「蓄不竭之氣」的重要內容。

■蔡鍔按：曾、胡之論兵，極重主客之說，謂守者為主，攻者為客。主逸而客勞，主勝而客敗。尤戒攻堅圍城。其說與普法戰爭前法國兵學家所主張者殆同（其時俄、土兩國亦盛行此說）。其論出師前之準備，宜十分周到。謂一械不精，不可輕出，勢力不厚，不可成行，與近今之動員準備，用意相合。其以全軍、破敵為上，不以得土地、城池為意，所見尤為精到卓越，與東西各國兵學家所倡導者如出一轍。臨陣分支宜散，先期合力宜厚二語，尤足以賅括戰術、戰略之精妙處。臨陣分支者，即分主攻、助攻之軍，及散兵、援隊、預備隊之配置等是也。先期合力者，即戰略上之聚中展開，及戰術上之開進等是也。所論諸端，皆從實行後經驗中得來，與近世各國兵家所論，若合符節。吾思先賢，不能不馨香（1）崇拜之矣。

【注釋】

（1）馨香：指禱祝時心誠意切。

【譯文】

蔡鍔按：曾國藩、胡林翼論兵，極力主張主客之說，稱防守者為「主」，進攻者為「客」。主軍以逸待勞，客軍勞師遠襲，自然是主軍勝利，客軍失敗。尤其切忌攻堅圍城。這樣的說法與普法戰爭前法國軍事家所主張的基本相同（當時，俄羅斯、土耳其兩國也盛行這種說法）。他們認為出兵前的準備，要十分周到。說只要有一種武器裝備不精良，就不能輕易出擊，集結的兵力不夠雄厚，就不能出師。這與今天的戰備動員做法，用意頗為符合。曾、胡以保全軍隊、擊破敵人為主，不以佔領土地、城池為目標的軍事理念，尤為精到卓越，與東西方軍事家所倡導的軍事原則如出一轍。臨陣分兵宜散，戰前集結兵力要雄厚，這兩句話，尤其足以概括戰略戰術中的精妙處。所謂臨陣分兵，是指分主攻、助攻的部隊，以及散兵、援兵、預備隊等配置。所謂戰前集結兵力，是指在戰略上集中展開，以及戰術上的開進等。曾、胡的各種論述，都是從實際經驗中得來，與近世各國軍事家的論述，完全吻合。每當想到這些先賢，我都不能不心誠意切地敬拜他們。

【解讀】

兵機一章討論的是戰略戰術問題。蔡鍔非常認同曾國藩、胡林翼，對作戰中敵我雙方主客關係的論述。對曾、胡以保全軍隊、擊破敵人為主，不以佔領土地、城池為目標的軍事理念，蔡鍔非常讚賞，稱其尤為精到卓越。蔡鍔還指出了曾胡的理念，與東西方軍事家所倡導軍事原則的一致性。克勞塞維茨《戰爭論》認為：「消滅敵人軍隊是一切軍事行動的基礎，是一切行動最基本的支柱，一切行動建立在消滅敵人軍隊這個基礎上。」「消滅敵人軍隊始終是一種比其他一切手段更為優越、更為有效的手段」〔註73〕。可以看出，這與曾胡強調的以消滅敵人有生力量為主，不在一城一地得失的理念是相當一致的。

〔註73〕克勞塞維茨：《戰爭論》第一卷，商務印書館，1978 年，第 60～61 頁。

第十二章　戰　守

【題解】

　　戰守即攻守之道，此章以論述進攻和防守之道為主。曾國藩、胡林翼講了攻戰、守戰、遭遇戰、局地戰，以及防邊之策、攻城之術等戰術的訣竅和方法。曾國藩強調了「先發制人」與「以主待客」兩種主要戰術，提出了行軍打仗有三個要點：一、紮營宜深溝高壘；二、哨探嚴明；三、痛除客氣。胡林翼則概況了四個用兵要點：一、交戰宜持重；二、進兵宜迅速；三、穩紮猛打；四、合力分枝，

12.1〔註1〕凡出隊，有宜速者，有宜遲者。宜速者，我去尋敵，先發制人者也。宜遲者，敵來尋我，以主待客者也。主氣常靜，客氣常動。客氣先盛而後衰，主氣先微而後壯。故善用兵者，每喜為主，不喜作客。休、祁諸軍⑴，但知先發制人一層，不知以主待客一層，加之探報不實，地勢不審，敵情不明，徒能先發而不能制人。應研究此兩層：或我尋敵，先發制人；或敵尋我，以主待客。總須審定乃行，切不可於兩層一無所見，貿然出隊。（曾國藩）（蔣介石眉批：攻守主客遲速利害之別）

【注釋】

　　（1）休、祁諸軍：指當時駐紮休寧、祁門的湘軍。

_____

〔註1〕本節出自《曾國藩全集·書信三》，嶽麓書社，1992年，第2108頁。

【譯文】

凡是出兵作戰，有時宜快，有時宜慢。宜快是，我方主動尋找敵人作戰，先發制人。宜慢是，敵人前來找我方作戰，我方則是以主待客。主方特點是常靜，客方特點是常動。客方的氣勢是先盛而後衰，主方的氣勢則是開始微弱，逐漸壯大。因此，善於用兵的人，往往喜歡作主方，不喜歡作客方。駐守休寧、祁門的部隊，只知道先發制人，不懂得以主待客的道理，再加上情報不准，地勢不察，敵情不明，做到了先發，卻不能制人。應當認真研究主、客這兩種關係：或我方主動尋找敵人，先發制人；或者敵人主動求戰，我方則以主待客。總之，一定要考慮明白再行動，決不可對兩種戰術一無所知，就貿然出兵。

【解讀】

「先發制人」與「以主待客」是作戰的兩種主要戰術。何為「先發制人」，如前面胡林翼所言，搶先佔據險要之地，等於扼住敵人的喉嚨，是先發制人，是必勝之道。「以主待客」，何為「主」，何為「客」？曾國藩對此有精彩的論述：

> 守城者為主，攻者為客；守營壘者為主，攻者為客；中途相遇，先至戰地者為主，後至者為客；兩軍相持，先吶喊放槍者為客，後吶喊放槍者為主；兩人持矛相格鬥，先動手戳第一下者為客，後動手即格開而即戳者為主。……忽主忽客，忽正忽奇，變動無定時，轉移無定勢，能一一區而別之，則於用兵之道思過半矣。〔註2〕

所謂「先發制人」，所謂「主」與「客」，都不能呆板固定看待，必須靈活把握其實質，相機而動，隨機應變，同時需要確鑿準確的情報，否則就有可能做到了先發，卻不能制人。曾國藩要求，必須認真研究「先發制人」與「以主待客」這兩種戰術及主客關係，審慎而行。

12.2〔註3〕師行所至之處，必須多問多思。思之於己，問之於人，皆好謀之實跡也。昔王璞山（1）帶兵，有名將風，每與敵遇，將接仗之前一夕，傳各營官齊集，與之暢論敵情、地勢，袖中出地圖十餘張，每人分給一張，令諸將各抒所見，如何進兵，如何分支，某營埋伏，某營並不

〔註2〕《曾國藩全集‧詩文》，嶽麓書社，1986年，第385頁。
〔註3〕本節出自《曾國藩全集‧書信八》，嶽麓書社，1994年，第5659頁。

接仗，待事畢後專派追剿。諸將一一說畢，璞山乃將自己主意說出，每人發一傳單，即議定之主意也。次日戰罷，有與初議不符者，雖有功亦必加罰。其平日無事，每三日必傳各營官，熟論戰守之法。（曾國藩）

【注釋】

（1）王璞山：王鑫。

【譯文】

行軍所到之處，必須要多問多思考。自己勤於思考，善於請教別人，這些都是認真謀劃的表現。過去王鑫帶兵，有名將風範。每當與敵人遭遇，在即將開戰的前一晚上，他都召集各營官開會，與大家一起討論敵情、地勢，從袖子中拿出地圖十餘張，分給每人一張，然後令諸將各抒所見，諸如如何進兵，如何分兵，哪一營埋伏，哪一營不交戰，只負責追剿。等到諸將一一說完，王鑫才將自己的意見說出來，發給每人一張傳單，上面寫好大家議定的主意。第二天戰鬥結束，那些與當初議定方案不符的將領，雖然有功也必須懲罰。王鑫在平常無事的時候，每三天必召集各營官，反覆討論進攻和防守的方法。

【解讀】

行軍作戰必須先瞭解敵情、地勢，然後才能據此制定作戰計劃，因此行軍所到之處必須多方瞭解當地地勢狀況和敵情，思索應當之策。曾國藩告誡部下：「探看地勢是第一要義，旗長中有善看者否？若無好手，須足下親自查看，乃可放心。不宜信土人之一言以為依據。」〔註4〕《管子·地圖》特別強調將領一定要瞭解地勢情況，其中說：「凡兵主者，必先審知地圖。轘轅之險，濫車之水，名山、通谷、經川、陵陸、丘阜之所在，苴草、林木、蒲葦之所茂，道里之遠近，城郭之大小，名邑、廢邑、困殖之地，必盡知之。地形之出入相錯者，盡藏之。然後可以行軍襲邑，舉錯知先後，不失地利，此地圖之常也。」意思是說，凡是軍中主帥，必須首先詳知地圖。曲折盤旋的險路，淹沒車輛的河流，名山、大谷、大川、高原、丘陵的位置，枯草、林木、蒲葦茂密的地方，道路的遠近，城郭的大小，名城、廢邑、貧瘠及肥沃之地等等，都必須完全瞭解。對地形的錯綜複雜之處，要繪圖記載下來。然後，就可以發動進攻，使舉措先後得宜，而不失地利，這都是地圖的功效。

〔註4〕《曾國藩全集·書信一》，嶽麓書社，1990年，第765頁。

　　王鑫與諸將一起討論敵情、地勢時，總是分給每人地圖一張，對照地圖來討論，這種做法正是《管子·地圖》篇所要求的，「凡兵主者，必先審知地圖」。曾國藩稱王鑫有名將風範之說，或源於此。

12.3〔註5〕一曰紮營宜深溝高壘。雖僅一宿，亦須堅為不可拔之計。但使能守我營壘安如泰山，縱不能進攻，亦無損於大局。一曰哨探嚴明。離敵既近，時時作敵來撲營之想。敵來之路，應敵之路，埋伏之路，勝仗追擊之路，一一探明，切勿孟浪(1)。一曰痛除客氣。未經戰陣之兵，每好言戰，帶兵者亦然，若稍有閱歷，但覺我軍處處瑕隙，無一可恃，不輕言戰矣。（曾國藩）（蔣介石眉批：判定敵之來路為決心之本）

【注釋】

（1）孟浪：輕率、冒失。

【譯文】

　　第一，紮營應當深溝高壘。雖然僅住一宿，也必須使營寨堅不可拔。只要使我方營壘能守得安如泰山，就算不能進攻，也無損於大局。第二，偵查敵情要準確明瞭。距離敵人很近時，要時刻防備敵人來偷襲。敵人來的線路，我方應敵的線路，埋伏的線路，乘勝追擊的線路，都有一一查探清楚，切不可輕率、冒失。第三，痛除因一時衝動而產生的意氣行事。沒有經歷戰場的士兵，常常喜好主戰，帶兵的將領也是如此，但是稍有閱歷的人，只會覺得我軍處處有漏洞，沒有一點可以依仗的，所以從不敢輕易言戰。

【解讀】

　　這裡是曾國藩總結的行軍打仗的三個要點：一曰紮營宜深溝高壘；一曰哨探嚴明；一曰痛除客氣。關於紮營要深溝高壘，湘軍營規要求部隊，「每到一處安營，無論風雨寒暑，隊伍一到，立刻修挖牆壕，一時成功。未成之先，不許休息，亦不許與賊搦戰」。深溝高壘的具體內容是：「凡牆子、壕溝、花籬，三者缺一不可。牆子取其高而難登也，壕溝取其深而難越也，花籬取其難邃近前也。曰壘，曰壁，曰土城，名雖不同，皆牆子之類也。曰池、曰塹、曰陷馬坑，曰梅花坑，名雖不同，皆壕溝之類也。曰木城，曰柵，曰梅花樁，曰鹿角，曰拗馬樁，曰拒馬，曰檔木，曰地刺，曰鐵蒺藜，曰鐵菱角，名雖不

〔註5〕本節出自《曾國藩全集·書信一》，嶽麓書社，1990年，第498～499頁。

同，皆花籬之類也。牆子只可修築一道，壕溝則兩道、三道更好。花籬等，則五層、六層更好。」〔註6〕曾國藩把這些寫進湘軍《營規》，把深溝高壘作為湘軍的根本戰略戰術。他總是不厭其煩地給部下講述：「總須深溝高壘，立於不敗為要。」〔註7〕又曰：「該將兵力單薄，若赴衙前迎以擊之，以我之單，迎賊之銳，恐難得手。不如深溝高壘，堅壁不出，使賊之銳氣不得遽逞，待其饑疲惰歸，而後擊之。」〔註8〕李秀成被湘軍俘虜後，其自述中寫道：「九帥節節嚴營，濠深壘〔堅〕，木椿疊疊層層，亦是甲兵之利，營規分明，是以連攻數十日未能成效者，因此之由也。」〔註9〕從李秀成這段供述中，可以看出湘軍深溝高壘戰術的成功，給太平軍製造了巨大麻煩。

「哨探嚴明」，即偵查敵情要準確明瞭。《草廬經略·料敵》曰：「夫敵情回測，常勝之家，必先悉敵之情也。其動其靜，其強其弱，其治其亂，其嚴其懈，虛虛實實，進進退退，變態萬狀，燭照數計。或謀慮潛藏，而直鉤其隱伏；或事機未發，而預揣其必然。蓋兩軍對壘，勝負攸懸，一或不審，所失匪細。必觀其將而察其才，因其形而用其權。凡軍心之趨向，理勢之安危，戰守之機宜，事局之究竟，算無遺漏。所謂運籌帷幄，決勝千里也。」敵情內容龐雜，事無鉅細，都會影響作戰結果。敵情不明，部隊便成盲人瞎馬，因此，「哨探嚴明」是曾國藩強調的第二個要點。

「痛除客氣」，就是要痛除因一時衝動而意氣行事的行為。曾國藩指出，沒有經歷戰陣的將領和士卒，都喜歡高調言戰。這固然有缺乏戰爭經驗的緣故，但也因為歷來主張言戰的人，往往被認為是有氣魄、有膽量，更容易得到提拔重用，而謹慎小心的人則容易被視為膽小，害怕敵人，不敢上戰場。曾國藩認為，這種一時衝動的勇氣，是根本靠不住的，一旦遇到挫折，會立即垮掉。因此，他把「痛除客氣」作為第三個要點。

12.4〔註10〕用兵以渡水為最難。不特渡長江大河為難，即偶渡漸車之水（1），丈二之溝，亦須再三審慎，恐其半渡而擊。背水無歸，敗兵爭舟，

〔註6〕《曾國藩全集·詩文》，嶽麓書社，1986年，第464～465頁。

〔註7〕《曾國藩全集·書信三》，嶽麓書社，1992年，第1751頁。

〔註8〕《曾國藩全集·批牘》，嶽麓書社，1994年，第148頁。

〔註9〕羅爾綱：《增補本李秀成自述原稿注》，中國社會科學出版社，1995年，第318頁。

〔註10〕本節出自《曾國藩全集·書信六》，嶽麓書社，1992年，第3952頁。

人馬踐溺，種種皆兵家所忌。（曾國藩）

【注釋】

（1）漸車之水：指淺水之河。漸：浸濕。《漢書・晁錯傳》：「兵法曰：丈五之溝，漸車之水，山林積石，經川丘阜，中木所在，此步兵之地也。」

【譯文】

用兵以渡水為最難。不僅是渡長江大河為難，即使偶而渡僅有車輪深的水，一丈二寬的溝，也必須再三審慎，唯恐敵人在我方行進中進行攻擊。這種情況下，背水而戰，倉皇無退路的敗兵，就會爭搶船隻，人踏馬踐，溺水而亡。凡此種種，都是兵家大忌。

【解讀】

何以「用兵以渡水為最難」？《孫子兵法・行軍篇》曰：「絕水必遠水；客絕水而來，勿迎之於水內，令半濟而擊之，利。」其意是說，橫渡江河，要在離江河稍遠的地方駐紮；如果敵軍渡河前來進攻，不要在江河中迎擊，而要乘它部分已渡、部分未渡半渡時予以攻擊，這樣比較有利。《六韜・豹韜・少眾》曰：「前行未渡水，後行未及舍，發我伏兵，疾擊其左右，車騎擾亂其前後，敵人雖眾，其將可走。」由兵法可見，渡水之際，最怕遭到敵人伏擊，一旦遭到攻擊，背水無歸，敗兵爭舟，人馬踐溺，後果不堪設想。

12.5〔註11〕隘路打勝仗，全在頭敵。若頭敵站腳不住，後面雖有好手，亦被人擠退。（曾國藩）

【譯文】

若要在狹窄的道路上戰勝敵人，關鍵在先頭部隊。若先頭部隊站不住腳，被打垮，後面即使有精兵強將，也會被擠退。

【解讀】

魏武侯問吳起，敵眾我寡時，該怎麼辦？吳起對曰：「避之於易，邀之於阨。故曰：以一擊十，莫善於阨；以十擊百，莫善於險；以千擊萬，莫善於阻。今有少卒卒起，擊金鼓於阨路，雖有大眾，莫不驚動。」（《吳子・應變》）

〔註11〕本節出自《曾國藩全集・批牘》，嶽麓書社，1994年，第166頁。

吳起的大意是說，避免在平坦地形上和敵人作戰，要在險要狹窄的地形上截擊敵人。雖然是少數兵力，但在狹隘道路上突然出擊，鳴金擊鼓，敵人雖多，也莫不驚慌騷動。因此，誘敵至險要狹窄之地，是以寡擊眾的重要戰術。而在狹隘道路上擊敵，或與敵狹路相逢，必須以勁旅排頭，率先打退前路之敵，使敵之勁旅來不及發揮作用，即被前面敗退之敵所擠垮。

12.6 〔註12〕 **戰守機宜，不可紛心。心紛則氣不專，神不一。（胡林翼）**

【譯文】

對於應該進攻還是防守對策的思考，不可心志紛亂。心志紛亂，便會沉不住氣，精神難以集中。

【解讀】

《孫子兵法・軍爭篇》曰：「三軍可奪氣，將軍可奪心。」意為要打擊敵軍的士氣，擾亂敵人將帥的心志。胡林翼在此節主要講「心」的問題。所謂「將軍可奪心」，就是利用將帥自身的一些弱點，有針對性地擾亂其心志。「李筌曰：『怒之令憤，撓之令亂，間之令疏，卑之令驕，則彼之心可奪也。』……王晳曰：『紛亂喧嘩，則將心奪矣。』……張預曰：『心者，將之所主也。夫治亂、勇怯，皆主於心。故善制敵者，撓之而使亂，激之而使惑，迫之而使懼，故彼之心謀可以奪也。』」（《十一家注孫子・軍爭》）孫子則指出，「將有五危：必死，可殺也；必生，可虜也；忿速，可侮也；廉潔，可辱也；愛民，可煩也」。（《孫子兵法・九變篇》）將帥心志一旦擾亂，無論是自亂其心，還是被擾亂，都是所謂被奪心，如此則氣不專，神不一，恐與勝利無緣矣。因此，將帥一方面需要儘量克服自身的弱點，不被敵所乘；另一方面，需要以孫子所說的智、信、仁、勇、嚴「五德」，來對治其所言的「五危」，防止敵人紛心、奪心。

12.7 〔註13〕 **交戰宜持重，進兵宜迅速。穩紮猛打，合力分枝，足以括用兵之要。（胡林翼）**（ 蔣介石眉批：用兵之要 ）

〔註12〕 本節出自《胡林翼集》（二），嶽麓書社，1999 年，第 470 頁。
〔註13〕 本節出自《胡林翼集》（二），嶽麓書社，1999 年，第 887 頁。

【譯文】

交戰時應該謹慎穩重，進兵時則是兵貴神速。穩紮猛打，事先集中兵力，臨戰合理分兵，這些就足以概括用兵的要訣。

【解讀】

胡林翼這裡概況了四個用兵要點：一、交戰宜持重；二、進兵宜迅速；三、穩紮猛打；四、合力分枝，其原則是「臨陣分枝，不嫌其散，先期合力，必求其厚」。（本書 11.28）

12.8〔註14〕軍旅之事，守於境內，不如戰於境外。（胡林翼）

【譯文】

用兵作戰，與其在境內防守，不如主動出境作戰。

【解讀】

此章的主題是「戰守」，即攻守之道。攻守之道，歷來有「以守為攻」和「以攻為守」之別。胡林翼所言「守於境內，不如戰於境外」，顯然是主張「以攻為守」。軍事家蔣介石結合古今戰爭的特點，對「以守為攻」和「以攻為守」從戰略和戰術的角度進行了分析，並對胡林翼所言進行了解讀。謹摘錄如下：

> 關於攻守的運用，我近來研究出兩句話，即戰術上要取守勢即以守為攻，戰略上要取攻勢即以攻為守。這個剿匪的基本原則，我想決不會錯的。詳細說起來，就是各部隊與土匪主力接戰時，大都都取守勢，即攻勢防禦，初始要穩紮穩打暫取守勢，一俟土匪攻擊不下，或發見土匪的弱點破綻時，便要猛力反攻；而全般部隊的運用，則除有力的一部分防備土匪的主力以外，其餘的統統要四出活動，向土匪側後方盡力積極的進擾。因為現在土匪的兵力最大的只有一、三、五軍團，其實力最多抵得我軍六團制的三個師，他這三個軍團因為武器和訓練不良的關係，合則有相當的力量，分則不堪一擊，所以他們向例總是集結於一處來用的。這種以全力突破一點的戰術，可以說是土匪向來的慣技。所以我們的部隊如果遇到赤匪主力時，起初一定要取攻勢防禦，集結兵力，構築工事，利用地形，

〔註14〕本節出自《胡林翼集》（二），嶽麓書社，1999 年，第 305 頁。

堅持固守。只要我們能這樣固守一個城池堡壘，土匪因為攻擊的武器沒有，彈藥缺乏，一定攻不下的。待他久攻不克，師老無功的時候，或是發見了他們有什麼其他破綻，我們就可以猛力反攻，予以最猛烈的逆襲，這一點很重要，所謂攻勢防禦與專取守勢不同的地方就在此，而我們所謂戰術上的以守為攻的要旨也在此。以往我們各部隊的毛病，就是不注意這一點，只知道死守一個地方，聽土匪來攻，並沒有俟其疲憊，乘機出擊的時候，這種打呆仗的辦法，是最要不得的！所以以後剿匪的動作，我們一方面固然要能固守，但是一方面尤其要準備猛攻。……在日俄戰爭以前，中外一切的戰爭，差不多都是研究取守勢的，都是主張先守後攻的。可見取攻勢防禦並不是什麼壞的戰術，也不是什麼弱勢。曉得了這個道理，便格外可以懂得以守為攻的作用。這一點你們在訓練指導的時候，要特別注意。至於所謂以攻為守，就是凡非土匪主力所在的地方，我們要積極活動去進攻，大則剷除巢穴，小則破壞其組織和擾亂其後方，這樣然後可以使他被動，使他自救不遑，於是我們的地區，才不會被土匪游擊隊來擾亂，也才可以安全固守，否則既不能攻，便不能守，所以胡林翼說：「軍旅之事，與其守於境內，不如戰於境外」，也就是這個道理。總之：我們剿匪的戰術，以守為主，以攻為客。而戰略是以攻為主，以守為客，攻與守既相輔而行，戰略戰術亦得交互運用。〔註15〕

12.9〔註16〕軍事之要，必有所忌，乃能有所濟，必有所捨，乃能有所全。若處處設備，即十萬兵亦無尺寸之效。（胡林翼）（蔣介石眉批：作戰作事之原則）

【譯文】

軍事的關鍵，在於必須要有所顧忌，才能有所成功，必須有所捨棄，才能有所保全。若處處防守設備，即使有十萬兵，也難以取得一尺一寸的功效。

〔註15〕《總統蔣公思想言論總集・卷十一演講》，中國國民黨中央委員會黨史委員會，1984年，第278頁。

〔註16〕本節出自《胡林翼集》（二），嶽麓書社，1999年，第283頁。

【解讀】

　　無論是在戰略還是在戰術上，或集中兵力，或分兵，都是非常重要的。但何時何地集中兵力，何時何地分兵，並無一定之規，需要審時度勢，隨機應變。胡林翼強調，集中兵力要堅決果斷，分兵要隨機靈活。在安慶戰役中，曾國藩、胡林翼把湘軍的所有精華都調到皖北、皖南戰場，集中在皖北的水陸馬步各軍盛時估計超過六萬。但這樣做的風險也是不小的，把重兵都調到皖北，導致後方空虛，使陳玉成輕易進入湖北，幾乎打亂了安慶戰役的部署。對此，胡林翼是有所預料的，但由於兵力有限，從大局著眼，卻不得不冒一些風險。「兵事無萬全，求萬全者無一全。處處謹慎，處處不能謹慎。」（本書5.16）「兵事怕不得許多，算到五六分，便須放膽放手，本無萬全之策也。」（本書5.19）蔣介石深受胡林翼的影響，對此多有闡發：

　　　　所謂機動配備者，簡單的說，就是要根據他指揮官卓越的才識，以冒險的精神與英明果斷的決心來活用兵力，至於活用兵刀的要訣，就是「進退無常，多寡不一，分合得當，攻守咸宜」四句話。比方說我們帶了一師兵，負一百里以內防匪之責，當然在此百里以內，我們都要構築工事，分共防守，並相機出擊，依普通情形來看，只一師兵力，如要防守一百里的陣地，兵力實嫌單薄，如何可以再有餘力出擊呢？這話固然不錯，因為你若必將兵力分布於百里以內各個要點，處處皆要求全，不敢稍有移動，只是呆板的擺開到各處死守著，結果當然一師兵力，還感覺不夠分配，那裡還能抽調多餘的兵力向敵人出擊？但是善用兵者，決不致於如此呆笨，他在這種情形之下，很可以想辦法抽出大部分兵力來相機出擊。如何可以抽調呢？這就是靠能運用機動配備的方法，將自己兵力的配備，不時加以調整，不要某一處老是某一部分的兵來防，也不要某一處老是用幾多兵呆守，只要這樣活用兵力的時候，我們自然可以抽兵來相機出擊了，或許有人以為各處如此抽調兵力，不是很危險嗎？當然，我們不能自信一定是穩當，但是你能運用機動配備的原則，經驗越多，膽量越大，決不怕有什麼危險。總之，你果能將兵力抽調得法的時候，那你危險性就越會減少，成功的把握亦就越大。但是惟一要訣，就是要嚴守秘密，不要被匪窺破。如果你真能秘密的時候，無論敵人的偵探如何厲害，他到底沒有法子可以窺測

你的虛實。若不是找不到你主力的所在，就是感覺他處處都碰到你的主力，使他莫測神奇，而我們自己的真實主力，卻可以今天到東，明天到西，忽南忽北，時往時來，使敵人找不到我的主力所在，而我卻能找到敵人空虛的一點來攻，如此一次，兩次，三反四覆，繼續不斷的機動運用，當然可以使敵人全線動搖，進而予以整個的殲滅。你們要曉得，一切戰術的基本，就是「分合」兩個字，所謂「奇正」亦是由此「分合」二字出來的。所以只要分合得宜，便能戰無不勝，所以機動配備實為用兵最精微的要訣，最高深的戰術，也就是我們高級將領最重要的本領，其方法雖不外我在前面所提的四句話，而運用之妙則完全存乎一心，如要能體會心得，只有平常努力研究，不斷學習，尤其要寶貴自己從前所得的經驗，詳細檢討。總之，將領最要膽大心細，切勿粗疏，亦勿求萬全，須知天下事，每每兼眾長者無一長，求萬全者無一全，「凡事過於求全，轉多不全之處」，而「軍事之要，必有所忍，乃能有所濟，必有所捨，乃能有所全，若處處設備，即十萬兵力亦無尺寸之效。」（胡林翼語）我們要做一個帶兵的好手，成一個優越的將才，一定要懂得這個道理。〔註17〕

12.10〔註18〕**防邊之要，不可處處設防。若處處設防，兵力必分，不能戰，亦不能守。惟擇其緊要必爭之地，厚集兵力以守之，便是穩固。（胡林翼）（蔣介石眉批：設防要旨）**

【譯文】

防守邊境的要訣，是不可處處設防。若處處設防，兵力必然分散，不能進攻，也不能防守。必須在雙方必爭的要害之地，厚集兵力來把守，以穩固大局。

【解讀】

此節是上節內容的進一步延伸。上節偏於在總的原則上，強調要有所顧忌，才能有所成就，有所捨，才能有所全，不能面面俱到。此節指出在防守

〔註17〕《總統蔣公思想言論總集‧卷七專著》，中國國民黨中央委員會黨史委員會，1984年，第56～57頁。

〔註18〕本節出自《胡林翼集》（二），嶽麓書社，1999年，第1012頁。

上，邊境漫長，不能處處設防，以免兵力分散，要集中兵力把守要害之地。其實，古人早已指出，有些城池是守不住的，「凡不守者有五：城大人少，一不守也；城小人眾，二不守也；人眾食寡，三不守也；市去城遠，四不守也；畜積在外，富人在虛，五不守也」。(《墨子·雜守》)這五種守不住的城池，在兵力不足的情況下，顯然沒有必要設防，而雙方必爭的要害之地，則要厚集兵力把守。

關於守城之法，兵法多有論述。《尉繚子·守權》曰：「夫守者，不失險者也。守法，城一丈，十人守之，工食不與焉。出者不守，守者不出。一而當十，十而當百，百而當千，千而當萬。故為城郭者，非妄費於民聚土壤也，誠為守也。千丈之城則萬人之守，池深而廣，城堅而厚，士民備，薪食給，弩堅矢強，矛戟稱之。此守法也。」

12.11〔註19〕碉卡之設，原所以省兵力，予地方官以據險慎守之方。有守土而無守之之人，雖天塹不能恃其險。有守人而無守具，雖賁獲(1)無所展其長。(胡林翼)

【注釋】

(1)賁(bēn)獲：戰國時勇士孟賁和烏獲的並稱。

【譯文】

碉堡和關卡的設置，原本是為了節省兵力，給予地方官提供一個佔據險要之地防守的方法。但是有應守的土地，卻沒有能守衛此地的人才，雖然是天塹也不能依賴。有防守的人才，卻沒有可以用來防守的器具，即使像孟賁和烏獲那樣的勇士，也無法施展其本領。

【解讀】

胡林翼這裡強調了防守之人與防守之器同等重要。沒有稱職和認真負責的防守人才，即使有天塹可守，也往往靠不住。有防守的人才，卻沒有可以用來防守的器具，即使是最優秀的勇士也無法發揮其本領。因此，兵法強調要守「險」，險要地勢、天然屏障，就是最佳的防守器具。《草廬經略·守險》

〔註19〕本節出自《胡林翼集》(二)，嶽麓書社，1999年，第739頁。原文為「碉卡之設，所以節省兵力，予地方官民，以據險慎守之方。有守土而無守人，雖天塹不能恃其險。有守人而無守具，雖賁育無所展其長。」

曰：「險者內地之藩屛，得險而守之，則敵不能進，而境內安。故守城不如守險，以敵攻城易而攻險難，而我守險易而守城難也。滾木壘石，守險之物；材士射手，守險之人。堅壁重壘，守險之備。毒弩火藥，長戟修矛，守險之器也。險阻既守，別徑宜防，恐敵由之擊我腹心。倘若交鋒，不宜浪戰，須乘高據險，出奇匿伏。彼既勞疲，自應引退，慎勿輕追，恐為所誘。第俟諸險道，旁而擊之，蔑弗勝矣。即欲追敵，必審虛實，如果糧盡食乏，志切言旋，士心懈馳，銳氣沮喪。選吾驍勇，踵而覆之，如振槁葉，易於摧落。」

12.12〔註20〕**有進戰之營，必須留營作守。假如以十營作前矛為戰兵，即須留五營作後勁為守兵。其留後之兵，尤須勁旅，成功一也，不可爭目前之微功，而誤大局。（胡林翼）**（蔣介石眉批：預備隊之重要蓋如此也）

【譯文】

有負責進攻的部隊，就必須留部分防守的部隊。假如以十營部隊為前鋒負責進攻，就必須留下五營部隊為後衛，負責防守。留作防守的部隊，尤其需要勁旅，最終成功，其功勞都是一樣的，不可為爭目前的一點小功，而貽誤大局。

【解讀】

《草廬經略‧救援》曰：「有必救之兵，然後有必守之城，謂其知救至而守愈堅也。諺云：救兵如救火。……救之者，必審敵可以擊則乘我初至之銳，內外合勢，可以策勝。如未可也，無危急與敵戰，須嚴為備禦以待敵，先據勝地以陵敵，與城犄角以分敵，廣張疑兵以恐敵，抄其穀食以饑敵，尾擊其後以擾敵，扼其歸路以危敵。奪其所恃，使之進退無據；堅壁以臨，使之欲進不能。彼腹背受敵，所謀不遂，必解而引退，吾以重兵躡之，伏兵邀之，乘險而擊，如拉朽矣。」

有必定救援的部隊，然後才有必定守得住的城池。負責救援的進攻部隊與守城的部隊各有重任在肩，其最佳的情況是，救援與守城的部隊，裏應外合，一舉擊潰圍城之敵。如暫時無可乘之機，則需要嚴加防範以禦敵，利用一切可能的條件，「陵敵」「分敵」「恐敵」「饑敵」「擾敵」和「危敵」，使之進

〔註20〕本節出自《胡林翼集》（二），嶽麓書社，1999 年，第 472～473 頁。

退無據、腹背受敵，不得不退兵。我方再以重兵追擊，伏兵攔擊，必定大獲全勝。這需要我軍多方配合才能成功，切忌因爭搶一點小功，而貽誤大局。

12.13〔註21〕**有圍城之兵，須先另籌打仗之兵。有臨陣打仗之兵，必須安排後勁，或預杜抄後之敵，或備策應之舉。（胡林翼）**

【譯文】

有負責圍城的部隊，就必須先安排負責打仗的部隊。有臨戰打仗的部隊，就必須安排負責殿後的部隊，或是預防抄後路的敵人，或是預備策應其他部隊之需。

【解讀】

一場戰役猶如一盤棋局，須統籌兼顧，所謂一著不慎滿盤皆輸。胡林翼極為重視整個戰局的規劃，上一章他就提出：「我軍出戰，須層層布置，列陣縱橫，以整攻散，以銳蹈瑕，以後勁而防抄襲。」（本書11.21）又說：「軍務只應以一處合圍以致敵，其餘盡作戰兵、援兵、兜剿之兵。」（本書11.23）這與本節內容是一致的。胡林翼相似的說法還有很多，被其發揮的淋漓盡致的圍城打援戰術，都是他周密部署，統一協調各方的結果。

12.14〔註22〕**扼要立營，加高加深，固是要著。惟須約束兵丁，不得滋擾。又須不時操練，使步伐整齊，技藝精熟，庶戰守皆能有備。（胡林翼）**

【譯文】

選擇扼據要衝之地紮營，加高營寨，加深溝壕，這些固然都很重要。但還需約束士兵，不得騷擾民間。又要堅持操練，使步伐整齊，技藝精熟。這樣就差不多做到進攻和防守都能有所準備。

【解讀】

「扼要立營」「深溝高壘」，這是湘軍基本的戰略戰術，主要是基於防守而言。此外，胡林翼還提出必須要嚴格軍紀，一不得騷擾民間，二要加強操練，這是基於進攻而言，是湘軍戰鬥力的根本保障。

〔註21〕本節出自《胡林翼集》（二），嶽麓書社，1999年，第442頁。
〔註22〕本節出自《胡林翼集》（二），嶽麓書社，1999年，第254頁。

■蔡鍔按：右揭戰守之法，意括而言賅。曰攻戰，曰守戰，曰遭遇戰，曰局地戰，以及防邊之策，攻城之術，無不獨具卓識，得其要訣。雖以近世戰術之日新月異，而大旨亦不外是。其論夜間宿營，雖僅一宿，亦須深溝高壘，為堅不可拔之計，則防禦之緊嚴，立意之穩健，尤為近世兵家所不及道也。（按：咸、同時戰爭兩方，多為不規則之混戰，來去飆倏（1），不可端倪（2），故紮營務求堅固，以防侵襲。）

曾、胡論兵，極重主、客之見。只知守則為主之利，不知守反為客之害。蓋因其時所對之敵，並非節制之師、精練之卒，且其人數常倍於我，而兵器未如今日之發達，又無騎、炮兩兵之編制，耳目不靈，攻擊力復甚薄弱。故每拘泥於地形、地物，攻擊精神未由奮興。故戰術偏重於攻勢防禦，蓋亦因時制宜之法。

近自普法、日俄兩大戰役以後，環球之耳目一新，攻擊之利，昭然若揭。各國兵學家，舉凡戰略戰術，皆極端的主張攻擊。苟非兵力較弱，或地勢、敵情有特別之關係，無復有以防守為計者矣。然戰略戰術須因時以制宜，審勢以求當，未可稍事拘滯。若不揣其本，徒思仿傚於人，勢將如跛者之競走，鮮不蹶矣。

兵略之取攻勢，固也，必須兵力雄厚，士馬精練，軍資（軍需、器械）完善，交通利便，四者均有可恃，乃足以操勝算。四者之中，偶缺其一，貿然以取攻勢，是曾公所謂徒先發而不能制人者也。法普戰役，法人國境之師，動員頗為迅速，而以兵力未能悉集，軍資亦虞缺乏，遂致著著落後，陷於防守之地位。日俄之役，俄軍以交通線僅恃一單軌鐵道，運輸不繼，遂屢為優勢之日軍所制。雖迭經試取攻勢，終歸無效。

以吾國軍隊現勢論，其數則有二十餘鎮之多，然續備、後備之制，尚未實行。每鎮臨戰，至多不過得戰兵五千，須有兵力三鎮以上，方足與他國一鎮之兵相抗衡。且一有傷亡，無從補充。是兵力一層，決難如鄰邦之雄厚也。今日吾國軍隊，能否說到精練二字，此稍知軍事者自能辨之。他日與強鄰一相角逐，能否效一割之用（3），似又難作僥倖萬一之想。至於軍資、交通兩端，更瞠乎人後。如此而曰吾將取戰略戰術上最有利益之攻勢，烏可得耶！鄙意我國數年之內，若與他邦以兵戎相見，與其為孤注一擲之舉，不如採用波亞戰術（4），據險以守，節節為防，以全

軍而老敵師為主，俟其深入無繼，乃一舉而殲除之。昔俄人之蹴拿破崙於境外，使之一蹶不振，可借鑒也。

【注釋】

（1）飆倏（shū）：速度極快。飆：暴風、疾風；迅疾。倏：疾速；忽然。

（2）不可端倪：意思是找不著頭緒，形容變化莫測。

（3）一割之用：行使一次；負責一次。

（4）波亞戰術：指游擊戰。又稱「布爾戰術」，當時翻譯為「波亞戰術」。布爾人是 17 世紀之後，來到南非的荷蘭、葡萄牙、法國等殖民者的後裔。1880～1881 年，1889～1902 年期間，英國人和布爾人為了爭奪南非殖民地而展開了兩次戰爭。雖然英國人最終取得了勝利，但卻付出了沉重代價。布爾戰爭對現代軍事理論影響深遠。在作戰理論方面，布爾戰爭提出了關於「全民戰爭」的理論，其要點是，符合服役條件的平民，要定期接受軍事訓練，戰爭爆發後則組成民團參戰。

（5）蹴：追逐。

【譯文】

蔡鍔按：以上所揭示的戰守之法，言簡意賅。所說的攻戰、守戰、遭遇戰、局地戰，以及防邊之策、攻城之術，無不獨具卓識，深得訣竅。雖然近世以來的戰術發展日新月異，但其大旨仍然不外乎曾、胡二公所說的這些內容。其中談到夜間宿營，雖然僅住一晚上，也必須深溝高壘，使營寨堅不可拔，由此可見防禦之緊嚴，立意之穩健，是近世以來軍事家所沒有談到的。（按：咸豐、同治時期，戰爭的雙方多是不規則的混戰，來無影去無蹤，變化莫測。因此，紮營務求堅固，以防敵人偷襲。）

曾、胡二公論兵，極其重視主方、客方的見解。只知防守對主方有以逸待勞的好處，不知一味防守對主方的害處。這種情況是因為，當時所面對的敵人，不是什麼紀律嚴明的軍隊，也不是什麼精練的士兵，而且敵方的人數常常數倍於我，武器也不如今天發達，又沒有騎兵、炮兵的兵種編制，消息不靈通，攻擊力也比較薄弱。因此，往往拘泥於地形、地物等外在環境，而攻擊精神得不到振興。所以，曾胡在戰術上偏重於攻勢防禦，也是因時制宜的辦法。

近世自普法戰爭、日俄戰爭兩大戰役以後，全世界的軍事發展令人耳目一新，主動攻擊的好處，清楚地顯露出來。各國軍事家，凡是提到戰略戰術，都是極端地主張攻擊。若不是因為兵力較弱，或地勢、敵情有特別的情況，不會考慮以防守為計策。但是，戰略戰術需要因時制宜，審時度勢，以求最適當的策略，不能稍有拘泥呆板之處。若不認真分析自己的實際條件，只知一味仿傚別人，勢必如跛腳者與人賽跑一樣，沒有不跌倒的。

戰略上採取攻勢是必然的，但必須具備四個條件，即兵力雄厚、兵馬精練、軍資（軍需、器械）完善、交通利便。這四個條件都具備，就足以穩操勝券。如果四者缺一，仍貿然進攻，就是曾公所謂做到了先發，卻無法制人。法普戰爭中，法國人在國內的軍隊，動員非常迅速，但因為兵力不能完成集結，軍資也有些缺乏，因此導致著著落後，陷於被動防守的地位。日俄戰爭中，俄軍因為交通線僅依靠一條單軌鐵道，導致運輸跟不上，因而屢次被具有優勢的日軍控制。雖然多次試圖採取攻勢，但最終沒有奏效。

以我國的軍隊現狀而論，其兵力有二十餘鎮之多，但續備軍、後備軍的制度，還未實行。臨戰時，每鎮最多不過抽調五千作戰士兵，因此，必須有三鎮以上的兵力，才可能與他國一鎮的兵力相抗衡。而且一旦有傷亡，便無從補充兵力。所以，僅兵力這一層面，我們就絕難像鄰國那樣雄厚。今天我國軍隊，能否說到「精練」二字，對此稍具有一點軍事常識的人，都能分辨。將來與強大的鄰國發生衝突時，能否發揮一次作用，似乎是不敢作萬一取勝的想法。至於軍資、交通這兩方面，更是瞠乎人後。這種情況下，還說什麼採取戰略戰術上最有利的進攻策略，有可能嗎？以鄙人之意，我國在數年之內，若與他國兵戎相見，與其作孤注一擲的打算，不如採取游擊戰術，據險以守，節節為防，以保全軍隊實力，疲憊敵軍為主。誘敵深入，等到敵人後援無繼，再一舉殲滅。過去俄國人將拿破崙的軍隊逐出境外，使其一蹶不振，值得我們借鑒。

【解讀】

蔡鍔這裡把曾國藩、胡林翼的戰略戰術與西方近代的軍事理論進行了比較，在此基礎上，提出了他自己的國防戰略思想。

第一，他認為曾胡所說的攻戰、守戰、遭遇戰、局地戰，以及防邊之策、攻城之術，無不獨具卓識，深得訣竅。而且其中談到的夜間宿營要求，防禦之緊嚴，立意之穩健，是近世以來軍事家所沒有談到的。

　　第二，對於曾胡論兵極其重視主、客之說，只知防守對主方的好處，不知一味防守對主方的害處，在戰術上偏重於攻勢防禦的做法，蔡鍔認為這既是當時軍隊自身的情況，也是當時作戰拘泥於外在環境所造成的。他指出，當時世界軍事的發展狀況是，凡是提到戰略戰術，都是極端地主張攻擊。這是因為世界軍事的發展，使主動攻擊的好處，越來越清楚地呈現出來。這是趨勢，是沒有錯的，但蔡鍔也提出，戰略戰術需要因時制宜，審時度勢，以求最適合。既要瞭解世界軍事戰略戰術的發展，有最前沿的，最開闊的視野，又要瞭解自己軍隊及所處環境的狀況。

　　第三，蔡鍔認為，戰略上若採取攻勢，必須具備四個條件，即兵力雄厚、兵馬精練、軍資完善、交通利便。據此分析，中國兵力遠不如鄰國雄厚，兵馬精練更是談不上，軍資、交通兩方面，更是瞠乎人後。也就是說，四個條件一個都不具備。因此，蔡鍔提出中國的國防戰略思想，應當是採取積極防禦戰略。若發生侵略戰爭，應當採用布爾人的反侵略戰術，據險以守，節節為防，以保全我軍實力，疲憊敵軍為主。誘敵深入，等到敵人後援無繼，再一舉殲滅。民國著名學者錢基博認為，蔡鍔提出的積極防禦戰略，等於是提前二十年指出了中國抗日戰爭的戰略方針。錢基博說：「觀於今日，我國人之堅持抗日，所見略同。而鍔燭照幾先，論之於二十年前。」〔註23〕

〔註23〕錢基博：《近百年湖南學風》，《錢基博集》，河北教育出版社，1996年，第651頁。

第十三章　治心（增補）

【題解】

　　本章為蔣介石所增補，他說此篇「雖非治兵之語，治心即為治兵之本」。（見其序）又說：「《治心》一篇，對於鍛鍊精神修養人格之重要，又在其他各篇之上。」〔註1〕足見其對自己增補的《治心》篇的重視。蔣介石熟讀宋明理學經典，《治心》篇在《曾胡治兵語錄》中之地位，正如《道體》篇在《近思錄》中地位。呂祖謙《近思錄》序中稱《道體》篇為「義理之本原」，是其他各卷立論的基礎。同樣，《曾胡治兵語錄》中，《治心》篇亦是「體」，其他十二篇則是「用」。《治心》篇在最後，正好是以「用」觀「體」，以「顯」入「微」，達至「體用一源，顯微無間」之妙。職是之故，蔣介石曰「治心即為治兵之本」。

13.1〔註2〕治心治身，理不必太多，知不可太雜，切身日夕用得著的，不過一兩句，所謂守約（1）也。（曾國藩）

【注釋】

　（1）守約：把守簡約，得其要領。語出《孟子·公孫丑上》：「孟施舍似曾子，北宮黝似子夏。夫二子之勇，未知其孰賢，然而孟施舍守約也。」

〔註1〕《總統蔣公思想言論總集·卷十一演講》，中國國民黨中央委員會黨史委員會，1984 年，第 88 頁。
〔註2〕本節出自《曾國藩全集·書信二》，嶽麓書社，1991 年，第 1109 頁。

【譯文】

修養身心，道理不必太多，所知不可太雜，切身相關，每天用得著的，不過一兩句而已。這就是古人所謂的「守約」。

【解讀】

治心修身是儒者一生的功課，而對於如何治心修身，有太多的理論和方法，對此，曾國藩表示，不需要瞭解那麼多的理論，也不需要掌握過多的方法，關鍵在於與自己切身相關，每天用得著。他認為，這種對自己非常受用的理論和方法，不過一兩句而已。所以要把握古人所謂的「守約」原則，即把守簡約，得其要領。蔣介石對「守約」的工夫有很多的論述和體會，下面就是他對讀書做學問的「博」「約」之道所作的一點闡述：

> 看書和研究學問要知道博而能約——這個博而能約的道理，古人已經講得很多，比方說「知古而不知今，謂之陸沉，知今而不知古，謂之聾瞽」，這是講博學的必要；「記事者必提其要，纂言者必鈎其玄」，這就是教我們守約的方法。再如所謂「博我以文，約我以禮」，更是拿博約二字並舉，以為求學修業的方法。所以我們看書一方面固然要能多看，一方面更要能領略書中的要旨大意，體會出原理原則來，平時能如此得之於心，隨處便可應之於手，由積學深思而融會貫通，自然可以精進無已。〔註3〕

13.2〔註4〕凡沉屙（1）在身，而人力可以自為主持者，約有二端：一曰以志帥氣，一曰以靜制動。人之疲憊不振，由於氣弱。而志之強者，氣亦為之稍變。如貪早睡，則強起以興之；無聊賴（2），則端坐以凝之。此以志帥氣之說也。久病虛怯，則時時有一畏死之見，憧擾（3）於胸中，即夢魂亦不甚安恬，須將生前之名，身後之事，與一切妄念，掃除淨盡，自然有一種恬淡意味，而寂定之餘，真陽（4）自生。此以靜制動之法也。（曾國藩）

【注釋】

（1）沉屙（kē）：久治不愈的病。

〔註 3〕《總統蔣公思想言論總集·卷七》，中國國民黨中央委員會黨史委員會，1984年，第 21 頁。

〔註 4〕本節出自《曾國藩全集·書信二》，嶽麓書社，1991 年，第 1515 頁。

（2）聊賴：精神或生活上的憑藉；寄託。

（3）憧（chōng）擾：紛亂不安。

（4）真陽：中醫學名詞，一般稱腎陽（又稱元陽、真火）。真陽是腎功能的動力，人體陽氣的根本，對人體各臟腑組織的功能起推動、溫煦作用。

【譯文】

凡是久病在身的人，憑藉自身力量可以把控的，大約有兩個方面：一曰以志帥氣，一曰以靜制動。人之所以疲憊不振，是由於精神之氣虛弱。而意志堅強的人，其精神氣象也會為之一變。如喜歡早上睡懶覺的人，則要強迫自己早起，使精神振奮。百無聊賴的時候，則要端坐凝神。這是以志帥氣的道理。久病身體虛怯，就會時時出現畏死的念頭，心中紛亂不安，即使在夢中也不得安寧。這就必須將生前之名、身後之事，與一切妄念，掃除淨盡，自然就會生出一種恬淡意味。在寂靜安定之餘，生命的真陽之氣就能產生。這就是以靜制動的方法。

【解讀】

其實，曾國藩這裡所說的久治不愈的病，一方面是指因久病造成的身體虛弱，同時也指人長期以來養成的毛病，如早晨睡懶覺，百無聊賴，無所事事等。曾國藩認為，對此可以通過提振精神和意志，使之有所改善和振作。方法一是「以志帥氣」，這種說法出自《孟子·公孫丑上》，曰：「夫志，氣之帥也；氣，體之充也。夫志至焉，氣次焉。」意思是說，「志」是「氣」的統帥，「氣」則充滿身體。「志」到了哪裏，「氣」就隨之停留在哪裏。所以，「志」帶動了「氣」，使萎靡不振的精神得以振奮。方法二是「以靜制動」。久病虛弱之身常有畏死之心，因而顧慮重重，思緒紛亂。曾國藩的辦法是，拋開一切雜念，該幹嘛幹嘛，這時身心就會安定下來，反而使自己的真陽之氣生發出來。

蔣介石常以此二法自我調理，他在 1937 年 3 月 2 日的日記中寫到：「性情躁急，應以靜制動，以志帥氣，以自療之。」〔註5〕蔣介石還結合《大學》知止、定、靜、安、慮、得的工夫，把「以志帥氣」與「以靜制動」貫通起來，體現了他對此的深入思考和體悟。他說：

〔註5〕《蔣中正總統五記·省克記》，臺北：國史館，2011 年，第 118 頁。

　　所謂「知止而後有定」至「慮而後能得」的一段意義，已在上篇說明，此處不再贅述，惟此處再要重複的將我們軍人的行動生活來補充說明，使大家更能注意，更易瞭解。如前所說的軍隊中第一個口令，就是叫「立正」，這「立正」就是要使受令的人，停止一切的雜念和動作，將全身內外安定下來，身定之後，乃能氣定，氣定之後，乃能神凝，神凝之後，才能靜肅，靜肅之後，長官才能教他，受教的人，也才能專心壹志來心領神會、身體力行，以達於至善的境地，這就是我們軍人對於大學所謂「知止而後有定，定而後能靜，靜而後能安，安而後能慮，慮而後能得」的道理，可知一切動作之先，必求其定，再求其靜，然後能安，如果不先求其止定靜安，則「省身就不密見理更不明」，一切的事情，就做不好，一切的思想行動，就要雜亂無章終歸失敗，尤其是我們軍隊在作戰的時候，定心的工夫，特別重要，因為作戰，是要出入於千軍萬馬、槍林彈雨之中，尤其是在衝鋒陷陣、危急存亡之際，軍人如果不能心定神靜，必驚惶失措，草木皆兵，非至潰敗不可。尤其是負指揮責任的將領，在戰地上悲慘悽愴、千鈞一髮的場合，其所處的地位，止定靜安的工夫格外重要，如果你自己的心不能定，首先慌張起來，那裡還可能安定軍心，振作士氣，使部下沉著應戰，殺敵致果？所以古人說：「為將之道，當先治心，泰山崩於前而色不變，麋鹿興於後而目不瞬，然後可以制利害，可以待敵。」又說「將以氣為主，以志帥氣……氣不盛者遇事而氣先懾，而目先逃，而心先搖……臨大難而中無主，其識力既鈍，其膽力必減，固可憂之大者！」曾文正的箴言說：「前有毒蛇，後有猛虎，神定不懾，誰敢余侮！豈伊避人，日對三軍，我慮則一，彼紛不紛。」孟子曰：「持其志毋暴其氣。」又曰：「配義與道，無是餒焉，是集義所生者，非義襲而取之也，行有不慊於心則餒矣。」此皆言止、定、靜、安、慮、得的工夫，亦就是「窮理知本（知言）則知止，集義養氣則有定」的道理。〔註6〕

〔註 6〕《總統蔣公思想言論總集·卷六專著》，中國國民黨中央委員會黨史委員會，1984 年，第 29～30 頁。

13.3〔註7〕**外境之迕（1），未可滯濾（2），置而遣之，終履夷途（3）。（曾國藩）**

【注釋】

（1）迕（wǔ）：違背，相牴觸。

（2）滯濾：停留。

（3）夷途：平坦的道路。

【譯文】

對於外在環境的困擾，不可常存心中，應該置之度外，這樣，終究會走上坦途。

【解讀】

人一生中難免會遇到忤逆之時，若時時掛懷，則只能永遠陷在困境之中。曾國藩回顧自己在湖南、江西時，幾乎到了舉國不容的地步。他稱自己一生經歷過「三大辱」和「四大塹」。「三大辱」是三次為人所唾罵的奇恥大辱，「庚戌、辛亥間為京師權貴所唾罵，癸丑、甲寅為長沙所唾罵，乙丑、丙辰為江西所唾罵」〔註8〕。所吃「四大塹」為，「第一次壬辰年發佾生，學臺懸牌，責其文理之淺；第二庚戌年上日講疏內，畫一圖甚陋，九卿中無人不冷笑而薄之；第三甲寅年岳州靖港敗後，樓於高峰寺，為通省官紳所鄙夷；第四乙卯年九江敗後，赧顏走入江西，又參撫臬，丙辰被困南昌，官紳人人目笑存之」。〔註9〕本是一片赤誠，卻不斷遭當地官員排擠刁難，處處碰壁，還有皇帝的不信任。這樣的困境，令曾國藩陷入人生低谷，使得他幾欲退隱，甚至幾度自殺。好在曾國藩能自拔於流俗，一方面百般隱忍，好漢打脫牙活血吞，咬定牙根，徐圖自強；一方面自我轉圜調整，悔過自新，很快使自己走出低谷。從而迎來他人生事業的高峰。

蔣介石也常常反省自己，不能被當前的困境所左右，提醒自己不要陷入其中。他在日記中寫道：「近來心躁性急，不能耐煩任勞，動輒發怒。夫古之成大事者，其艱苦卓絕，皆過於我，而我之境遇，天之恩賜，實亦厚矣，盍可自棄！」〔註10〕

〔註7〕本節出自《曾國藩全集・書信一》，嶽麓書社，1990年，第8頁。
〔註8〕《曾國藩全集・家書二》，嶽麓書社，1985年，第1309頁。
〔註9〕《曾國藩全集・家書二》，嶽麓書社，1985年，第1330頁。
〔註10〕《蔣中正總統五記・省克記》，臺北：國史館，2011年，第37頁。

13.4〔註11〕心欲其定，氣欲其定，神欲其定，體欲其定。（曾國藩）

【譯文】

心要達到定，氣要達到定，神要達到定，體要達到定。

【解讀】

曾國藩講「心」「氣」「神」「體」都要達到「定」，那麼何謂「定」，如何達到「定」呢？儒家經典《大學》構建了儒家的修證體系，「知止而後有定，定而後能靜，靜而後能安，安而後能慮，慮而後能得」，所揭示的修行次第依次為：知止、定、靜、安、慮、得六個修證的層次，「定」是其中重要一環。蔣介石闡發說：

> 我們要完成這種精神的修養，同時並可以使技能精進智慮高明的一種基本工夫，便是大學上所講的「定」字。所謂「定而後能靜，靜而後能安，安而後能慮，慮而後能得」，不僅思慮要先能心定，就是隨便做一件什麼事情，亦非先求心定不能做好。尤其是對於射擊一類的事情，格外要心神凝定，然後耳目可以專注，身體可以平穩。精神貫注，心思專一，手足平穩，然後有命中的把握。否則，不僅射擊不能命中，其他一切事情也都不能做成功。所以曾國藩說：「心欲其定，氣欲其定，神欲其定，體欲其定」。這幾句話可作為射擊的要訣，也就是我們成德立業之必要條件。不過要注意：此所謂定，不是枯禪入定的「定」，枯禪入定的定，完全是消極無為空虛寂滅的；我們所謂定，完全是使我們心神能專靜純一作積極有為的準備。這種定的工夫越大，有為的效能和程度便越高。所以我們無論研究學術或辦理事情，尤其是在戰局危急的時候，一定要心定，心定然後體定，氣定神定，不致亂想亂動和驚惶失據，使部下看了你官長神色便驚惶。所以我們以後訓練部下和學生的時候，最要緊的一件事，就是要特別注重「定」的工夫。必須使他們具備這個特殊的精神修養，才可以發生最大的效果。得到最大的成功！〔註12〕

〔註11〕本節出自《曾國藩全集・家書一》，嶽麓書社，1985 年，第 82 頁。

〔註12〕《總統蔣公思想言論總集・卷十三演講》，中國國民黨中央委員會黨史委員會，1984 年，第 582 頁。

　　「定」也是佛教的重要工夫，蔣介石這裡將佛教的禪定稱為是「枯禪入定」，「是消極無為空虛寂滅的」，這種說法是對佛教禪定工夫的一種貶抑，未必準確。但佛教和儒門在「定」上存在差異是無疑的，其區別在哪裏呢？二程講：「要作得心主定，惟是止於事。」（《近思錄·卷四·存養》）即知止要在事上止。人的念頭思緒紛亂，如何入定？佛道兩家的辦法都是在心性上作工夫，儒門則主要不在心性上下工夫，而是強調「止於事」。蔣介石將儒家的修身工夫運用到軍事操練上來，他講到射擊就是一種「定」的工夫，同時「定」也是「立正」的心法。他說：

　　　　但要如何才能達到身體各部的自然的真正的平直呢？這只有一句話，就是「要定」。由此我想到古人有四句話，可以拿來作為「立正」的心法，就是曾文正所說的「心欲其定，氣欲其定，神欲其定，體欲其定」。中國古時練兵雖沒有像現在這樣的操典，規定如此詳明，但他對於做軍人的基本動作，和基本動作的要訣，由這四句話，完全說明白了。我們如果能使「心」「氣」「神」「體」都能表裏一致，內外相應，定靜下來，則外部的動作，自然能夠做到平正確實，這就是做到了真正的立正。外國軍事教育家，還不曾知道這樣道理，然而他們雖沒有發明這四句話，但他們的精神完全是如此的。他們每一個動作，就是精神貫注，表裏如一。即如兩眼凝神向前平視，這就是要求神定；頸直口閉，就是要求氣定。日本稱立正為「氣附」，這兩個字如照中國的字義來解釋，就是要氣附於體，亦就是以志帥氣，使他平靜安聚，不致浮動。我們能夠神定氣定，則心也可以定下來，心定則一切胡思亂想，煩慮雜念，就能一概屏絕，而精神意志，完全集中，身心內外，澈底安定，這樣，你站立在一個地方，就真是如山屹立，如鼎之鎮了。所以古人造四句話，實在是「立正」動作的要訣。也是一切軍事動作的根本要訣。我常說我們一切動作，和一切辦事都要迅速確實，也就是要由這四句話作起，因為我們一定要心定氣定神定體定，然後一切精力才能集中，精力能夠集中，動作才能迅速確實。否則，便不能達到這個目的。因此，這四句話，又不僅是軍事的基礎，而且是一切事業成功的基礎。講到這裡，我們想到大學教人，第一句話這就說「知止而後有定」。可見「定」還要從「知止」而來。所謂「知止」。就是擇

善固執。我們現在一切事都要能擇善固執。一切事情都要先定下來。然後才心有定向，才能切實努力，以躋於成功。我們軍事訓練，為什麼在做一切動作之前，先要立正，這也就是叫我們心，神，氣，體先定下來，然後才能作其他一切的動作。這是我在講軍事動作時，特別要提出立正這一個動作，不厭其詳的，和各位講明的原因所在。大家要知道：這所講立正動作的原則和要訣，也就是其他一切軍事動作的根本和要訣。只要各位能依此道理將立正作好，則其他瞄準射擊等動作，也一定能夠命中有效。而軍事上一切大的學問，也可由此建立其基礎了！〔註13〕

曾國藩所言「心」「氣」「神」「體」之「定」，是儒家修身的基本手段之一，可以融入和應用到生活的各個層面。因此，蔣介石認為曾國藩這四句話，不僅是軍事的基礎，而且是一切事業成功的基礎的說法，其看法是非常有見地的。

13.5 〔註14〕古之成大事者，規模遠大與綜理密微，二者缺一不可。（曾國藩）

【譯文】

古時成大事業的人，一是格局遠大，二是綜合管理、周密細緻，兩方面缺一不可。

【解讀】

此節文字出自曾國藩寫給弟弟曾國荃的信，信中曾國藩強調，成就大事業，一定要遠大格局與微小細節相兼顧。他稱其弟綜理密微和專心竭力都超過自己，也提醒弟弟要格局宏大，但又不能因講求闊大而混入散漫一路，遇事顢頇，毫無條理，這樣即使看起來器局宏大，也終無益處。只有周密細緻，有條不紊，才能行之久遠，且無流弊。

曾國藩評論《諸葛亮出師表》說：「古人絕大事業，恒以精心敬慎出之。以區區蜀漢一隅，而欲出師關中，北伐曹魏，其志願之宏大，事勢之艱危，亦古今所罕見。而此文不言其艱巨，但言志氣宜恢宏，刑賞宜平允，君宜以親

〔註13〕《總統蔣公思想言論總集·卷十六演講》，中國國民黨中央委員會黨史委員會，1984年，第277頁。

〔註14〕本節出自《曾國藩全集·家書一》，嶽麓書社，1985年，第345頁。

賢納言為務，臣宜以討賊進諫為職而已。」〔註 15〕曾國藩提出「絕大事業」要以「精心敬慎」為根本，認為不朽的文章，必定是襟度遠大，又是思慮精微之作。所謂「文章千古事，得失寸心知」，文章與事業是相通的，既要格局宏大，也要精微縝密。蔣介石對曾國藩提出的「規模遠大」與「綜理密微」缺一不可理念，有精彩的闡發。他說：

> 　　我們首先應該明白，欲求成功一番事業，「規模遠大」與「綜理密微」二者缺一不可。怎麼叫「規模遠大」呢？就是我常向大家說的，凡事要從「大處著眼」。我們無論主管一個什麼機關，都應該先有一番遠大的打算，立定一個限期逐步實施的計劃，然後按步就班做去。不好糊糊塗塗，敷敷衍衍，得過一天，且過一天，對自己所主管的機關，沒有一個理想，沒有一個逐步實施的計劃。怎麼叫做「綜理密微」呢？也就是我常向大家說的，凡事要從「小處著手」。我們對於一件事情，單是有了遠大的理想和計劃是不夠的，這須要明白「本末先後」的道理，由近而遠，由卑而高的作去。所謂「為大於微」，即是這意思，單是做還不夠，還要時時去綜覈，去考察，做一分要有一分的成效，做十分要有十分的成績。從前諸葛武侯六出祁山，志在恢復中原，可見他「規模」是何等的「遠大」；然而看他在軍中，事必躬親，罰至二十以上都由他親自裁決，甚而至於「日校簿書」，這可見他「綜理密微」的精神。〔註 16〕

從軍事組織化的角度，蔣介石又對此進行了發揮：

> 　　至於軍事組織化有兩個準則，那就是曾國藩所說的「規模宏遠」和「綜理密微」兩句名言。在曾氏時代，當然對於這個「組織」的名詞，還是不很習慣的。不過曾氏對於軍事的組織管理，從其經驗中所得來的理則，恰是合於今日組織的道理的。所謂「規模宏遠」，凡是軍事組織，必須先要有其統一的全盤規模，奠定其可大可久的基礎，就是要能從大處著眼，分期逐步的實施完成。所謂「綜理密微」，就是要能從小處著手，並且其各級負責主官要能克勤細務，精

〔註 15〕《曾國藩全集·詩文》，嶽麓書社，1986 年，第 513 頁。
〔註 16〕《總統蔣公思想言論總集·卷十六演講》，中國國民黨中央委員會黨史委員會，1984 年，第 244 頁。

密周到，不容有絲毫疏漏鬆懈。如果僅是規模宏遠，而不能綜理密微，那就將失之空疏迂闊；同樣，如果只知道綜理密微，而不能規模宏遠，亦就將務小遺大，舍本逐末了。所以我們組織的要旨，是要由近而遠，由卑而高，為大於微，圖難於易。然而要做到領導方面的規模宏遠，還比較容易一些，如要其所有幹部人人都能做到綜理密微，則非有嚴密的管理組織的教育，和普遍的組織化的觀念，是無法做到的。特別是現代戰爭，已成為一切時間、一切空間、一切武器組織與使用的科學。如其一個軍官不知道綜理密微的話，那將成為無組織、不科學，而迷惘恍惚，陷於不知從何著手的困境，部屬對你就會不發生信仰，而且會藐視你，甚至於蒙蔽你，這樣對軍中還能發生什麼領導的作用？這是大家最當注意，必須在教育上把它看成為「一虧一切虧」最重要的一個缺點，很快的把他改正補救過來。〔註 17〕

13.6 〔註 18〕兄自問近年得力，惟有悔字訣。兄昔年自負本領甚大，可屈可伸，可行可藏，又每見人家不是，自從丁巳、戊午大悔大悟之後，乃知自己全無本領，凡事都見得人家有幾分是處。故自戊午至今九載，與四十歲以前迥不相同。大約以能立能達為體，以不怨不尤為用。立者發奮自強，站得住也；達者辦事圓融，行得通也。（曾國藩）（蔣介石眉批：同志勉旃！青年同志尤當奉為圭臬。）

【譯文】
　　為兄自問近年來所得力之處，唯有一個「悔」字訣。我當年很自負，自以為本領很大，能屈能伸，可行可藏，又每每看見人家的不是，自從丁巳年、戊午年大悔大悟之後，才知道自己什麼本領也沒有，任何事情都能看見人家有幾分對的地方。因此，自戊午年至今已經九年，與四十歲之前的我相比，迥然不同。大約就是以孔子所說的能立能達為體，以孔子所說的不怨不尤為用。所謂「立」，就是要發奮自強，站立的住；所謂「達」，就是要辦事圓融，行得通。

〔註 17〕《總統蔣公思想言論總集・卷二十七演講》，中國國民黨中央委員會黨史委員會，1984 年，第 460～461 頁。

〔註 18〕本節出自《曾國藩全集・家書二》，嶽麓書社，1985 年，第 1317 頁。

【解讀】

　　曾國藩在回顧自己過去時曾說：「昔在湖南、江西，幾於通國不能相容。六、七年間，浩然不欲復聞世事。」（本書5.3）他稱自己在湖南、江西時，幾乎到了舉國不容的地步，尤其在咸豐六、七年之間，甚至想掛冠而去，不再過問世事。他在《湖口縣楚軍水師昭忠祠記》中回憶當時的艱難，說：「方其戰爭之際，炮震肉飛，血濺石壁。士饑將困，窘若拘囚，群疑眾侮，積淚漲江，以奪此一關而不可得，何其苦也！」〔註19〕戰爭的堅苦並不是主要的，朝廷的不信任，官場的掣肘，群疑眾侮，「所至齟齬，百不遂志」，才是其痛苦委屈的主要原因。正當他痛苦萬分之際，他接到父親去世的噩耗，便立即上疏回家守孝，而這一去就是兩年。本以為皇上會很快徵召他出來，賦予其實權，不想卻批准他守制三年，等於被解除了兵權。

　　兩年期間，他又陷入煎熬之中，日日輾轉反側，夜不成寐，這期間他對自己在官場上所受的挫折，進行了深刻反思。他逐漸認識到自己的性格及行事作風上的一系列缺陷和問題，如過於自傲，剛強好勝，桀驁不馴，不通人情世故，急於求成，一味蠻幹，就是今天常說的情商比較低的問題。其實，倒不是曾國藩要求的不對，問題是人性是不完美的，人都是有缺陷的，按照完美去要求，沒有人能做到。所謂水至清則無魚，人至察則無徒，曾國藩就犯了「至清」「至察」的錯誤。「至清」「至察」不好嗎？好，但不符合人性，如此則行不通。

　　曾國藩自稱家居的兩年是「大悔大悟」之年，過此方知自己全無本領。經過此番「大悔大悟」，他的思維方式大變，隨後他再度出山，其為人處世方式也發生了根本轉變，與過去迥然不同。其友歐陽兆熊稱他「此次出山後，一以柔道行之，以至成此巨功，毫無沾沾自喜之色」〔註20〕。身段放軟，不再一味逞強；為人謙和周到，不再一味剛直；大力保舉部下，不再一味嚴格；治軍寬嚴相濟，不再一味從嚴。經過這樣的改變，曾國藩的事業果然順遂了很多，「以至成此巨功」，但曾國藩也因此被稱為變得「老奸巨猾」。以前做事處處碰壁、步履維艱，被認為是「剛愎自用」「獨斷專行」的結果；如今事業順遂、官運亨通，又被視為「老奸巨猾」，可見做人之難。其實，曾國藩雖然有了很大改變，但並不是來了個黑白顛倒，完全拋棄了原則。他只是在一些

〔註19〕《曾國藩全集‧詩文》，嶽麓書社，1986年，第259頁。
〔註20〕《水窗春囈》，中華書局，1984年，第17頁。

次要的方面有所變通，在大是大非問題上，他是絕不妥協的。在晚清官場，他依然是最有風骨節操的儒家士大夫。

13.7〔註21〕**不為聖賢，便為禽獸。莫問收穫，但問耕耘。（曾國藩）（蔣介石眉批：聖賢，禽獸）**

【譯文】

不作聖賢，便是禽獸。不要管收穫如何，只要默默耕耘就好。

【解讀】

「聖賢」與「禽獸」顯然是兩個極端。《論語》中提到常見的「人格」類型有十六種之多，包括聖人、賢人、仁者、大人、君子、成人、善人、中行、狂者、狷者、知者、有恆者、野人、小人、鄙夫、鄉愿等。「聖賢」是儒家的最高理想人格，「鄉愿」是孔子最討厭的一種人了，因其是表裏不一、言行不一的敗壞道德風氣的偽君子，大概算是最接近「禽獸」的一類人了。由此我們可以看到，「聖賢」與「禽獸」之間還隔著很多人格層次，何以曾國藩要說「不為聖賢，便為禽獸」呢？其實，曾國藩如此決絕，正是為了不給自己降低要求的機會。一定要以聖賢為目標，成不了聖賢，就是禽獸。

我們一般會認為耕耘的目的是為了收穫，但有了這樣一番考量，一旦覺得達不到目標就往往會放棄努力，或降低目標。然而，曾國藩不這樣看，他認為既然聖賢是我的目標，就只管朝聖賢方向去做，不管自己最終成不成聖賢，只管去做就好了。因此，不論是「不為聖賢，便為禽獸」，還是「莫問收穫，但問耕耘」，都是要不給自己留討價還價的餘地。若以孟子所謂「人之所以異於禽獸者幾希」來說，人和禽獸的差距就那麼一點點，人若不能自拔於流俗，不斷向上提升，就很容易墮落為禽獸。由此可見，曾國藩的見解的確不一般。蔣介石對此有很好的解說：「救國救民，是一種非常的事業，要做這種事業，固然必須有非常的精神與非常的人格！就是做一個普通的人，也非明白做人的道理不可。古人說：『人之所以異於禽獸者幾希』，又說：『不為聖賢，便為禽獸！』聖賢與禽獸之分，就在一個知道做人，一個不知道做人，非此即彼，其間蓋不容有一發的距離。」〔註22〕

〔註21〕本節出自《曾國藩全集·詩文》，嶽麓書社，1986年，第112頁。

〔註22〕《總統蔣公思想言論總集·卷十二演講》，中國國民黨中央委員會黨史委員會，1984年，第615頁。

13.8〔註23〕**古人辦事，掣肘(1)之處，拂逆(2)之端，世世有之。人人不免惡其拂逆，而必欲順從，設法以誅鋤異己者，權奸之行徑也。聽其拂逆，而動心忍性，委曲求全，且以無敵國外患而亡為慮者，聖賢之用心也。借人之拂逆，以磨礪我之德性，其庶幾乎！（曾國藩）**

【注釋】

（1）掣（chè）肘：原意指拉著胳膊，比喻干擾和阻撓別人做事。

（2）拂逆：違背，違反。

【譯文】

古人辦事，受到干擾、阻撓，遭遇挫折，可以說世世都有。每人都不免會憎惡別人忤逆自己，而必要其順從，想方設法剷除異己，這是權奸的行徑。而任憑別人忤逆，以此來磨煉身心，委曲求全，所擔心的是國家無敵國外患而衰亡這件事，這是聖賢的用心。借助他人的忤逆，用以磨礪自己的德性品格，這就差不多了。

【解讀】

所謂「人生不如意事十之八九」，遇到拂逆和挫折是非常正常的事情。但對待拂逆和挫折，人們卻有不同的態度，一種是權奸的做法，一種是聖賢的做法。權奸是剷除異己，欲其順從自己。聖賢是以拂逆來磨礪自己，以無敵國外患而亡為慮。曾國藩強調要用聖賢之心對待逆境，磨礪自己。作為曾國藩追隨者的蔣介石，每每在日記中以此勉勵自己：「本周拂逆之事百出，余惟以逆來順受之道處之，當初雖苦痛萬分，然事後則愉快自得，安樂無比，此乃轉憂為樂之妙訣，是亦忍與怒之效也，應益勉之！」〔註24〕「艱難困苦，窮乏拂亂之來，不是人生的不幸，而是我們的大幸，只要我們忍耐持久，忠貞不撓，便能表明真我，就是上帝的化身。……凡事都與我們人生有益，我們所遭遇的困難拂逆，並非是壓迫我們，而乃是成全我們。」〔註25〕蔣介石在給官兵的演講中也屢屢引用曾國藩的話，並加以闡發：

　　從來「拂逆之端，世世有之，聽其拂逆而動心忍性，且以無敵
　國外患而亡為慮者，聖賢之用心也」。今天我們所遭遇的拂逆頓挫，

〔註23〕本節出自《曾國藩全集・日記二》，嶽麓書社，1988年，第808頁。
〔註24〕《蔣中正總統五記・省克記》，臺北：國史館，2011年，第185～186頁。
〔註25〕《蔣中正總統五記・學記》，臺北：國史館，2011年，第175頁。

敵國外患，比之任何時代，更為劇烈，更為緊迫，大家當前的要務，實莫急於人人以聖賢之用心，人人效法革命先烈的行動，來救黨救國。〔註26〕

忍耐本來是我們中華民族固有的德性，尤其是我們一般革命軍人和革青年所要絕對遵守的教條！我們以後要成功偉大的事業，就要能堅忍不拔，耐勞耐苦，忍辱負重！孟子說：「天之將降大任於斯人也，必先苦其心志，勞其筋骨，餓其體膚，空乏其身，行拂亂其所為，所以動心忍性，增益其所不能！」這一段話就是說明我們革命黨員和革命軍人應有的人格，不僅身要苦，而且心更要苦！要忍得住困苦艱難，耐得起任何的拂逆，……我們以後無論環境怎樣惡劣，所受的打擊怎樣苦痛，甚至出人情理之外，但我們內心無論怎樣痛憤，都不要爆發，務要咬緊牙關，決心忍耐，秉著「持其志毋暴其氣」的教訓，苦心磨練，來增益我們所不能。因此，各位要效法總理大無畏的精神，還要有孟子動心忍性的修養！尤其是一般青年同志，要從事革命，要實現我們偉大的志向，格外要苦其心志，勞其筋骨，餓其體膚，要能耐苦耐勞，忍辱負重！不避危險，不惜犧牲，來貫徹我們革命的目的。〔註27〕

13.9〔註28〕與胡中丞（1）商江南軍事，胡言凡事皆須精神貫注，心有二用則必不能有成。余亦言軍事不日進則日退。二人互許為知言（2）。（曾國藩）

【注釋】

（1）胡中丞：指胡林翼。「中丞」是清朝對巡撫的尊稱。巡撫同時還兼任都察院右副都御史一職，相當於古代的「御史中丞」，所以被稱為「中丞」。胡林翼當時任湖北巡撫。

（2）知言：善於辨析他人言辭，聽到別人說話就知道別人的問題在哪

〔註26〕《總統蔣公思想言論總集‧卷二十九演講》，中國國民黨中央委員會黨史委員會，1984年，第543頁。

〔註27〕《總統蔣公思想言論總集‧卷十七演講》，中國國民黨中央委員會黨史委員會，1984年，第300～301頁。

〔註28〕本節出自《曾國藩全集‧日記一》，嶽麓書社，1987年，第492頁。

裏。孟子弟子公孫丑問孟子有何優長之處，孟子回答說：「我知言，我善養吾浩然之氣。」孟子將「知言」作為自己的兩大長處之一，可見其重視。所以，「知言」並非泛泛說知道別人所言之意。朱熹《孟子集注・公孫丑上》曰：「知言者，盡心知性，於凡天下之言，無不有以究極其理，而識其是非得失之所以然也。」今人傅佩榮說：「『知言』有兩個條件：一是充分瞭解人間事情的因果聯繫，由此形成一種完整的觀點；二是邏輯思辨能力很強，可以就事論事，不受個人因素干擾。」〔註29〕《論語・堯曰》：「不知言無以知人也。」《孟子・公孫丑上》：「『何謂知言？』曰：『詖辭知其所蔽，淫辭知其所陷，邪辭知其所離，遁辭知其所窮。』」孟子說知言就是：偏頗的言辭，要知道它的盲點；過度的言辭，要知道它的執著；邪僻的言辭，要知道它的偏差；閃躲的言辭，要知道它的困境。由以上可知，知言絕非易事。

【譯文】

我與胡林翼中丞商討江南的軍事狀況，胡中丞說凡事都需要精神專注，一心二用必不能成功。我則說如果軍事每天沒有進展，就是每天退步。我們兩人互相贊許對方是「知言」。

【解讀】

曾國藩與胡林翼商討江南軍事。胡林翼強調凡事皆須精神貫注，不能心有二用；曾國藩則說軍事不日進則日退，斷無中立之理。二人所言極易明白，無任何難解之處，但二人卻互許對方為知言，何也？明白字面意思，與有切身體悟完全是兩回事。

曾國藩與胡林翼均為翰林，都走到了科舉的最高點。曾國藩是農家子出身，天資平平；胡林翼是官宦子弟，少年天才。二人的生活世界有很大不同，性格上也有很大反差，因此二人同在京為官，卻少有交集。但後來在對抗太平天國的事業上，二人卻相知日深，惺惺相惜，共同締造了湘軍，被分別稱為湘軍之父和湘軍之母。二人彼此相知，由「知言」而「知人」，亦由「知人」而愈加「知言」。

蔣介石是曾、胡知音，曾、胡所言無不在他那裡產生迴響。對於胡林翼

〔註29〕傅佩榮：《解讀孟子》，上海三聯書店，2007年，第44頁。

所言「精神貫注」，蔣介石教導部下說：「要知道我們作了軍人，越是小的地方，越要精神貫注，不要以為是小的事情，我們就可以原諒；我固然可以原諒你們，但軍事上細微的事情，往往關係非常重大，如果因為大家的疏忽，以致影響到全局的失敗，那如何可以說我們對國家已經盡到了自己的責任？！」〔註30〕對於曾國藩的「不日進則日退」，蔣介石說：「一日不能進步，就勢必日日退步。」〔註31〕

13.10〔註32〕研幾 (1) 工夫最要緊。顏子 (2) 之有不善，未嘗不知，是研幾也。周子 (3) 曰：「幾善惡。」《中庸》曰：「潛雖伏矣，亦孔之昭。」劉念臺 (4) 曰：「卜動念以知幾。」皆謂此也。失此不察，則心放而難收矣。（曾國藩）

【注釋】

（1）研幾（jī）：窮究事物的精微之理。幾：苗頭；預兆。

（2）顏子：指顏回（前521～前481），尊稱顏子，字子淵，亦稱顏淵。孔子最得意的門生。

（3）周子：指周敦頤（1017～1073），原名周敦實，字茂叔，諡號元公，世稱濂溪先生。周敦頤是北宋五子之一，是宋明理學的開山鼻祖。

（4）劉念臺：指劉宗周（1578～1645），字起東，別號念臺，學者稱蕺山先生。明代最後一位儒學大師。

【譯文】

窮究事物精微之理的工夫最要緊。顏淵對自己的不善之處，沒有不知道的，這就是研幾的結果。周敦頤講：「精微之處，可以發現善惡的發端。」《中庸》說：「潛在水裏隱藏起來，還是看到清清楚楚。」劉宗周說：「通過捕捉念頭動的一剎那，就可以知道事情發生之前的細微徵兆。」這些說的都是「研幾」的工夫。如果丟棄這些精微之處不認真體察，則心就會放逸，而難以收束了。

〔註30〕《總統蔣公思想言論總集‧卷十八演講》，中國國民黨中央委員會黨史委員會，1984年，第140～141頁。

〔註31〕《總統蔣公思想言論總集‧卷十六演講》，中國國民黨中央委員會黨史委員會，1984年，第301頁。

〔註32〕本節出自《曾國藩全集‧日記一》，嶽麓書社，1987年，第113頁。又見《曾國藩全集‧讀書錄》，第3頁。

【解讀】

「幾」是中國哲學的重要概念，指事物出現前的細微徵兆。孔子曰：「知幾其神乎！君子上交不諂，下交不瀆，其知幾乎？幾者，動之微，吉之先見者也。君子見幾而作，不俟終日。」（《周易·繫辭傳下》）「知己」就是要瞭解吉凶善惡的兆頭。「研幾」就是為了「知幾」。孔子曰：「顏氏之子，其殆庶幾乎？有不善未嘗不知；知之，未嘗復行也。」（《周易·繫辭傳下》）孔子非常讚賞自己的弟子顏回，稱他差不多是做到知幾了，有了不善之處，沒有不知道的，知道了不善，就不會再去做。

周敦頤說：「誠，無為；幾，善惡。」（《通書·誠幾德第三》）周敦頤認為，「幾」是善惡開始分化的階段。他還進一步解釋說：「寂然不動者，誠也；感而遂通者，神也；動而未形、有無之間者，幾也。誠精故明，神應故妙，幾微故幽。誠、神、幾，曰聖人」（《通書·聖第四》）。「誠」善惡未分，渾然一體的狀態，經過感而遂通的神妙變化，進入到「動而未形、有無之間」的神妙狀態，這就是善惡分化的「幾」的階段。

《中庸》所謂「潛雖伏矣，亦孔之昭」，是說雖然潛在水裏隱藏起來，但還是可以通過仔細觀察看清楚。劉宗周所謂「卜動念以知幾」，是說通過觀察捕捉自己起心動念的一剎那，就可以知道事情發生之前的細微徵兆。

曾國藩稱以上這些都是「研幾」工夫的表現，通過「研幾」工夫的不斷訓練，對自己起心動念的認真觀察，人就會謹言慎行。否則心一旦放逸，就難以收束了。所以，孟子強調「學問之道無他，求其放心而已矣」（《孟子·告子上》）。學問之道沒有別的，就是要時時觀察自己的起心動念，不要把心放逸。如果心放逸了，就要想方設法找回來。

13.11 〔註33〕誦《養氣章》，似有所會，願終身私淑(1)孟子，雖造次顛沛，皆有孟夫子在前，須臾不離，或到死之日，可以仰希萬一。（曾國藩）

【注釋】

（1）私淑：是指未能親自受業，但敬仰並承傳其學術而尊之為師。

【譯文】

我誦讀《孟子》養氣章，似乎有所體會，願意終身以孟子為師，哪怕是

〔註33〕本節出自《曾國藩全集·日記一》，嶽麓書社，1987年，第114頁。

在匆忙急迫、顛沛流離之時，都有孟夫子在前面指引著，片刻不離，或許是到臨死之時，我可以學到孟夫子的萬分之一吧。

【解讀】

　　曾國藩稱誦讀《孟子・養氣章》，有所體會，並稱願終身私淑孟子。蔣介石對孟子的崇拜一定不小於曾國藩，對《孟子・養氣章》更是到了癡迷的程度。他曾經連續十五年，每晚默誦《孟子・養氣章》，當作自己的功課，從未中斷。他在寫給長子蔣經國的信中說：「每日晚課，默誦《孟子・養氣章》，十五年來，未曾或間，自覺於此略有領悟。」〔註34〕在日記中，對部下的演講中，他對《孟子・養氣章》的推崇、介紹，比比皆是。如：

　　　　二十三日，在牯嶺，讀《孟子・養氣章》，曰：「今乃悟孟子養氣之功，在不動心。心不動，則氣得其養。非先養氣，而後不動心也。而不動心之功，又在知言以集義。甚矣！孟子，誠一大政治家也！惜當時各國不用，所以王道之不行也！今日為政，要在得賢。嗚呼！焉得孟子復出哉！」〔註35〕

　　　　我們軍人特別要注重精神修養，尤其要以我們民族的哲學來修養我們的精神；因此我介紹《孟子・養氣章》要各位努力研究。……我們中國的哲學，要徹底明瞭本不容易，而講到精微奧妙之處，更是只可意會，非可言傳，不過有一點我今天可以告訴大家的，就是《孟子・養氣章》對於我們軍人，實與《大學》《中庸》同等重要，而且我們無論研究一種什麼學問——尤其是哲學——都不能專靠教師的指導，必須我們自己潛心研究，身體力行，然後才能獲得真知實學。〔註36〕

13.12〔註37〕**神明（1）則如日之昇，身體則如鼎之鎮，此二語可守者也。惟心到靜極時，所謂未發之中（2），寂然不動（3）之體，畢竟未體驗出**

〔註34〕《總統蔣公思想言論總集・卷三十五文錄》，中國國民黨中央委員會黨史委員會，1984年，第329頁。

〔註35〕《蔣中正總統五記・學記》，臺北：國史館，2011年，第33頁。

〔註36〕《總統蔣公思想言論總集・卷十九演講》，中國國民黨中央委員會黨史委員會，1984年，第157～158頁。

〔註37〕本節出自《曾國藩全集・日記一》，嶽麓書社，1987年，第129頁。又見《曾國藩全集・讀書錄》，第2～3頁。

真境來，意者（4）只是閉藏之極，逗出一點生意來，如冬至一陽初動時乎？貞之固（5）也，乃所以為元也；蟄之壞（6）也，乃所以為啟也；谷之堅實也，乃所以為始播之種子也。然則不可以為種子者，不可謂之堅實之谷也。此中無滿腔生意，若萬物皆資始於我心者，不可謂之至靜之境也。然則靜極生陽，蓋一點生物之仁心也。息息靜極，仁心之不息，其參天兩地（7）之至誠乎？顏子三月不違（8），亦可謂洗心退藏，極靜中之真樂者矣。我輩求靜，欲異乎禪氏入定，冥然罔覺（9）之旨，其必驗之此心，有所謂一陽初動，萬物資始者，庶可謂之靜極，可謂之未發之中，寂然不動之體也。不然，深閉固拒，心如死灰，自以為靜，而生理或幾乎息矣，況乎其不能靜也。有或擾之，不且憧憧（10）往來乎？深觀道體，蓋陰先於陽，信矣。然非實由體驗得來，終掠影之談也。（曾國藩）

【注釋】

（1）神明：靈性。現代心理學的發展揭示了人是由身體、心理和靈性三方面構成的，並且展現了由身走向心，再由心向上提升，走向靈的領域的趨勢。曾國藩這裡所言的超越性的神明，就是在講靈性方面的體驗和認知。

（2）未發之中：語本《中庸》：「喜怒哀樂之未發，謂之中；發而皆中節，謂之和。中也者，天下之大本也；和也者，天下之達道也。」

（3）寂然不動：念頭止息，無思無慮。語出《周易・繫辭上》：「《易》無思也，無為也，寂然不動，感而遂通天下之故。」

（4）意者：表示測度。大概，或許，恐怕。

（5）貞之固：即貞固，堅守正道。貞：正。

（6）蟄之壞：蟄物壞掉。即驚蟄，又稱啟蟄。《說文》曰：蟄，藏也。

（7）參天兩地：亦作參天貳地。為《易》卦立數之義。引申為人之德可與天地相比。《易・說卦》：「參天兩地而倚數。」孔穎達疏：「倚，立也。既用蓍求卦，其揲蓍所得，取奇數於天，取耦數於地。」參：即三。參天即採取「天三」之數（奇數）。兩地，指採取「地二」之數（偶數）。

（8）顏子三月不違：典出《論語・雍也》：「子曰：『回也其心三月不違仁，其餘則日月至焉而已矣。』」

（9）冥然罔覺：恍惚無覺。冥然，恍惚不可捉摸。罔覺：沒有知覺。

（10）憧憧：心意不定。

【譯文】

人之神明如太陽向上攀升，身體則如鼎沉穩鎮定，這兩句話值得堅守啊。心唯有達到極靜之時，即《中庸》所謂「未發之中」和《周易·繫辭上》所謂「寂然不動」的本體的狀態，但畢竟尚未體驗出真正的意境來，恐怕只是封閉隱藏到了極致，引出一點生機之意來，正好像冬至時一陽初動的狀態吧？貞固之操，是萬物循環往復，周流不息的開始；驚蟄過後，萬物開始生發；穀粒堅實飽滿的，才可以作為初始播種的種子。如果不能作為種子的，就不能叫做堅實的穀物。如果心中沒有蘊含滿腔的生機，即使萬物都始於我心而生發，也不能叫做至靜的境界。既然這樣，靜到了極點，便會一陽來生，這是一點兒生長萬物的仁愛之心。氣息達到極靜狀態，而生長萬物的仁心是不止息的，難道這不是可以與天地相比的至誠境界嗎？顏回能做到長期不違仁，也可以稱得上是洗心退藏，於極靜中達到真樂境界的人啦。

我們追求入靜，與禪者入定所追求的恍惚、沒有知覺的主旨不同，必須要驗之於心，有所謂一陽初動，萬物都藉此發生更始的體驗，則差不多可以稱為靜極的境界，以及《中庸》的「未發之中」，《周易·繫辭上》「寂然不動」之本體的境界。如果不這樣，而是自我封閉，固執排斥外界，心如死灰，自以為靜，而生理上也幾乎完全止息了，況且這樣也根本靜不下來。如果有干擾，不是會來來回回的心意不定嗎？深度覺察道之本體，便會發現，陰先於陽的說法是可信的。然而，如果這些不是由自身體驗得來，終究是浮光掠影之談罷了。

【解讀】

道光二十年四月，曾國藩正式進入翰林院為官。翰林的日常工作本來十分清閒，但曾國藩不會讓自己如此清閒。他從道光二十二年十月一日起，向倭仁等人學習，力圖脫胎換骨，全方位「學做聖人」，其中一項內容就是靜坐。靜坐是理學家的重要修養工夫之一。此節文字出自曾國藩十一月十四日的日記，這時正是他非常熱衷於靜坐的時期。十二月七日，他又給自己立了一個日常課程的規矩，其中一條就是靜坐：「每日不拘何時，靜坐半時，體驗來復之仁心，正位凝命，如鼎之鎮。」〔註38〕

〔註38〕《曾國藩全集·日記一》，嶽麓書社，1987年，第138頁。

　　神明如日之昇，身體如鼎之鎮，從靈修角度來看，這是要體驗人之身體、心理、靈性的各自狀態及彼此之間的關係。神明從曾國藩的儒家立場來看，是指「來復之仁心」。如何體驗呢？就是要通過靜坐達到極靜的境界，即《中庸》「未發之中」和《周易・繫辭上》「寂然不動」之本體的狀態。這是一種各種「喜怒哀樂」情緒還未成形發散之前的狀態，也是善惡還未分化的本體，也如王陽明所謂「無善無惡心之體」。但這樣的體驗還不夠，曾國藩稱「畢竟未體驗出真境來」。何以如此呢？《二程遺書・卷十八》載：有人問程子，「喜怒哀樂未發之前求中，可否？」那時當然是純然之靜，人人嚮往。但程子回答說不可能。那只能是人未生之前的感覺，人一旦生下來，就有喜怒哀樂，就是「已發」，如何再講「未發」？因此，曾國藩講要體驗「未發」與「已發」之間，靜極生陽、仁心來復的狀態。

　　曾國藩還強調了儒家之靜坐與佛教禪定之區別。他認為，在靜坐中有所謂一陽初動萬物資始的體驗，就是儒家靜極的境界。冥然罔覺，深閉固拒，心如死灰，生理息矣，則是他所認定的佛教禪定。但他也指出，如果這些不是由自身體驗得來，終究是浮光掠影之談罷了。今人龔鵬程則指出，儒家之靜乃是存養之道。儒家認為人有知覺，又不能不與外物相接，很難靜下來，刻意求靜，反成一執。所以，儒家是在事上求止，不是道家之靜或佛家之定。因此，所謂儒者修靜之心法重在存養此心。後來理學家受佛道二家影響開始提倡靜坐，但儒家靜坐只是一種幫助收斂身心的方法。

　　蔣介石在靜坐問題上，應該是比曾國藩悟入更深。曾國藩由於身體不佳，習練靜坐不久就病倒，後來雖然他依然強調「靜」，但更主要以程子主張的以敬代靜。反而，軍人出身，體質極好的蔣介石對靜坐多有體悟。他仿照曾國藩「日課十二條」做法，也給自己制訂了日課八條，「靜坐省察」便是其中內容之一。曾國藩基本上是每日靜坐一次，而蔣介石卻經常有每日三四次之多，如他說，「今日靜坐四次，故心中靜寂較多；然忿急之意未殺也」；「今日靜坐三次，心體較前安定；惟體認未發之中，乃反少也」；「今日靜坐三次，憧憧多而惺惺少也」〔註39〕。讀書是蔣介石自訂日課之一，他大量閱讀《宋元學案》《明儒學案》等儒家經典，從中借鑒學習靜坐之法。他自己對靜坐也頗有心得：「靜坐之法，喚醒此心，卓然常明，志無所適而已。志無所適，精神自然凝復，不待安排，勿著方所，勿思效驗。初入靜者，不知攝持之法，惟體貼聖

〔註39〕《蔣中正總統五記・省克記》，臺北：國史館，2011 年，第 69 頁。

賢切要之言，自有入處，靜至三日，必臻妙境。」〔註40〕

從蔣介石日記的記述來看，他對自己「靜坐」體驗還是比較滿意的。其中曰：「心身漸有進步，靜坐澄心，二十年如一日，未嘗間斷，始悟所謂道心與人心之別。」〔註41〕「惟對天人合一之道，於朝夕靜坐時，頗多領悟，此或是進步乎？勉之！」〔註42〕「靜坐不息，心神雖未斂翕，然較前安定。」〔註43〕「近日靜坐，覺有進步，此乃看學案之力乎？」〔註44〕「今日晨起靜坐時，偶有所悟，恍然見肅穆雍容、無憂無懼之氣象，不覺樂甚。」〔註45〕對自己靜坐中的不得力處，蔣介石時時反省自責。如曰：「近日性情暴戾，不能自制！夫修養靜坐，孜孜不息者，已三十年，而乃德性毫無進步，且驕慢暴戾益甚，斥人之短，責人之愚，不僅無益，而且公私兩傷，何如設計善導，使之知恥自改之為愈也！夫戒慎恐懼，中和位育之道，朝夕默誦，而乃無裨實用，所學者究何為耶？」〔註46〕

蔣介石與傳統理學家們的靜坐修身活動，略有不同的是，他還是一個虔誠的基督徒，因此，他把儒家靜坐工夫與基督教的靈修默禱融為一體。他說：「今到知天安命之年時矣，自問每日靜坐默禱，仰對聖靈，無愧之時雖多，而猶未能到達聖神純潔之域，機心雜念，不免時擾於中，不知何時能到神明泰然，夷險一致之境也？勉之！」〔註47〕在他那裡，兩種力量有時是相互借力，相互支持的。

13.13〔註48〕「自戒懼而約之，以至於至靜之中，無少偏倚，而其守不失，則極其中而天地位」(1)。此綿綿 (2) 者，由動以之靜也。「自謹獨而精之，以至於應物之處，無少差謬，而無適不然，則極其和而萬物育」(3)。此穆穆 (4) 者，由靜以之動也。（曾國藩）

〔註40〕《蔣中正總統五記‧學記》，臺北：國史館，2011 年，第 47～48 頁。
〔註41〕《蔣中正總統五記‧省克記》，臺北：國史館，2011 年，第 106 頁。
〔註42〕《蔣中正總統五記‧省克記》，臺北：國史館，2011 年，第 180 頁。
〔註43〕《蔣中正總統五記‧省克記》，臺北：國史館，2011 年，第 76 頁。
〔註44〕《蔣中正總統五記‧學記》，臺北：國史館，2011 年，第 204 頁。
〔註45〕《蔣中正總統五記‧學記》，臺北：國史館，2011 年，第 150 頁。
〔註46〕《蔣中正總統五記‧省克記》，臺北：國史館，2011 年，第 235 頁。
〔註47〕《蔣中正總統五記‧省克記》，臺北：國史館，2011 年，第 110 頁。
〔註48〕本節出自《曾國藩全集（修訂版）‧日記之一》，嶽麓書社，2011 年，第 231 頁。又《求闕齋日記類鈔‧問學》。

【注釋】

（1）自戒懼句：語出《中庸章句·第一章》。

（2）綿綿：連續不斷的樣子。

（3）自謹獨句：語出《中庸章句·第一章》。

（4）穆穆：端莊恭敬。

【譯文】

「因為戒懼而約束自己，以至於達到至靜的境界，不要有所偏倚，使所守不喪失，則達到了『中』的境界，天地由此各得其位。」此種連綿不斷的過程，是由動向靜轉變。「由慎獨而日益精進，以至於在待人接物上，沒有任何差繆之處，且沒有什麼不妥當，則達到了『和』的境界，從而萬物化育。」這種端莊恭敬的「穆穆」之態，將由靜向動發展。

【解讀】

《中庸·第一章》曰：「致中和，天地位焉，萬物育焉。」朱熹《中庸章句》對此解釋說：「自戒懼而約之，以至於至靜之中，無少偏倚，而其守不失，則極其中而天地位。」由戒慎恐懼而自我約束，而至靜，而無所偏，而至未發之「中」，而「天地位」，曾國藩認為這一連續過程，體現的是由動到靜的過程。朱熹又說：「自謹獨而精之，以至於應物之處，無少差謬，而無適不然，則極其和而萬物育。」由慎獨而日益精進，以至於應物無所差謬，無所不妥，則達到已發之「和」，而「萬物育」。曾國藩認為，從端莊恭敬之慎獨開始，最終達至萬物生發，體現了由靜到動的過程。蔣介石《科學的學庸》一書對此有深入的闡發：

> 我們只有在內心存著天理本然之善，而無外誘之私，更不為威武所屈，私欲所蔽，既不偏於悲觀而失望，也不偏於樂觀而放佚，止定靜安，泰然自得，這就是未發之中，乃是存養省察的「存」的工夫所由致之，亦就是修身立業之大本，此即所謂中也者，天下之大本也。這亦就是朱子所謂「自戒懼而約之，以至於至靜之中，無稍偏依，而其守不失，則極其『中』而天地位」的境域，這實是闡明「允執厥中」的精義。……至於「和」的意義，乃是心理現象，已經發動時，其一言一行皆能中乎節度，就是喜怒哀樂都不過分，都能恰當，應喜則喜，應怒則怒，當哀則哀，當樂則樂。這中節之

和的現象，乃是存養省察的「養」的工夫所由致之，亦就是處世接物的圭臬，此即所謂和也者，天下之達道也。以軍事來說，我們對部下，應用恩的地方則用恩，適當其量；應用威的時候便用威，不過其度；應賞則賞，賞當其功；應罰則罰，罰當其罪；這就是做到了發而皆中節謂之「和」，亦就是朱子所謂「自慎獨而精之，以至於應物之處，無稍差謬，而無適不然，則極其『和』而萬物育」的地步。就以上所闡述「中和」兩字的意義而言，我認為是皆在發揮「允執厥中」一語的工夫及其致力之所在，其在靜而言謂之「中」，在動而言謂之「和」，亦可說「中」為靜中之「和」，而「和」為動中之「中」，故無論其言「中」與「和」，皆不出乎「允執厥中」的「中」字工夫之外。〔註49〕

13.14〔註50〕「天行健，君子以自強不息」(1)；「地勢坤，君子以厚德載物」(2)。「頤，君子以慎言語，節飲食」(3)；「損，君子以懲忿窒欲」(4)；「益，君子以見善則遷，有過則改」(5)；「鼎，君子以正位凝命」(6)。此六卦之大象，最切於人。頤以養身養德，鼎〔註51〕以養心養腎，尤為切要。（曾國藩）

【注釋】

(1)「天行健，君子以自強不息」：君子應當效法天道的剛健品質，奮發有為，積極進取。語出《周易・乾卦・象》。

(2)「地勢坤，君子以厚德載物」：君子應當取法於地，以深厚的德行

〔註49〕《總統蔣公思想言論總集・卷六專著》，中國國民黨中央委員會黨史委員會，1984年，第96～97頁。

〔註50〕本節出自《曾國藩全集（修訂版）・日記之一》，嶽麓書社，2011年，第237頁。又《求闕齋日記類鈔・問學》。

〔註51〕民國期間的兩個重要版本，此處的「鼎」均為「損」。見費怒春注《增補曾胡治兵語錄注釋》，青年書店，民國二十九年，第274頁。又見《曾胡治兵語錄詳解》，西安大東書局印行，民國三十三年，第134頁。而《黃埔叢書》的軍校版、賈赫解讀的《曾胡治兵語錄白話解》，以及《曾國藩全集（修訂版）》和《求闕齋日記類鈔》均為「鼎」字。但據文意，應為「損」卦比較準確。損卦有「懲忿窒欲」之說，「忿」和「欲」是損害心和腎的。如果能做到「懲忿窒欲」，自然會養心養腎。「鼎」卦象辭曰「鼎，君子以正位凝命」，與「養心養腎」之說關係不大。由此看來，此處的訛誤可能是曾國藩自己的筆誤，故這裡不做改動，一仍其舊。

來承擔責任。語出《周易・坤卦・象》。

（3）「頤，君子以慎言語，節飲食」：君子要謹慎言語，節制飲食。語出《周易・頤卦・象》。

（4）「損，君子以懲忿窒欲」：君子要遏制怒氣，杜絕嗜欲。語出《周易・損卦・象》。

（5）「益，君子以見善則遷，有過則改」：君子見到善行要學習，有過則改。語出《周易・益卦・象》。

（6）「鼎，君子以正位凝命」：君子要端正其位，嚴守使命。語出《周易・鼎卦・象》。

【譯文】

《乾卦・象》曰：「君子應當效法天道的剛健品質，奮發有為，積極進取。」《坤卦・象》曰：「君子應當取法於地，以深厚的德行來承擔責任。」《頤卦・象》曰：「君子要謹慎言語，節制飲食。」《損卦・象》曰：「君子要遏制怒氣，杜絕嗜欲。」《益卦・象》曰：「君子見到善行要學習，有過則改。」《鼎卦・象》曰：「君子要端正其位，嚴守使命。」這六卦的象辭，最切合於人的行事處事原則。頤卦用以養身養德，鼎（損）卦用以養心養腎，這兩卦尤其重要。

【解讀】

曾國藩拈出乾、坤、頤、損、益、鼎六卦，以其最切於人。《易傳・繫辭下》曰：「有天道焉，有人道焉，有地道焉。兼三才而兩之，故六。六者非它也，三才之道也。」若以天地人三才之道論之，乾是天之性，坤是地之性，其他四卦則為人之性。人得萬物之秀而最靈，對天地之道的闡發，最終還是為了人道。《周易・乾卦・文言傳》曰：「大人者，與天地合其德，與日月合其明，與四時合其序，與鬼神合其吉凶。」「大人」即聖賢，欲成聖賢，唯有孳孳不息，進德修業。所以若以僅「人道」論之，這六卦象辭，所言都是修行工夫。其工夫所及，包括了人的身心兩部分，即要求人從自己的身體和心理兩方面下工夫。

曾國藩的歸納，兼顧到天地人的原則，並由天地到人，突出人的地位，又指出，人之進德修業，要兼顧身心兩個方面。因此，曾國藩的總結，不僅提綱挈領，而且確有自己的切身體驗，絕非泛泛之談。

13.15〔註52〕**讀書之道，朝聞道而夕死〔1〕，殊不易易〔2〕。聞道者必真知而篤信之，吾輩自己不能自信，心中已無把握，焉能聞道。（曾國藩）**

【注釋】

（1）朝聞道而夕死：語出《論語·里仁》：「子曰：『朝聞道，夕死可矣。』」

（2）易易：很容易。

【譯文】

讀書之道，所謂「朝聞道，夕死可矣」，並不是一件容易的事。聞道者必須是真正懂得，並且深信不疑。我們自己尚且不能相信，心中就已經沒了把握，如何能聞道？

【解讀】

「道」是人生的理想和價值所在，瞭解了人生真諦，就可以遵照奉行，死而無憾。如《論語·泰伯》所說，「篤信好學，守死善道」。這種貫穿生死的「道」，好比孔子強調的「仁」和孟子強調的「義」，為了追求「仁」和「義」，不惜犧牲生命。《論語·衛靈公》曰：「志士仁人，無求生以害仁，有殺身以成仁。」《孟子·告子上》曰：「生，亦我所欲也；義，亦我所欲也。二者不可得兼，舍生而取義也。」孔子的「殺身成仁」，孟子的「捨生取義」，是「朝聞道，夕死可矣」的最佳注腳。蔣介石稱：「以『朝聞道，夕死可矣』的精神，振起『殺身成仁，捨生取義』的大智大勇，來做救國救民的革命事業！古今中外凡能成大事立大業的，莫不如此。」〔註53〕

曾國藩稱「朝聞道，夕死可矣」，並不是一件容易的事。他所謂不容易並不是說不敢去死，而是說必須對人生之道，深信不疑，一旦將信將疑，就不可能相信所聽的是「道」，是人生真諦。基督教特別強調信的重要性，主張「因信稱義」，意為因著信基督，而成為義人，而得到拯救。可見這個「信」的能量有多大。曾國藩所強調的就是希望儒家信徒，也能有如此堅定的信仰。

13.16〔註54〕**餘生平略述先儒之書，見聖賢教人修身，千言萬語，而要以不忮不求〔1〕為重。忮者，嫉賢害能，妒功爭寵，所謂「忮者不能修，**

〔註52〕本節出自《曾國藩全集·日記一》，嶽麓書社，1987年，第355頁。
〔註53〕《總統蔣公思想言論總集·卷十二演講》，中國國民黨中央委員會黨史委員會，1984年，第353頁。
〔註54〕本節出自《曾國藩全集·家書二》，嶽麓書社，1985年，第1370頁。

忌者畏人修」(2) 之類也。求者，貪利貪名，懷土懷惠 (3)，所謂「未得患得，既得患失」(4) 之類也。忮不常見，每發露於名業相侔 (5) 勢位相埒 (6) 之人；求不常見，每發露於貨財相接，仕進相妨之際。將欲求造福，先去忮心，所謂「人能充無欲害人之心，而仁不可勝用也」(7)。將欲立品，先去求心，所謂「人能充無穿窬之心，而義不可勝用也」(8)。「忮」不去，滿懷皆是荊棘；「求」不去，滿腔日即卑污。余於此二者，常加克治，恨尚未能掃除淨盡。爾等欲心地乾淨，宜於此二者，痛下工夫，並願子孫世世戒之。（曾國藩）

【注釋】

（1）不忮（zhì）不求：不妒忌，不貪求。忮，妒忌。求，貪求。語出《詩經‧邶風‧雄雉》：「不忮不求，何用不臧。」

（2）「怠者不能修，忌者畏人修」：語出韓愈《原毀》：「怠者不能修，而忌者畏人修」。

（3）懷土懷惠：語出《論語‧里仁》：「子曰：君子懷德，小人懷土；君子懷刑，小人懷惠。」程樹德集釋曰：「君子終日所思者，是如何進德修業。小人則求田問舍而已。君子安分守法。小人則唯利是圖。」意為：君子關心道德、法度；小人關心土地、實惠。

（4）「未得患得，既得患失」：語出《論語‧陽貨》：「子曰：其未得之也，患得之；既得之，患失之。」即成語患得患失之意。

（5）相侔（móu）：亦作「相牟」。相等；同樣。

（6）相埒（liè）：相等。

（7）「人能充無欲害人之心，而仁不可勝用也」：語出《孟子‧盡心下》。

（8）「人能充無穿窬之心，而義不可勝用也」：語出《孟子‧盡心下》。穿窬（yú）：指翻牆頭或鑽牆洞的盜竊行為，亦指進行這種行為的竊賊。

【譯文】

我生平對先儒之書略有傳述，發現古聖先賢教人修身，千言萬語，最重要的就是「不忮不求」。所謂「忮」，就是嫉賢妒能，妒功爭寵，即韓愈《原毀》所批評的「懶惰的人不上進，嫉妒的人害怕別人上進」一類人。所謂「求」，貪利貪名，關心的是田產和實惠，即孔子在《論語》中批評的「未得患得，既

得患失」一類人。忮，一般並不常見，只顯現在名望相當和地位相等的人之間；求，也並不常見，一般多見於有財物關係之時，以及仕途妨害之際。要想造福當下，必先要去除「忮」心，正如孟子所謂：「人能夠擴充不願害人之心，仁就用不盡了。」想要樹立自己的品格，先要去除「求」心，如孟子所謂：「人能夠擴充不願挖洞穿牆之心，義就用不盡了。」「忮」不除去，心中就是荊棘叢生；「求」不去除，心靈就會日益卑污。我對於這兩者，常常加以克服、對治，所恨的是還沒能將它們清除乾淨。你等要想心地乾淨，應當在這兩方面痛下工夫，並且要求子孫世世代代以此為戒。

【解讀】

曾國藩總結先儒先賢教人修身，認為千言萬語，不過「不忮不求」四字。「不忮不求」出自《詩經‧邶風‧雄雉》：「不忮不求，何用不臧。」意為，若不嫉恨貪求，哪有什麼不好呢。孔子曾以此語稱讚子路，《論語‧子罕》：子曰：「衣敝縕袍，與衣狐貉者立，而不恥者，其由也與？『不忮不求，何用不臧？』」孔子稱讚子路說，一個人穿著破棉袍與穿華貴裘袍的貴族站在一起而沒感到羞愧的，大概只有子路吧！並引用「不忮不求，何用不臧」來肯定子路的品格風範。「不忮不求」，即不妒忌，不貪求，曾國藩將「忮」和「求」作為自己修身需要克服和對治重要內容，力圖將其清除殆盡。

蔣介石非常認同曾國藩的這一主張，提出：「立志以天地萬物為心，立品以不忮不求為心」〔註55〕在日記中，他多次以「不忮不求」勉勵自己：「忍辱負重，不忮不求二語，須記之，省之！」〔註56〕「不忮不求，何用不臧。動心忍性，益其不能。」〔註57〕「連日天熱勞頓，時局緊張，心殊苦悶，既回京，自省曰：『此余懷恨挾嫌之見太重，忮求之心太切也，戒之！』六月八日，在南京，自省曰：『今日忮忍之念太甚，戒之！』」〔註58〕

13.17〔註59〕附作《忮求詩》二首錄下：
善莫大於恕，德莫凶於妒。妒者妾婦行，瑣瑣奚比數！

〔註55〕《蔣中正總統五記‧省克記》，臺北：國史館，2011年，第29頁。
〔註56〕《蔣中正總統五記‧省克記》，臺北：國史館，2011年，第13頁。
〔註57〕《蔣中正總統五記‧學記》，臺北：國史館，2011年，第150頁。
〔註58〕《蔣中正總統五記‧省克記》，臺北：國史館，2011年，第15頁。
〔註59〕本節出自《曾國藩全集‧家書》，嶽麓書社，1985年，第1371～1372頁。又見《曾國藩全集‧詩文》，第38～39頁。

己拙忌人能，己塞忌人遇，己若無事功，忌人得成務。

己若無黨援，忌人得多助。勢位苟相敵，畏逼又相惡。

己無好聞望，忌人文名著；己無賢子孫，忌人後嗣裕。

爭名日夜奔，爭利東西鶩。但期一身榮，不惜他人污。

聞災或欣幸，聞禍或悅豫，問渠何其然？不自知其故！

爾室神來格（1），高明鬼所顧。天道常好還，嫉人還自誤。

幽明叢詬忌，乖氣（2）相倚伏，重者栽（3）汝躬，輕說減汝祚（4）。

我今告後生，悚然大覺悟。終身讓人道，曾不失寸步。

終身祝人善，曾不損尺布。消除嫉妒心，普天零甘露，

家家獲吉祥，我亦無恐怖。（右不忮）

知足天地寬，貪得宇宙隘。豈無過人姿，多欲為患害。

在約每思豐，居困常求泰，富求千乘車，貴求虧釘帶。

未得求速償（5），既得求勿壞。芬馨比椒蘭，磐固方泰岱。

求榮不知厭，志亢神愈忕（6）。歲燠（7）有時寒，日明有時晦。

時來多善緣，運去生災怪。諸福不可期，百殃紛來會。

片言動招尤，舉足便有礙。戚戚抱殷尤（8），精爽日凋瘵（9）。

矯首望八荒，乾坤一何大。安榮無遽欣，患難無遽憨（10）。

君看十人中，八九無倚賴。人窮多過我，我窮猶可耐。

而況處夷途（11），奚事生嗟憝？於世少所求，俯仰有餘快。

俟命堪終古，曾不願乎外。（右不求）（曾國藩）

【注釋】

（1）爾室神來格：神明來到你的房間。格：來，至。語出《詩經・大雅・抑》：「相在爾室，尚不愧于屋漏。無曰不顯，莫予云覯；神之格思，不可度思，矧可射思？」意為：看著你獨處室中，在陰暗的地方還無愧於心。不要說什麼是不明顯的，不要以為別人看不見，神明的來臨是不可猜度的，怎能厭倦不敬嗎？

（2）乖氣：邪惡之氣，不祥之氣。

（3）栽：同災。

（4）祚：指福，賜福。

（5）償：滿足。

（6）忕：奢侈。

（7）燠（yù）：暖，熱。

（8）殷尤：同隱憂。

（9）凋瘵（zhài）：衰敗；困乏。

（10）懟（duì）：怨恨，憎惡。

（11）夷途：平坦的道路。

【譯文】

作《忮求詩》二首附錄於後：

善莫大於恕，（德行之善莫過於恕）

德莫凶於妒。（德行之壞莫過於妒忌）

妒者妾婦行，（妒忌是妾婦的行為）

瑣瑣奚比數！（瑣碎小事何必計較）

己拙忌人能，（自己拙劣妒忌別人有才能）

己塞忌人遇，（自己不順妒忌別人境遇好）

己若無事功，（自己若沒有建立事功）

忌人得成務，（便嫉妒別人成就事業）

己若無黨援，（自己若沒有同黨援助）

忌人得多助。（便嫉妒別人得到幫助）

勢位苟相敵，（權勢地位差不多）

畏逼又相惡。（怕別人逼迫遭人厭惡）

己無好聞望，（自己沒有什麼好名望）

忌人文名著；（便嫉妒別人文名卓著）

己無賢子孫，（自己沒有有賢德的子孫）

忌人後嗣裕。（便嫉妒別人子嗣眾多）

爭名日夜奔，（爭名聲日夜奔忙）

爭利東西鶩。（爭利益東西奔走）

但期一身榮，（期望自己一身榮耀）

不惜他人污。（不惜污蔑他人）

聞災或欣幸，（聞聽別人受災慶幸欣喜）

聞禍或悅豫，（聞聽別人有禍而喜悅）

問渠何其然？（問他何以如此）

不自知其故！（不自知其緣故）

爾室神來格，（你的房間神明會來臨）

高明鬼所顧。（你若崇高明睿，鬼也會有所照顧）

天道常好還，（天道運行果報不爽）

嫉人還自誤。（嫉妒的人自己誤自己）

幽明叢詬忌，（神鬼也憎恨他）

乖氣相倚伏，（邪惡不祥之氣跟隨著他）

重者栽汝躬，（重者災禍臨到他）

輕說減汝祚。（輕的也會減你的福分）

我今告後生，（我今天告訴後生們）

悚然大覺悟。（趕緊驚醒覺悟）

終身讓人道，（終身讓道給別人）

曾不失寸步。（你也未曾失去寸步）

終身祝人善，（一輩子祝福別人有好事）

曾不損尺布。（你也未曾損失一尺布）

消除嫉妒心，（消除了嫉妒心）

普天零甘露，（普天都會降甘露）

家家獲吉祥，（家家獲吉祥）

我亦無恐怖。（我等也不會有何可怕的事了）

（以上為《不忮》）

知足天地寬，（若知足會覺得天地寬闊）

貪得宇宙隘。（貪得無厭會覺得宇宙也很狹小）

豈無過人姿，（哪裏是無過人之處）

多欲為患害。（都是欲望太多害的）

在約每思豐，（在貧窮時常想富有）

居困常求泰，（在困難時常求舒泰）

富求千乘車，（富時必欲求千乘之車）

貴求萬釘帶。（貴時必欲求萬釘寶帶，）

未得求速償，（沒有得到就求快些得到）

既得求勿壞。（得到之後又求不要失去）

芬馨比椒蘭，（芬芳要比得上椒蘭一樣）

磐固方泰岱。（地位穩固要像泰山一樣）

求榮不知厭，（貪求榮耀不知滿足）

志亢神愈忕。（志向亢進心神愈加奢求）

歲燠有時寒，（天氣暖終有寒時）

日明有時晦。（天明總有天黑時）

時來多善緣，（時候到了善緣就會多）

運去生災怪。（運氣沒了就會生災怪）

諸福不可期，（各種福分無法期求）

百殃紛來會。（各種禍害反而紛至沓來）

片言動招尤，（一句話動輒招人怨尤）

舉足便有礙。（一舉足便會有障礙）

戚戚抱殷尤，（戚戚憂懼中懷有隱憂）

精爽日凋瘵。（精神會日益凋敝）

矯首望八荒，（舉首望八方）

乾坤一何大。（天地何其大）

安榮無邊欣，（得榮譽何足歡欣）

患難無邊憝。（遇患難何足怨恨）

君看十人中，（你看十人中）

八九無倚賴。（八九無倚賴）

人窮多過我，（別人窮困多超過我）

我窮猶可耐。（我窮困仍然可以忍耐）

而況處夷途，（況且處於平坦大道）

奚事生嗟憊？（還有什麼事值得歎氣呢）

於世少所求，（對世間少一些貪求）

俯仰有餘快。（生活總會愉快）

俟命堪終古，（聽天由命終此一生）

曾不願乎外。（不須向外索求）

（以上為《不求》）

【解讀】

　　上一節和本節都出自曾國藩於同治九年（1870）六月初四寫給兒子曾紀澤和曾紀鴻的信。曾國藩寫這封信前發生了震驚中外的天津教案，作為直隸

總督兼北洋大臣的曾國藩，正準備前往天津處理此案。他信中說：「外國性情
兇悍，津民習氣浮囂，俱難和葉，將來構怨興兵，恐致激成大變。」〔註60〕
曾國藩擔心自己此去凶多吉少，專門寫此長信以安排後事，囑咐二子不忮不
求。在此種情形下，曾國藩的囑咐一定是發自肺腑，絕無虛飾之辭。

　　曾國藩此處所作《忮求詩》二首，一是《不忮》，一是《不求》。在這二首
詩中，他從方方面面講述了忌妒和貪求的種種表現，以及忌妒和貪求所帶來
的害處，還有不忌妒、不貪求的益處。曾國藩視此為自己一生最重要的人生
經驗，在自己生命的最後關頭一定交代給最親近的人。

13.18〔註61〕日課四條：

一曰慎獨則心安。自修之道，莫難於養心。心既知有善，知有惡，而不
能實用其力，以為善去惡，則謂之自欺。方寸之自欺與否，蓋他人所不
及知，而己獨知之。故《大學》之《誠意》章，兩言慎獨。果能好善如
好好色（1），惡惡如惡惡臭（2），力去人慾以存天理，則《大學》之所謂
自慊（3），《中庸》之所謂戒慎恐懼，皆能切實行之。即曾子之所謂自反
而縮（4），孟子之所謂仰不愧、俯不怍，所謂養心莫善於寡欲，皆不外
乎是。故能慎獨，則內省不疚，可以對天地，質鬼神，斷無行有不慊於
心則餒之時。人無一內愧之事，則天君泰然，此心常快足寬平，是人生
第一自強之道，第一尋樂之方，守身之先務也。

二曰主敬則身強。敬之一字，孔孟持以教人，春秋士大夫亦常言之。至
程、朱則千言萬語，不離此旨。內而專靜純一，外而整齊嚴肅，敬之工
夫也。「出門如見大賓，使民如承大祭」（5），敬之氣象也。「修己以安百
姓」（6），「篤恭而天下平」（7），敬之效驗也。程子謂：「上下一於恭敬，
則天地自位，萬物自育，氣無不和，四靈畢至，聰明睿智，皆由此出，
以此事天饗帝。」（8）蓋謂敬則無美不備也。吾謂敬字切近之效，尤在
能「固人肌膚之會，筋骸之束」（9）。「莊敬日強，安肆日偷」（10），皆自
然之徵應。雖有衰年病軀，一遇壇廟祭獻之時，戰陣危急之際，亦不覺
神為之悚，氣為之振，斯足知敬能使人身強矣。若人無眾寡，事無大小，

〔註60〕《曾國藩全集‧家書二》，嶽麓書社，1985年，第1369頁。
〔註61〕本節出自《曾國藩全集‧家書二》，嶽麓書社，1985年，第1393～1395頁。

一一恭敬，不敢懈慢，則身體之強健，又何疑乎？

三曰求仁則人悅。凡人之生，皆得天地之理以成性，得天地之氣以成形。
我與民物，尤大本同出一源，若但知私己，而不知仁民愛物，是於大本
一源之道，已悖而失之矣。至於尊官厚祿，高居人上，則有拯民溺，救
民饑之責。讀書學古，粗知大義，即有覺後知，覺後覺之責。若但知自
了，而不知教養庶匯(11)，是於天之所以厚我者辜負甚大矣。孔門教人，
莫大於求仁，而其最切者，莫要於欲立立人、欲達達人(12)數語。立者
自立不懼，如富人百物有餘，不假外求；達者四達不悖，如貴人登高一
呼，群山四應。人孰不欲己立己達，若能推以立人達人，則與物同春矣。
後世論求仁者，莫精於張子之《西銘》。彼其視「民胞物與」(13)，宏濟
群倫，皆事天者性分當然之事，必如此，乃可謂之人，不如此，則曰悖
德，曰賊。誠如其說，則雖盡立天下之人，盡達天下之人，而曾無善勞
(14)之足言(15)，人有不悅而歸之者乎？

四曰習勞則神欽。凡人之情，莫不好逸而惡勞，無論貴賤智愚老少，皆
貪逸而憚於勞，古今之所同也。人一日所著之衣，所進之食，與一日所
行之事，所用之力相稱，則旁人韙(16)之，鬼神許之，以為彼自食其力
也。若農夫織婦，終歲勤動，以成數石之粟，數尺之布；而富貴之家，
終歲逸樂，不營一業，而食必珍羞，衣必錦繡，酣豢(17)高眠，一呼百
諾。此天下最不平之事，鬼神所不許也。其能久乎？古之聖君賢相，若
湯之昧旦不顯(18)，文王日昃不遑(19)，周公夜以繼日、坐以待旦，蓋
無時不以勤勞自勵。《無逸》一篇，推之於勤則壽考(20)，逸則夭亡，
歷歷不爽。為一身計，則必操習技藝，磨煉筋骨，困知勉行，操心危慮，
而後可以增智慧而長才識。為天下計，則必己饑己溺，一夫不獲，引為
餘辜(21)。大禹之周乘四載，過門不入、墨子之摩頂放踵，以利天下，
皆極儉以奉身，而極勤以救民。故荀子好稱大禹、墨翟之行，以其勤勞
也。軍興以來，每見人有一材一技，能耐艱苦者，無不見用於人，見稱
於時；其絕無材技，不慣作勞者，皆唾棄於時，饑凍就斃。故勤則壽，
逸則夭；勤則有材而見用，逸則無能而見棄；勤則博濟斯民，而神祇欽
仰，逸則無補於人，而神鬼不歆。是以君子欲為人神所憑依，莫大於習
勞也。（曾國藩）

【注釋】

（1）好（hào）好（hǎo）色：喜好美色。好色：指美麗女子。

（2）惡（wù）惡（è）臭（xiù）：厭惡惡劣的氣味。臭（xiù）：氣味。

（3）自慊（qiè）：自足；自快。慊：滿足，滿意。

（4）自反而縮：語出《孟子·公孫丑上》：「自反而縮，雖千萬人，吾往矣。」意為：自我反省是理直氣壯的，雖然是千軍萬馬，我也勇往直前。縮：直。

（5）出門如見大賓，使民如承大祭：出門如同會見貴賓一樣莊重，役使老百姓如同盛大祭祀一樣恭敬。語出《論語·顏淵》。

（6）修己以安百姓：修養自身，安頓百姓。語出《論語·憲問》。

（7）篤恭而天下平：做到純厚恭敬就會天下太平。語出《中庸》

（8）「上下一於恭敬」句：語出《二程遺書·卷六》：「惟上下一於恭敬，則天地自位，萬物自育，氣無不和，四靈何有不至？……聰明睿智，皆由此出，以此事天饗帝。」饗帝（xiǎng）：祭祀天帝。

（9）固人肌膚之會，筋骸之束：能使人的肌膚的會合、筋骨的連接都能得到強固。語出《禮記·禮運》。

（10）莊敬日強，安肆日偷：端正恭敬，身體就會日益強健；安逸放肆，身體就會日益苟且。語出《禮記·表記》。

（11）庶匯：萬類。

（12）欲立立人、欲達達人：語出《論語·雍也》：「己欲立而立人，己欲達而達人」。

（13）民胞物與：民為同胞，物為同類。泛指愛一切人和物。語出張載《西銘》：「民吾同胞，物吾與也。」

（14）善勞：語出《論語·公冶長》：「願無伐善，無施勞。」意為：不誇耀自己的長處，不表白自己的功勞

（15）足言：用完美的文采誇飾言語。

（16）韙（wěi）：是，對。

（17）酖豢（huàn）：沉溺於享樂之中。

（18）昧旦丕顯：天不亮就起床，思考如何光大自己的德業。昧旦，天色未亮時；丕顯，顯揚，光大。丕：大。

（19）日昃（zè）不遑：太陽偏西了還沒來得及吃飯。《尚書·無逸》：「自

朝至於日中昃，不遑暇食，用咸和萬民。」俞正燮《癸巳類稿‧復語解》：「文王勤於朝政，過食時，至日中或日昃始食，然猶不遑為暇食之象。」

（20）壽考：年高；長壽。

（21）餘辜：抵償不盡的罪愆。

【譯文】

每日功課四條：

一曰：慎獨則心安。自我修身之道，沒有比養心更難的了。心裏既以知道有善、有惡，但還是無法身體力行、為善去惡，這就是自己欺騙自己。心裏是否自欺，他人是無法知道的，只有自己知道。因此，《大學》的《誠意》章，兩次講到「慎獨」。如果真能做到喜好「善」如同喜好「美色」，厭惡「惡」如同厭惡「臭味」一樣，努力根除貪欲，保存天理，則《大學》所謂的「自慊」，《中庸》所謂的「戒慎恐懼」，就都能夠切實而行。即使曾子所謂的「自反而縮」，孟子所謂的「仰不愧於天、俯不怍於地」，以及他所謂「養心莫善於寡欲」等等，全都不外乎這樣。所以，如果能夠做到「慎獨」，則就會自我反省時不愧疚，可以對得起天地，接受鬼神的質問，絕對沒有「行有不慊於心則餒」的時候。人如果做到沒有一件有愧於內心之事，則心裏就會泰然處之。心裏常常快樂滿足，寬慰平和，是人生第一自強之道，第一尋樂之方，堅守自身的第一要務。

二曰：主敬則身體強健。「敬」這個字，孔子、孟子用以教人，春秋時期士大夫也常常說到，到了宋代二程和朱熹的時候，則是千言萬語，都不離「敬」之宗旨。內心專靜純一，外在整齊嚴肅，就是敬的工夫。孔子所謂「出門如見大賓，使民如承大祭」，這說的是敬的氣象。還有孔子所謂「修己以安百姓」，以及《中庸》所謂「篤恭而天下平」，這說的是敬的效果和作用。程子所謂：「只要上上下下都能有恭敬的態度，天地就各安其位，萬物就自然生長發育，氣也無不和順，麟鳳龜龍四靈悉數出現，聰明睿智，都由此產生，以此事奉上天，祭祀天帝。」這說的是能夠敬則無美不備。我認為，敬字最現實的功效，尤其在於能使人的肌膚的會合、筋骨的連接都能得到強固。端正恭敬，身體就會日益強健；安逸放肆，身體就會日益苟且。這些都是自然界的徵驗。雖是衰老疾病之軀，一旦遇到祭祀大典，以及戰陣危急之際，也會精神為之悚動，士氣為之一振，這足以證明敬能使人身體強健了。如果人不

論多少，事無論大小，都能一一恭敬，不敢有絲毫鬆懈怠慢，那麼人身體的強健，又有什麼可懷疑的呢？

三曰：追求仁愛則人就會喜悅。舉凡人的生命，都是得知天地之理以成其本性，得天地之氣以成其外在形象。我、百姓和世間萬物，在大本上是同出一源，若只是知道一己之私，而不懂得仁愛百姓、關愛萬物，就是背離了大本一源、萬物一體的大道。至於那些高官厚祿、高居人上之人，則有拯救百姓脫離災難、饑荒的責任。讀書向古聖先賢學習，粗知聖賢大義後，就有教化啟迪後知後覺的責任。如果只知道成就自己，而不知道教養天下眾生，便是對上天如此厚待我們辜負太多了。孔子教人，最重要的就是求仁，而其中最關鍵的莫過於「己欲立而立人，己欲達而達人」這句話。所謂立，就是自立於不懼怕之地，如富人百物充足，一切不假外求；所謂達，就是四方暢通而不違背，好比尊貴之人登高一呼，群山四應。人誰不想要自己能「立」、能「達」，但是如果能推己及人，能夠使人「立」、使人「達」，則就是萬物一體，和諧共存了。後世論求仁之道的，沒有比張載的《西銘》更精到的了。他把民視為同胞，物視為同類，一概施以救濟，這是效法天道的人，本性所當為的本分之事。只有如此，才可以稱之為人，不如此，就是悖德，就是害仁之賊。如果真如張載所說，做到使天下人都能「立」、能「達」，而且還沒有對自己的長處和功勞極力誇飾，這樣的仁人，誰會不心悅誠服地歸向他呢？

四曰：習於勤勞則神明欽敬。人之常情，沒有不是好逸惡勞的，無論是貴賤、智愚、老少，都是貪圖安逸而不願勞動的，古今人都是一樣。如果人一天所穿的衣服，所吃的食物，與一天所做的事，所用的力相稱，那麼旁人會認可他，鬼神也會稱許他，因為他是自食其力。如果農夫織婦，終年辛勞，才收穫幾石粟，幾尺布；而富貴之家，終年安逸享樂，不做任何謀生事情，卻吃的是珍饈美味，穿的是錦繡綾羅，每日酣酒吃肉，高枕安眠，一呼百應。這真是天下最不公平的事，鬼神也不會允許，怎麼能長久呢？古時候的聖君賢相，商湯天不亮就起床，思考如何光大自己的德業；周文王太陽偏西了還沒來得及吃飯；周公勤於政事，常常夜以繼日、坐以待旦。他們無時不以勤勞自我勉勵。《尚書・無逸》一篇，推論說，勤勞則會高壽，貪圖安逸就會折壽，說的真是清清楚楚，沒有不如此的。為自己一身打算，則必須操習一些技藝，磨煉筋骨，遇困而求知並盡力實行，多操心苦思，然後才可能增長智慧和才

識。若為天下打算，就要如同自己飢餓，自己遭困一樣，只要有一人沒有獲救，就引為自己的過錯。大禹治水四年，三過家門而不入，墨子為了有利於天下，從頭到腳都磨傷也在所不惜。這些都是以極端節儉對待自己，以極端勤勞來拯救百姓的榜樣。因此，荀子喜歡稱道大禹和墨子的行為，就是因為他們的勤勞。湘軍興起以來，每見到人有一技一能，又能吃苦耐勞的，沒有不被重用，不被贊許的。而那些沒有任何技能，又不願吃苦的，都不被人所用，以致飢寒交迫而死。所以，勤勞則長壽，安逸則夭亡；勤勞則會有才幹而被重用，安逸則無才能而不被所用；勤勞則能廣救百姓，神祇也會欽仰；安逸則對人毫無幫助，神鬼也不喜歡。所以君子要想成為神人都有所憑依的人，最重要的莫過於習於勤勞了。

【解讀】

儒家講「內聖外王」，內聖的起點就是修身，《大學》提出「自天子以至於庶人，壹是皆以修身為本」，因此，修身是儒者一生的功課。曾國藩一生為自己制訂過好幾次系統的修身課程。他在翰林院就職不久，從道光二十二年十月一日起，受倭仁等人影響，要脫胎換骨，全方位「學做聖人」。為此，他給自己訂下了《課程十二條》，內容如下：

一、主敬：整齊嚴肅，無時不懼。無事時心在腔子裏，應事時專一不雜。清明在躬，如日之昇。

二、靜坐：每日不拘何時，靜坐四刻，體驗來復之仁心。正位凝命，如鼎之鎮。

三、早起：黎明即起，醒後不沾戀。

四、讀書不二：一書未完，不看他書。東翻西翻，徒務外為人。

五、讀史：廿三史，每日圈點十頁，雖有事不間斷。

六、謹言：刻刻留心，第一工夫。

七、養氣：氣藏丹田，無不可對人言之事。

八、保身：節勞，節欲，節飲食。

九、日知其所亡：每日讀書，記錄心得語。

十、月無忘其所能：每月作詩文數首，以驗積理之多寡，養氣之盛否。

十一、作字：飯後寫字半時。凡筆墨應酬，當作自己課程。凡事不待明日，取積愈難清。

十二、夜不出門：曠功疲神，切戒切戒。〔註62〕

道光二十四年三月初十，他在給弟弟們的長信中附錄《五箴》一首。《五箴》是他用於修身的五種方法。如下：

五箴（並序）

少不自立，荏苒遂淚〔洎〕今茲。蓋古人學成之年，而吾碌碌尚如斯也。不其戚矣！繼是以往，人事日紛，德慧日損，下流之赴，抑又可知。夫疢疾所以益智，逸豫所以亡身，僕以中材而履安順，將欲刻苦而自振拔，諒哉其難之歟！作《五箴》以自創云：

立志箴　煌煌先哲，彼不猶人。藐焉小子，亦父母之身。聰明福祿，予我者厚哉！棄天而侮，是及凶災。積悔累千，其終也已。往者不可追，請從今始。荷道以躬，輿之以言。一息尚活，永矢弗諼。

居敬箴　天地定位，二五胚胎。鼎焉作配，實曰三才。嚴恪齋明，以凝女命。女之不莊，伐生戕性。誰人可慢？何事可弛？弛事者無成，慢人者反爾。縱彼不反，亦長吾驕。人則下女，天罰昭昭。

主靜箴　齋宿日觀，天雞一鳴。萬籟俱息，但聞鐘聲。後有毒蛇，前有猛虎。神定不懾，誰敢餘侮？豈伊避人，日對三軍。我慮則一，彼紛不紛。馳騖半生，曾不自主。今其老矣，殆擾擾以終古。

謹言箴　巧語悅人，自擾其身。閒言送日，亦攪女神。解人不誇，誇者不解。道聽途說，智笑愚駭。駭者終明，謂女實欺。笑者鄙女，雖矢猶疑。尤侮既叢，銘以自攻。銘而復蹈，嗟女既耄。

有恆箴　自吾識字，百歷洎茲。二十有八載，則無一知。曩之所忻，閱時而鄙。故者既拋，新者旋徙。德業之不常，日為物遷。爾之再食，曾未聞或愆。黍黍之增，久乃盈門。天君司命，敢告馬走。〔註63〕

曾國藩晚年又總結古人修身工夫的效果最顯著的四個方面，他說：「細思

〔註62〕《曾國藩全集·日記一》，嶽麓書社，1987年，第138頁；又《曾國藩全集·詩文》，嶽麓書社，1986年，第396頁；又《曾國藩全集·家書一》，嶽麓書社，1985年，第49頁。三處文字略有不同。

〔註63〕《曾國藩全集·家書一》，嶽麓書社，1985年，第81～82頁。

古人工夫，其傚之尤著者，約有四端：曰慎獨則心泰，曰主敬則身強，曰求仁則人悅，曰思誠則神欽。」〔註64〕不久他又對這四個方面作了一些調整，將「思誠則神欽」改為「耐苦則神欽」，「蓋必廉於取而儉於用，勞於身而用於心，而後為鬼神所欽伏，皆耐苦之事也。」〔註65〕後來，曾國藩將這四條修身工夫，正式確定為本節所示內容，即慎獨則心安、主敬則身強、求仁則人悅、習勞則神欽，並進行了詳盡闡發，「令二子各自勖勉，每夜以此四條相課，每月終以此四條相稽，仍寄諸姪共守，以期有成焉。」〔註66〕一年之後，曾國藩又將此四條擴充，使修身工夫發展至八條。他說：

> 前曾以四語自儆，曰：慎獨則心安，主敬則身強，求仁則人悅，習勞則神欽。近日又添四語，曰內訟以去惡，曰日新以希天，曰宏獎以育才，曰貞勝以蒙難。與前此四語，互相表裏，而下手工夫，各有切要之方。不知垂老，尚能實踐一二否。〔註67〕

曾國藩寫下這篇日記，僅兩個多月後就離開了這個世界。可以說，曾國藩一直到生命的最後關頭，仍然在考慮如何完善修身的工夫，如提升自己的人生境界。

〔註64〕《曾國藩全集·日記三》，嶽麓書社，1989年，第1785頁。
〔註65〕《曾國藩全集·日記三》，嶽麓書社，1989年，第1793頁。
〔註66〕《曾國藩全集·家書二》，嶽麓書社，1985年，第1395頁。
〔註67〕《曾國藩全集·日記三》，嶽麓書社，1985年，第1921頁。

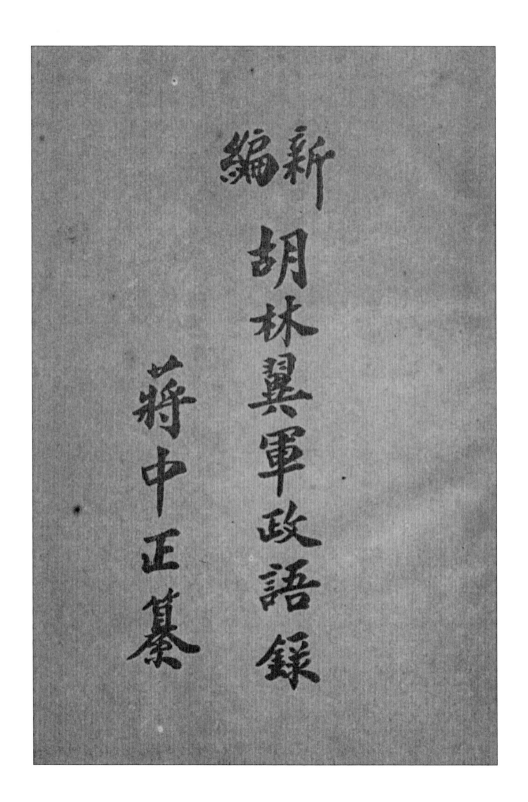

新編

胡林翼軍政語錄

蔣中正　集

附錄一：《新編胡林翼軍政語錄》

蔣中正纂

蔣中正序

民十三，予長黃埔軍校時，曾取蔡松坡所輯《曾胡治兵語錄》而增補印行，以為同志治心、治軍之借鏡，即深感胡氏之所以成功效果，為滿清挽回垂絕之運者，純由內充忠義勇往之氣，而繼以精深博大之思，及正己正人之操，有以致之。故其思想雖仍不免受時代之支配，而其偉大之人格，暨強毅之精神，則固亙異紀而不磨。比予此次蒞鄂督剿赤匪，目擊匪勢之猖獗，軍政社會風氣之頹靡，因復憶及胡氏當時治鄂，與四周巨敵堅苦奮鬥之陳跡。蓋胡氏崛起之初，不過以一黎平知府統率肇於三百而至二千人倉卒訓辣之軍，留鄂差遣，寖漸擴充，遂薦升方面，削本大難，成為重維清祚唯一之重臣。試觀其先後所處之環境，就太平天國之聲勢言，凡長江流域之名城要隘，大都席捲在握。在湖北之內，尤復強半為所奄有，且曾三陷武漢。對胡之獨力周旋，初則視如無物，終則誓圖擊破。故石達開自贛西侵，陳玉成由皖屢犯，伺機求逞，鋒芒固極銳也。再就湖北清吏黑暗之情形言，上如總督吳文鎔、巡撫崇倫、官文之流，舉屬昏庸貪墨，既窮智計，又嫉才能。下而同僚友軍，晏安日久，眈於鴆毒，苞苴充於政途，鼓鼙聞而戰慄，無上無下，一種腐敗骯髒之狀，直非筆墨所能圖繪。然而胡氏以藐藐一躬，殫力肆應，日惟以砥礪氣節，登進人材，共赴事功為務。財枯餉絀不足懈其志，被圍受挫不足沮其勇。故雖遭困金口，士卒掘草而食，楚歌四面，呼援無應，而胡艱苦力戰，卒以轉敗為勝，進復武漢，奠定全楚。綜其生平，可謂專能打破環境，而不受環境征服之健者也。況如曾、左、彭、羅以及鮑超、楊載福諸人，或係狷

介書生，或係草野莽夫，皆賴胡氏開誠汲引，量才器使，苦心調護於當道權貴之間，俾得各竭所長，咸予自由發展之機。且幕府之中，人才輩出，由所薦達滿廷，出為名藩撫者，多至十有六人，尤足證其平日衡鑒之精，延攬之勤。雖創業未半，中道而逝，然已規模燦備，人才集中，風氣轉移。於是曾左諸賢，憑藉其基礎，卒收一代之偉功，蓋悉肇基於此矣。抑考胡之一生，其用以戡亂致治者，猶有二點，最為得力。一即所謂「守於境內，不如戰於境外」，用能破除畛域之謬見，不惜越境而援寶慶、瑞州、九江、安慶等地，摧破太平天國長江立足之根基。一即所謂「吏治壞則民生無依，雖日殺千賊無補大局」。因是躬自刻礪，力行振刷，親賢遠佞，激濁揚清，以肅貪惰之頹風，而解民生之痛苦。凡茲二端，不特為胡氏成功之要訣，實足為吾人今日剿滅赤匪無上之師法，且與此次廬山清剿會議軍事政治並重之決議，有似先後同揆。撫今思昔，輒油然不勝興懷寄慨之意，乃於溽暑軍書之暇，時復取胡氏遺集而披覽之，凡所闡發其生平、整軍、為政之道者，覺語語皆從忠義精誠之所出，及困苦經驗之所得。而對當時軍政人員之針砭，尤無異，處處為目前之景象寫照。爰再擇其警闢之語，分為軍事、政治二門，依例摘鈔，哀為是編。夫以今日之匪氛，雖似凶狡無匹，然與太平天國絜度長短，則固如小巫之見大巫，相去不可以道里計也。以各區統兵將領暨省縣長官之處境，比諸胡氏與黎平知府為鄂巡撫之時，更寬裕而易發展，亦不啻天壤之懸絕也，乃呼窮告急因循無功之況，轉與胡氏時代之經歷成反比例。在淺見之士，或且疑為智愚、巧拙之差，實則要其本原，惟在軍政上下負責者。其忠義堅強之精神，是否古今人果不相及，以為推遷已耳。假令讀是編者，胥能繼美前修，治心治身，以矢忠黨國為志，以改造風氣為倡，使頑夫廉而懦夫立，則區區赤匪曾何足平，庶是編之再輯為不虛矣。予企望之。

中華民國二十一年八月蔣中正序於漢皋軍次

軍　事

恩惠未及於人而士民不信，刑罰不當其罪而稂莠日多。吏治之與兵事，固始終相因者也。

僅帶兵而吏事不飭，民生無依，即日殺千賊，無補大局，故非兼理地方不可。

吏事尤為兵事之本。

必愛民然後能打仗，百姓為軍旅之根本。

如查有擾害百姓者，即當按以軍法。呂蒙行師，不能以一笠寬其鄉人，嚴明之謂也。條侯治兵，不能以先驅犯其壁壘，嚴整之謂也。

養兵所以衛民，兵不愛民，何可有兵。糧餉軍火，營中要需也，然可以體恤民情，節省民力者，即須極意謀之，乃不負殺賊安民之本志。

天下任事之人未有不遭奇謗，不受橫逆者也。

凡事以謙美德，惟兵事不可謙，謙則為敗德。

萬事可謙，兵事不可謙。太謙則怯，太謙易近偽。

周室征淮，師出江漢。晉代平吳，謀在荊襄。王濬造船，循江而下。陶侃之勳，鎮守武昌。岳飛、李綱之謀畫岳鄂，均以武漢為高屋建瓴之勢。控制長江，惟鄂為要。

鄂中之事，若不嚴懲府州縣之泄沓，即以桑孔復生，亦無實際。請與公約，將不能戰者，殺之不足惜，汰之惟恐不速。官不能籌餉者，劾之不足惜。其慢視教令，毫不動心，視省城公事如秦人視越人之肥瘠者，何以不勒休董戒乎！

連年以來，怯弁猘卒，習慣潰走。聞警尚且先逃，臨陣安能致果。懲前毖後之計，首在練兵。明恥教戰之方，貴先選將。

招兵而不先擇將，譬之振衣者不提領，結網者不挈網，是棼之也。

文而近史，武而近俠，皆非能兵者。

統將須堅定勇敢，智略足以知兵，器識足以服眾，乃可勝任。

果決人宜兵，柔懦人不宜。直爽人宜兵，修邊幅人不宜也。自古無不上當之聖賢豪傑，不因此而別有所趨向，乃算志氣。

兵事為儒生之至精，非尋常名士所能幾及也。

將以氣主，以志為帥。專尚馴謹之人，則久而必惰。專求悍鷙之人，則久而必驕。

兵事畢竟歸於豪傑一流，氣不勝者，遇事而氣先懾，目先逃，心先搖，臨大難而中無所主。其識力既鈍，則膽力必減，固可憂之大矣。

左季高謀人忠，用情摯而專，其為氣褊激處，如朝有爭臣，室有烈婦，當時拂意，臨危難乃知其可靠。

哨官最為緊要之事。哨官必須十分可信。什長得人，則全營皆可恃。

治軍之訣，在提綱領三字。擇營官，擇哨官，又擇什長，則萬無不勝之理。

貴戰賤謀，禆將之雄，不足以當一路。

智多勇少，實力難言。勇多智少，大事難成。而其要以得人為主。

哨長不得人，則百人皆廢。什長不得人，則什人皆廢。

選哨官隊長，須至勇至廉。不勇不足以倡眾人之氣，不廉不足以服眾人之心。

趙括僅能讀書，馬謖言過其實，乃兵家之戒。

軍旅之事，非以身勞之先之，事必無補。古今名將，不僅才略異眾，亦且精力過人。

軍人取材，專尚樸勇，尚須從氣概中講求，卻須是真氣。若浮氣、客氣雜夾其中，最誤事。

軍事以才為本，得人為上。多而不治，不如求精。嘗笑世人好兵多，而不知人才少，則多之致敗也尤速。

有不可戰之將，無不可戰之兵。有可勝不可敗之將，無必勝必不勝之兵。

病不言勞，功不求賞，是謂公忠體國之良將。

動靜之機，默存於心。倏往倏來，如出九天而入九淵。

破天下之至巧者以拙，馭天下之至紛而以靜。

兵事決於臨機，而地勢審於平日，非尋常張皇幽渺可比。

兵機至精，非虛心求數，不能領會，矧可是己而非人。兵機至活，非隨時謹密，不能防人，矧可粗心而大意。

知物之不可爭，莫如審勢而扼其要。知事之不可以勇鬥，莫若擇利而蹈其瑕。

兵者詭道，須知避銳而擊惰。兵者危事，須防不戰而自焚。

戰，勇氣也。當以節宣、蓄養、提振為先。又陰事也。常以固塞、堅忍、蟄伏為事。

遇事要謀要斷，不謀不斷，亦終必亡。與其坐亡，不如謀之。

臨事機貴於冷淡，不計功利，不患得失。

兵事不可狃小勝而忽大局。

因險而壁，見利而動，不急功，不辭勞。

兵猶火也，不戢則焚。兵猶水也，不流則腐。治軍之道，必以苦其心志，勞其筋骨為典法。

兵貴因機，事貴乘勢，若中立徘徊，心意既屬兩歧，兵機必致兩誤。

希帥用兵，得山靜不可撼之義。然調兵之機，譬之行水。

敬則勝，整則勝，和則勝。

兵事到吃緊之際，靜則勝者，躁者敗。後動者易，先動者難。能忍者必利，不能忍者必鈍。此其大較也。

兵事不在性急於一時，惟其審察乎全局。全局得勢，譬如破竹。數節之後，迎辦而解。

兵事怕不得許多，算到五六分，便須放手放膽，本無萬全之策也。

兵事不宜長顧卻慮，太謹慎則嫌於拙滯。

兵事須布遠勢，忌近謀。

軍事無論多寡，總以能聽號令為上。不奉一將之令，兵多必敗。能奉一將之令，兵少亦強。

軍旅之事，以一而成，以二三而敗。唐代九節度之師，潰於相州。其時名將如郭子儀、李光弼，亦不能免。蓋謀議可資於眾人，而決斷須歸於一將。此又軍事之大較矣。

善兵者與其多而冗，不如少而精。

凡人至不理事，則兵無不驕縱者。驕縱之兵，無不怯弱者。

將士久逸，則筋脈皆弛，心膽亦怯，不僅難戰，亦必難守。

防兵閒居至一二年，雖強兵亦弱。

淫佚酒色，取敗之媒。征逐嬉娛，行軍所戒。

或樂桑中之喜，或戀家室之私，或群與縱酒酣歌，或日在賭場煙館，淫心蕩志，極樂忘疲，以致兵氣不揚，禦侮無備。全軍覆沒，皆自宣淫縱慾中來也。

春霆軍中，各有眷屬，行至舟畔，必多意外勾留。零雨東山，鸛鳴婦歎，固元公所深悉，而昧緩急之機，忘袍澤之誼，又恐軍氣不揚，此林翼所不

取也。

近聞桐城各營，頗有匿眷室於近營民房，將弁兵勇，犯不歸營者，懷安敗名。此風一開，紀綱全壞，防微杜漸，不可不嚴。

軍務不飭，以紀綱不立，是非不明。紀綱之所以不立，是非之所以不明，則誤於使貪使詐之說。不知己則先為貪詐所使，而曰吾能使貪使詐也，豈不謬哉？

所患者久習晏安，不以軍事為事，兵心為心，則人心之自私自利，賊未來而有徼心，賊將至而有懼心，賊將去而又有怠心矣。

賊去則侈然晏安，賊來則驚惶失措，未有不覆軍僨事者。

善戰者必傷，久役者必疲。傷病之人，留於軍中，不僅誤戰，亦且誤餉。若另以生力防軍，彌縫其闕，則士氣常新，軍行必利。

營中有壞種，則萬事皆廢，而奸滑生監，花言巧語，媚骨逢迎，尤為可惡。

招兵以一縣之人，同在一營，較為相宜。取其性情孚而言語通，則心易齊也。

勇丁在私獲，即無鬥志。

兵不可貧，亦不可富，不宜無賞，不可過賞

自來帶兵之員，未有不專殺以立威，如魏絳戮僕，穰苴斬莊賈，孫武致法於美人，彭越誅後至者一人。

黔中之事，非立誅三五貪劣將弁，並劾去三二十人，則不能起鼓聲而作士氣。

行軍之法，必有左右親兵，然後可冒不測之鋒，而作一軍之氣，韓、岳之背嵬軍是也。即《明史》所載，如楊洪家蒼頭，王越之蕩跳士，梁震、何卿、馬永、馬芳等，均以親兵百餘人立功。而滿桂之處孤城，叛兵憚其家卒，成良之蓄健兒，異日皆為將帥，此蓄養之功也。

去怯留強，去巧留拙，去偽留誠。

闔廬教戰，式及怒蛙。

防守事宜及分合進止之法，全在相度形勢，探詢緩急，布置有方，自有一夫當關萬夫莫開之勢，此又在臨機應變矣。

江南大營之弊，其虛冒蕩佚，乃其致敗之由。其調度布置，實亦不能盡善，患在有圍兵而無備戰之兵，有守兵而無備剿之兵。

軍旅之事，勝敗無常，總貴確實而戒虛捏。確實則準備周妥，虛飾則有誤調度，此行軍之最要關鍵也。

頭痛醫頭，腳痛醫腳，枝枝節節而為之，四五年未必成功，而水陸將領精力盡疲，英華衰歇，是欲速反遲也。若蓄勢審機，駐兵於賊所必爭之地，使賊欲不戰而不可得，則一年之後，城邑可盡復，是似遲而實速也。

夫兵以分而調運乃靈，譬如手之五指，以分枝長而得力。足之五指，以不能分枝而不得力，此兵事大勢也。

臨陣分枝，不嫌其散；先期合力，必求其厚。

敵如不分枝，我軍必從其入境之處，並力迎剿。敵如分枝，則我軍必於敵多之處專剿。

賊之撲我，其心其高。我之覓賊，其心最懈。

賊行如鼠，兵行如牛。

蒲杏初開，用兵則誤農。民食既虧，本實先撥。

堅壁清野，因間雕剿。

野戰雕剿，兵事最活，應以雕剿二字為定訓。所苦大兵所至，遊魂匿影，縮入城中耳。

隨機雕剿，則我兵所至，賊皆不及防。我兵到後，賊必設備，設備之後，兵可遣歸。兵歸之日，賊必弛備。弛備之日，兵可再出。計不出數月，而賊扼已窮，賊勢必蹙矣。

兵事畏三面、四面受敵，有一面可恃，則強兵可戰可守。有三面可恃，則弱兵可戰可守。

預留大枝軍隊置於空間之處，以為應變之兵，待他路賊機已露端倪，然後起而乘之，則滿盤棋子均活，無一呆著矣。

戰爭之要，不戰則已，戰則須挾全功；不動則已，動則須操勝算。

不破援賊，則城賊不可得而滅。不剿流賊，則守賊不可得而走。

於圍兵之外，宜多備戰兵、援兵及雕剿之兵。

逞強勢而轉弱症，莫如圍攻；困弱勢而收強效，莫如戰守；撤近圍而存遠圖，不激困獸之鬥，不拘待兔之謀。

如臨陣能敬畏戒慎，不貪小利，不圖近功，先示弱以懈敵心，後堅忍以養官軍之氣，自可力遏凶鋒。

軍事忌零星試戰。

破釜沉舟之志氣，應以攬轡安閒出之。

馬步精兵，須以顧大局取遠勢為奇功。若以騎兵逼城下，則節短局促不能盡其所長。

馬隊之力，如鶴盤遠空，乃為得訣。

軍事之要，必有所忍，乃能有所濟。必有所捨，乃能有所全。若處處設備，即十萬兵，亦無尺寸之效。

防邊之要，不可處處設防。處處設防，兵力必分，不能戰亦不能守。惟擇其緊要必爭之地，厚集兵力以守之，便可穩固。

欲自守於境內，不如助剿於境外。助剿則兵少而功倍，自守則備多而勢分。

軍旅之事，守於境內不如戰於境外。不能戰於境外，必不能守於境中。

善守境者，守於境外。

軍興以來，城守不固，自應獎一二固守之員，以勵薄俗而嚴法守。

昔周亞夫以初集之兵，當吳楚七國之變，以堅忍制敵，一戰成功。然有時亦須以剿為首務，不宜拘守一隅，致賊坐大。

境內亂民，應隨時征討，用消隱慝。

薰穴之鼠，亂鼠無路。挺走之鹿，急不擇陰。數萬巨股之賊，包在腹中，困獸猶鬥，必有他虞。如布袋然，已塞其口而閉其竅，非兵機也。

不懲於始，不懼於微，恐今日之小事，即異日之大事，今日之小盜，即異日之大盜，今日之土匪，即異日之流寇。易慎童牛之牿，尤戒履霜之漸，蓋誠鑒乎此也。

並未與賊開仗，而預存一撫賊之見，是非撫賊，直為賊所撫耳。前明張獻忠之禍，即誤於熊文燦之撫。

賊不難於撫而難於散。

賊之臨陣投誠者，貸其一死則可，留用則不可。

受降之禍，較敗仗為烈。受降之事，較打仗為難。

大抵古今禍敗之由，每於邊疆外地不幹己之事則主剿，於內地奸民則主撫。外地不可剿而言剿，此好大喜功之所為也。內地不可撫而主撫，是苟且目前，貽害他人之見也。

後降者應殺，先降者可赦。

宜使降賊畏死出力，不使降賊有權有勢。

劉璜林一壘，本不可赦。其壘中之賊，殺之為是。遣散歸籍，乃書生之瑣談，不過三五日即自歸於狗黨，異日仍與官軍死鬥也。

窮極乃降，與初戰即降者不同，與殺已降之義有別。

降眾有無反側，宜留心考察，防患未然，斷不可先懷疑慮，亦不可先事張皇。

能作賊者，即能殺賊，只在此心之轉移耳。

偵探三要，須確，須勤，須速。博訪以資眾論，沉思以審賊情。

賊探不能禁，禁亦無益。只患己之無備耳，不患賊之我知。我弱而懈，則殺一探而千探仍以實情告賊。我強固而自修，嚴明而有備，則殺探而探畏，縱探而探亦畏也。

糧臺不可歉亦不可豐，豐則在事者之侈心又萌矣。

軍事若無真實可靠之糧臺，便等於泛泛不繫之舟。

餉事不怕無錢，只怕無善於經理之人。

軍事以用財欲泰為正藏法眼，常笑世無不會用錢之豪傑，亦決無自貪、自污、自私、自肥之豪傑。公（左季高）之小廉曲謹，婦孺知名矣，問心不私一錢。不以一錢自奉，又何疑不以天下之財辦天下之事乎？

裁兵之議，惟以出缺懸糧，永不捕額，為汰兵至法。

處此時勢，而不能去弱留強，去奢從儉，一旦有水旱之虞，民谷不登，禍亂之來，不在賊而在勇矣。

立功之時，不宜刻論人才。以其時考之，則近乎新婦焦火之燥。以事考之，亦非曹武惠江南勾當，公事之量也。

韓信為王，不忘漂母一飯之恩；張蒼作相，而退朝即奉事王陵及王陵之妻如父母，終身不改。此其存心正大仁厚，可師可法。

政 治

孔子言從政之要：曰果，曰達。以果言，則在忠信明決。以達言，則在體驗人情物理。

攘外必先靖內，除暴所以安良。

勿執己見，勿拂人情。說實話，幹實事，無忘自田間來，無忘讀書本色。

氣矜意炫，非沉潛闇修之道，務須收斂其氣，開擴其識。事事必衷於是，事事不自以為是。虛心實心，相輔而行，必可勉為好官。

作人處事，當存敬畏之心，毋涉誇大之意。

人莫患於不智，又莫患於不愚。智與愚合，力量乃大。

聖賢豪傑，事事拂意，不如此則非玉成之天意。

時事艱危，宵小滿天下。所望仁人君子，廣大宅心，敬賢包荒，以扶持元氣。若先自同事猜疑，則讒慝之口，即乘隙而來。

好惡要正，意見要平。

辦公事以集才氣、集勢為要。

天下大亂，人懷苟且之心。事出範圍之外，當謹守準繩，互相規勸，不可互相獎飾包荒。

實在辦事者，不可居辦事之名，不可惜辦事之費，尤不可無了事之心。

近日人心，億詐萬端，亦難窮究其所往。惟誠信之至，可以救欺詐之窮。欺一事不能欺事事。欺一時不能欺後世。不可不防其欺，不可因欺而灰心所辦之事。所謂貞固足以幹事也，況賞罰自在，董勸因時，以大權臨之，何患不濟。

實國莫如仁賢，理財必先政事，吏事尤為兵事之本。

富國之道，須先利民，乃有根本。

辦事固憑氣勝，尤憑理勝。

為政者須敦請道德忠鯁之儒，以為師友。匡正其心思，增益其耳目智慮之所不及。必如是而后德可修名可保也。

援引正人，扶植善類，則籌兵、籌餉，均事半功倍。

事須漸進，政貴有恆。

治將亂之國，宜用重典。治久亂之地，宜予生路。

已亂易治，未亂易治，將亂難治。

或疑武、漢二城，公廨私廬，百不存一，人物凋殘，與締造草昧無異。愚

以為非是。蚍冒藍褸，以啟山林，衛文作都，訓農通商，是在行之以儉，訓之以勤耳。（一 203）

楚官與民仇，楚民與官仇，此孟子所謂疾視其長上而不救也。惟有勤接見，決壅蔽，視民如官，視官如民，無眾寡大小，推誠相與。諮之以謀而觀其識，告之以事而觀其勇，臨之以利而觀其廉，期之以事而觀其信。知人任人，不外是矣。

經天緯地之才，並非務高遠談奇妙之謂，不過踏實二字，便是奇才。

用人行政之要，深悟東坡添一人而馬愈瘠之喻。

王文成龍城之行，於清端羅城之事，一生功勳，皆從苦境中磨練而成。

近事非從吏治、人心痛下工夫，滌腸蕩胃，必難挽回。俗吏無清剛之氣，無遠大之志。除卻幕友，一籌莫展。寸鐵莫持，一物無所見，一步不能行。託此輩以人民，民何由治。以家丁書差為腹心手足，即國策所謂亡國之人與役處者也。

民亂必由官貪。

州縣疲玩不整，公文絡繹，絕不關心。付之幕友書吏之手，即迫於程限，亦且含糊上復。今惟擇案之緊要者，諭以手札。明撮其要，直抉其隱，示以處置之方，責以登復之日。公文同而手札專，則有不敢輕視之心。公文嚴而手札親，則有不忍膜視之心。張太嶽之鼓動人才，卓然為救世之相者，亦為此耳。

今州縣積弊，貪吏劣紳，相為一氣，亦足倚以集事。乍以廉吏為之，水火相搏，轉多牴牾，此亦古今之恒情，天下之通病。子產治子晰、子南之獄，強右子晰而逐子南，以子晰之宗強，而子產之為政日淺，令有不行也，繼而並誅子晰。一事而前後異詞，子產蓋識時勢之傑矣。孟子所謂操心危，慮患深，德慧術知者，殆即指此。

必應嚴禁官場應酬陋習，與群吏更始，崇尚敦樸，屏退浮華，行之數年，或可改觀。

須知討巧之方，惟集由則可行耳。一任官守，惟實心實力，乃可稍稍問心，稍稍救過，此外虛詞巧計，概無所施。讀書數十年，一麾出守，振刷精神，去貪懲偽，一秉大公，乃可不負所學。因循巧避，甚無謂也。

作吏應先滌盡俗腸，洗刷俗眼，乃可有為。為政以忠信明決為本。

作官以明主，不明則寬固非，嚴亦非也。

官勞而後民逸，吏瘦而後民肥。

休養生息之道，須先嚴辦書差，及兇惡徒棍、刁健訟師。大凡擾民生詐民財之人，不必期雷厲風行，明敕刑法。

視民事如家事，視民間田裏樹畜、盜賊、詞訟之小事，如創深痛巨，附骨剝膚之大事。

必勞民乃能愛民，尤必教民乃能養民，乃合乎休養生息之精意。古可從政者，率多興事，明昃不皇，不為俗賊之曠廢時日，亦不為名士之高談清遠。若以廢事為省事者，則謬以千里矣。

人心之壞久矣，惟有定法，就可杜弊。若在上者法守稍亂，則弊不可勝言。

易俗移風，教化為先。顧官之於民，條告或視其具文，刑章亦幸圖苟免。不若其鄉之賢士，朝夕與處，情易通而言易入。

吏治之不修，兵禍之所由起；士習之不正，民心之所由變。

風向必使先趨於正大，官之所好，群吏所瞻，不煩董戒而自變。

世亂則法密，法密則吏操其權而必亂；世治則法疏，法疏則人易守法而必治，則如胥吏之天下不可挽，惟有司事者神明於規矩之中耳。

州縣苟師法子羽子賤，以得人為先。有兄事、師事之人，亦未始不可戢奸謀而清內患。

人情固欲自便其私，上無所求，則下可自瞻，即責以廉潔而無辭。

作一日官，盡一日心力，潦草固為罪，粉飾尤大罪。

能振作乃能鎮靜，事上以誠意感之，實心待之，乃真事上之道，若阿附隨聲，非敬也。

不侮鰥寡，不畏彊禦，所當服膺。

官先事，士先志。志在為好官，必無不好之理。

官貪則吏必逞其私，官惰則吏必攬其權。

撫恤難言，堯舜猶病，只在官吏擇正人，不擾民，事事挾一至誠惻怛之心，以與民相見，便是實愛養之道。

天地父母之恩，以養育為本。本此意以為政，萬無隔閡矣。

百姓之天良，最為真切，最易感動，行之以漸，積之以誠，斷無梗阻之虞。

在上者以養人為職分，能養者為仁，不養者為暴，人飢餓則不畏死。

做大官須從百姓做起，知此則知稼穡之艱難，知民情之真偽矣。

以做百姓之心做官，以治私家之事之心治官事。

行之以實，持之以恆，得民心乃能用民力，得民志乃能得民心。

士習為民風之本。

接紳士之法，公則人不敢幹以私，恕則人樂為用命。

治偷惰之士民，如嚴父母之約束其子弟。

徒曰儉以養廉，尚未足盡司牧之責，必能除一切苛政，胥吏皆設法箝制之，使無舞弊。並采風問俗，去其害馬者以安馴良，泯雀角、鼠牙之釁，不驚不擾。民得寬然而盡地力，時與之課勤警惰，講信修和，可以召麻祥而除夭紮。

以儒為吏，日計不足，月計有餘，此漢治所以獨高千古。

上司之精神，多用一分，則州縣之志氣，亦提策一分。

官事如浮雲，蒼狗美人，唯人所肖，亦豈復有恩怨。苟其中無絲毫之欲，綜名核實，純一不二，以自盡其心力可矣。

清查之迴避，是循例具文，如其徇私，即迴避亦虛。如其秉公，則自劾之嚴，必嚴於人之劾我，破除情面，裁冗費，汰冗員。

愚見以為治亂世之事，非脫盡衙門科目，屏謝世祿門戶，掊擊官場陋習，事必不成。

困知勉行。

大亂之後，必須明其政刑。姑息因循，實足誤事也。

治亂民如治亂絲，亂者必斬，不可姑息。治亂民如治亂繩，不可急也。大抵吏治不飭，兵禍乃起。非得良有司與士民相親者，不能救斯民於水火矣。

地方之事，以十萬兵而不足者，以一二良吏為之而有餘。

當其時無奇功，竟其事無後患。

廉不言貧，勤不言苦。

官必廉明，而民心乃服。

吏事無他，必在上者先示以的，則中材知所趨慕矣。

吏事須習而後成，民之情偽以閱歷而後知，此豈口舌所能啟牖哉。

詖詞遁詞，害政害事。

必積榮乃能得賞，稍有濫竽，不僅不能激勵人才，實足以敗壞風俗。

肘腋之下，皆他境之民；臥榻之旁，悉他人之地。其所應教誨者，應整

飭者，應修明者。應捕逐者，皆在數百里之外。府廳州縣號為親民之官，乃所親者在遠，而所不親者在近，縱有留心民瘼之良吏，亦限以聞見而莫可如何。追呼不便，公事掣肘，此插花地之不便於官也。

奉虛文者無實意，察小害者忘大利。大憲之董戒，不啻頹禿而唇焦。各屬之奉行，惟有稟覆與告示，可為浩歎。

進言體要，尤以至誠惻怛、條理分明為上。不得慷慨激昂，致違敦厚篤棐之義。

豐稔不可久幸，戒備當及機先。

倉穀之出陳易新，流弊滋大，竊恐有出無入。以銖積寸纍之穀，徒耗以假公濟私之人。

人才隨取才者之分量而生，亦視用才者之輕重而至。我之分量窮極天下古今，則必有天下之才應之。

必隨地取才，庶上下之氣可通，官民之情乃協。若以橫屬無前之概，作吐棄一切之狀，若輩唯有脫身而去，緘口不言耳。

用人之法，總須用苦人，心思才力，多出於磨練，故遇事能知其艱苦曲折，亦能耐事，膏梁紈綺，皆下材也。

用人不能破格，破格則須循名核實，否則人即無言，我心先愧。

作大吏宜引天下之正人志士為手足腹心，作州縣宜引州縣之正人之志士作手足腹心。無志之人，樂與役處，不願與師友處者，好諂佞，好柔媚，惡冷、惡淡、惡方嚴耳。

州縣有民社之寄，斷不可謹守資格，要破格任用。

昔年從政，見督撫藩臬，一差一缺，無一不照例而行，即無一挾私以徇。其瘠苦煩難之缺，人所棄者，則尚有輪補輪委之人，而肥美滑甘，皆捷足者所得。懸一例而預謀於例先，更變一說以圓通於例外，例實足以快其私，而不足以杜一切之弊。蓋輪補酌補，輪委酌委，本有兩端之趨避，而顛倒於心，上下其手，則仍在督撫藩臬耳。昔在黔湘見藩臬某某，動輒言例，無一事不照例，實則無一事真照例。京官有所囑託，或更有賄求，如桴答桴，其應如響。京信朝至，司牌夕懸。苞苴夜行，委託晨發，甚有不出省而獲盜數十名，專受請託而記功十次、數十次者。故曰循例適足快其私，而林翼願破格以一人執其咎也。

傳見候補人員，分日分地，促膝並坐，與之緩談事理，久之則浮偽者本

末立見。而稍稍可用者，始志於心，以待試用，或亦披沙揀金之一法乎？此事頗費眼力，須全副精神，隨事貫注，乃可有準耳。

孔子之教，各舉所知。周公之訓，人無求備。

狂為氣，狷為節。有氣節，則長短高下，均無不宜。

人到靠得住便可用，無才亦可用。人到靠不住，便不可用，有才尤不可用。

弟無私人，生不與人交託私事，死不欲人送一錢。

責人以嚴，不能不養人以寬。

用人須恤人之私，不恤其私，不能責人以奉公。

善揚公庭，規過私室。

恩可結人，然必法立乃能知恩。

鄭侯治漢，文若佐魏，武侯治蜀，景略圖秦，其得力全在得人。蓋得人者昌，失人者亡。以衛靈而不喪國，以武氏而能治天下，其效可覩矣。

欲造就人，必須先使有忌憚心。

能鑒別士神之邪正，而心有權衡，斯無不舉之事矣。

能認得人，則萬事皆理；不知人，則萬事無成。

目前之小股，即異日之大股；目前之小盜，即異日之大盜。州縣官要及時捕治務盡，不可玩誘諱飾，養成大患。

捕盜與其用捕，不如用民。捕利盜之財，則匿之惟恐不深。民惡盜之害，則除之惟恐不及。

州縣官捕盜宜定日程，先以手諭令有案者開報姓名，無案者訪查巢穴，寬已往之罪，嚴諱飾之科。復自置冊登記，分日分起，責令拿獲敘功，月計歲計，而賞罰定焉。

緝匪無他謬巧，惟在本管官日夜不忘其事，不忘某名，久則必得。所謂金石可開，豚魚可格，所謂勿忘勿助也。

盜匪多強悍敢死之人，會匪必借其力。會匪多深險不測之人，盜匪必資其計。

不必計其為匪為會，惟有盜案者，必殺無赦，則盜平而會亦消。即明知為盜匪中之會匪，亦止究其為盜為匪，而不必問其為會，則可安反側之心，而消無窮之禍。若鹵莽訪拿，將良懦就擒，而渠魁免脫。兵差滋擾，而閭閻騷然，勢必鼓簧其餘黨以倡亂，國計民生兩有所損。

　　盜賊結黨成群，必在插花之地，糾察之所不及，摘發苦於所難。吏胥以別境為搪塞之詞，州縣以關移為遷延之計，即有一二任事之員，不分畛域，而平日之耳目不習，即臨時之呼應不靈，戶口阨塞，非其所知。鄉約寨頭，非其所轄，是則越境捕盜之難也。

　　其狡黠大盜，甚則結交各屬吏役，此邑見捕，歸於他邑，捏情希脫，賄弊多方，漠不關心者，既涉因循，因以為利者，更虞袒縱，是公文關移之無益也。

　　以民衛民，使賊無可入。以盜捕盜，使盜自相疑。

　　當匪徒氣焰方張之時，非威不濟，及其恐懼消沮也，可以恩行。然所謂恩，亦不過持重威養，准其自新，限以擒獻，非消化而示姑息也。

　　民恨賊而每畏賊，非畏賊也，畏官耳。送賊需費，又不即理，苛求細故，問擬擅殺、擅傷、制縛諸法。又或賊口誣扳，事後報復，種種刁難。恩賊仇民，則除害而先受害，惟有裹足不前，忍氣吞聲而已。

　　如確係為匪之人，殺之無赦。世俗以不殺人為陰騭，忍氣善人而不忍於不善人，且不論人之善惡，而以為殺人則必受殃咎，其謬執甚。

　　姑息養奸之古人，莫如吳下老公，終為侯景所制，其子孫又各自戕賊。今人則有鄭巡撫祖琛之在粵西，殺一盜必念佛三日，遂以貽禍天下，不知所謂陰騭者安在。《漢書·元后傳》載王翁孺繡衣捕盜，皆縱不誅，自言所活萬人。後世其興，因緣政君，同日五侯，固其驗矣。然更始之際，王氏之族卒赤，張湯以磔鼠習獄，其子安世，為漢世碩輔，抑又何故？

　　好殺不好殺，均非情理之平，惟其生殺之當而已矣。以殺人之政，行其不殺之心，而歸於以生道殺人而已矣。

　　保甲之法，實團練之根本，行之於賊匪已退，是亡羊補牢；行之於賊匪將至，是未雨綢繆。

　　五家連坐之法，須神明而變通之，選舉妥紳為練總，尤為至行之論。保甲為第一要政、第一善政。辦保甲有門牌而無冊籍，是奉行仍不以實。保甲冊為州縣從政之要著，但能切實造成，則一切興利除弊之事業，均可依據推行，而了無隔閡遁飾，不下堂而一縣之事可理。

　　團練保甲之事，善教得民心也。錢糧倉廩之事，善政得民財也。務當經以實力，緯以實力，毋徒託空言。

　　辦保甲要在勤勤懇懇出以實心，乃能冀有實政，否則保甲之成法具在，

幾何不視為空文也。

團練以得人主。子涵為宰，首在得人。苟得其人戴星可理，即長孺臥治亦可理。不得其人，雖日夜劬勞而無濟於治。

團練一事，流弊最多，而禦侮打仗，實不可恃。國家養兵、養勇束以隊伍，重以口糧恤賞，然將不得人，尚不得力，況驅烏合之民，以言戰事，是謂棄之。其平時團首，藉事斂錢，恃眾逞凶，又意中必有之弊端。應先訪求正直廉潔之人，為之團長，蓋不得人，僅言辦團，終無當也。

保甲團練，為第一良法，辦理不善亦可為第一弊政。

宜添練鄉兵，講求城守，以為庇民固圉之謀。分民財以保民，與任賊匪之奪吾民財，利害輕重，較然可睹。但使官吏不私一錢，上下聯為一氣，則事必可集，功必可成。

賊到，限嬰城固守百日。百日之外無援，統兵官執其咎。百日之內不守，或以帶勇迎剿為詞，致城池失守者，州縣官任其罪。

聽訟乃養民教民之大政，知情偽而折服董戒之，教也。省株連而不擾其生計，約胥差而不使滋蔓，養也。

隨案可以教民，案到即了，民無拖案，差無訛詐，是要養民也。

獄訟不清，民生自困，非小故也，要搏精戢志，妥為經理。

當堂收呈之日，即時出票，限一票一差，仍自立號簿備查。

中證不干緊要，即行刪除姓名，仍標明某某不必到案字樣於票中，總可少喚一人，即可保全一家。

已準之呈詞，克期必審，不可拖延。

命案藉遠地而遲延，盜案因交界而推委，姑無論矣。即尋常詞訟，牽連他屬者，十之四五，輾轉關移，百無一應。官之所謂小事，即民之所謂大事，羈候日久，既無以恤其資財。證佐不齊，又無以剖其曲直，歷數年間不見一官，歷數官而不得一審，往往釀成大案，此插花地之不便於民之詞訟者也。

劉晏所以得理財之要，在引用士人一語。

商逐末取利厚，緝算亦何不便。農勤力取利微，損一分少一分之害，此所以培本也。

錢財之事，治世與亂世相同，要一心向公，則貧亦可支。一心為私，則富亦不可為。

藏富於民，民富則國不貧。

理財之事，體在正心，用在知人。

權利之道，莫善於輕，莫不善於重，莫善於簡，莫不善於密。

於產治鄭，必伍田疇。管子治齊，先實倉廩。張江陵治天下，首務丈量田畝。

夫農戶與商賈異情，凡務本鄉居之農，終年不蓄一錢，而責以按月輸款若干，勢必妨格不行，此在為上者體稼穡之艱難而深知其情。

有一種偽士，浮記寬大愛民之虛文，而以撫字心勞，催科政拙為美談，殊不知取民有制之大紀大法。催科政拙，是溺職也，此所謂辯言亂政者。齊太公之所誅，魯司寇之所戮，即是此輩。

取中飽以分益乎上下，巴往之愆，尚可不究，未來之弊，法必從嚴。欲禁浮收，當先革冗費。

戶捐之議，遲回十餘日，日夜以思，必不可行，行之而得不償失，功不補患，吾輩徒為百姓之怨府，萬世之罪人耳。

催錢糧捐輸，而州縣之舞弊尚輕，派捐而無章程，則州縣之作奸犯科，與劣矜下士之欺隱不實，高下其手，更屬防不勝防。

錢漕之弊，在花戶者常十之二三，在書差者，常十之七八。花戶藉口災歉，任意延擱者，偶月一二人。書差唯利是視，因緣為奸。新定章程，尤非所願。或故作刁難，妨其樂輸之路。或巧為欺蔽，陷以抗納之名，名雖減價，究無實惠及民，未可專責民之無良也。

昏庸州縣，形同木偶，微收大權，一寄諸總書冊書裏書之手，書辦曰散失無存，官亦曰散失無存。於是聽其顛倒戶名而不知完欠之誰矣。書辦曰板卷煩重難稽，於是聽其改用活板活卷，而不知催比之何據矣。

欺侵錮蔽，百弊叢生。官不過稍分其餘潤，而小民之脂膏遂盡歸於書役之中飽，而國賦轉至虛懸。書役等轉得肆無忌憚，於是有捏災枉緩之法在。謂某區某埝水沖沙壓，宜緩。某名某戶逃亡故絕，難徵。官欲顧其考成，不得不受其播弄，懵懵焉為之籤稟，不知其所謂水沖沙壓者，固皆成熟之區。其所謂逃亡故絕者，實盡已完之戶。迨至災已辦成，而弊巧敗露，則又有挖徵之名以混之，則又有預徵及急工之說以掩之。其甚者更有例災名目，謂某鄉民情梗頑，自來無完納錢漕之事，每歲必藉災以為彌補。種種捏飾，不一而足。

其花戶田畝坐落等處，則如何？完納錢漕各若干，裏書、冊書如何可以

革除淨盡？底冊如何設法追繳？始得其真。非寄耳目心思於人者，所能冀功，必得親詣各鄉，實心實力，認真籌辦，庶可清源節流，亦不愧父母斯民之義。

小邑設櫃城中，大縣於四鄉添設分櫃，只准保甲糧書糧差等挨甲挨戶，催令花戶自行赴櫃，不准代花戶完納，以杜包徵之弊。其零星小戶，准其彼此附帶銀錢上櫃。隨徵隨即制與券票，戶名即可更變，而田地總不能搬家，執田以求人，執人以查糧，未有不絲絲入扣者。

繳冊之後，當先辦抽丈，驗其與冊相符合否。抽丈之後，始辦定則，覈其與原額有盈絀否，以實心貫之，以正人輔之。毋急功，毋好名，政無不舉矣。

州縣以糧書為爪牙，而甘受其愚，糧書以黎庶為魚肉，而群遭其害。

以豐為歉，是病國計。以歉為豐，是害民生，而兼害國計。

劾貪非難，而求才難。前能劾去，後者踵事而巧避其名，則其弊益甚。

附錄二:《蔣介石與國學》

梁世和

一

　　蔣介石一生受國學影響極深,僅其姓名就典出多處。蔣介石原名蔣瑞元,族譜名蔣周泰,十六歲時改名蔣志清,後受所習國學的薰染,才改為名中正,字介石,並成為他一直沿用的名字。其名和字是在日本期間取的,他在日本高田野炮兵聯隊期間的一張照片上題有「中正」二字,當是他採用此名的開始,後漸以「中正」為名〔註1〕。「蔣介石」是他 1912 年在日本時創辦《軍聲》雜誌中使用的筆名,後便以「介石」為字。他的名和字用典均出自《周易・豫卦》,豫卦卦辭說:「利建侯,行師。」意為占得此卦,即會有利於封侯建國、行師出兵,這與蔣介石志向完全相符。他在民國前三年留學日本題贈表兄單維則的一張照片背面題詩曰:「騰騰殺氣滿全球,力不如人萬事休;光我神州盡我責,東來志豈在封侯!」〔註2〕因此,取名於豫卦,寄託了他興師討伐、光復神州的志向。其次,豫卦六二爻辭曰:「介於石,不終日,貞吉。」象曰:「不終日,貞吉,以中正也。」這是他名字的原典出處〔註3〕,但對這句爻辭及象傳的解釋,歷來眾說紛紜,蔣介石自己的解讀則是來源於

〔註1〕據李勇、張仲田編著的《蔣介石年譜》稱,蔣介石在 1918 年,31 歲時,才起名「中正」,以後在正式場合一直使用此名。見李勇、張仲田編著:《蔣介石年譜》,中共黨史出版社,1995 年版,第 34 頁。

〔註2〕蔣介石:《文錄》,《總統蔣公思想言論總集》(卷三十五),中國國民黨中央委員會黨史委員會印,1984 年版,第 293 頁。

〔註3〕「中正」一詞在《周易》經傳中多次出現,而與「介石」相近的說法僅有豫卦六二爻辭「介於石」一處。古人名和字之間存在一定聯繫,大多是因名取字,名與字內容毫不相干的情況幾乎沒有。對蔣介石而言,「名」取自《易傳》,「字」取自《易經》,「名」恰好是對「字」的解釋。這充分說明蔣介石的「名」與「字」原典出自此處。

朱熹的說法。朱熹《周易本義》解釋說：「豫雖主樂，然易以溺人。溺則反而憂矣。卦獨此爻，中而得正。是上下皆溺於豫，而獨能以中正自守，其介如石也。其德安靜而堅確，故其思慮明審，不俟終日，而見凡事之幾微也。」意思是說，豫是歡樂之義，但歡樂容易使人沉溺其中，反而讓人憂慮。豫卦只有六二爻是得正居中，因其陰爻居陰位。上下各爻都沉溺於歡樂，獨此爻能保持警覺，以中正自守，其狷介、孤高如岩石一般。正因為這樣的德性，所以才能慎思明審，不用整日，就能洞察事情的微小變化，看破吉凶，以其中正，因而吉祥。朱熹所謂「中正自守，其介如石」，顯然就是蔣介石取名「中正」與「介石」的寓意。蔣介石留有「其介如石」的題詞，也證實了這一點。此外，「中正」一詞也見於《中庸》，其中有曰：「齊莊中正，足以有敬也。」意思是說，莊重端正，足以使人尊敬。《中庸》是蔣介石極為偏愛的儒家經典，他解釋說：「這中庸之『中』，乃是『大中至正』『中立不倚』『屹立不搖』之謂，亦即所謂『主敬立極』，所謂『擇善固執』，所謂『允執厥中』之意。」〔註4〕而其中「大中至正」一詞，又是出自蔣介石最為敬佩的明代哲學家王陽明的《傳習錄》〔註5〕。所以，「中正」一名典出儒家多部經典，蔣介石非常喜愛「中正」一詞。因此，「蔣中正」成為他最正式的稱呼，臺灣地區多沿用此稱呼，而大陸多以「蔣介石」稱之。

　　蔣介石九歲喪父，與母親相依為命。母親王太夫人雖命運多舛，卻在逆境中養成了堅強意志，力圖振興家聲，她把希望寄託在兒子身上，因此對蔣介石督教甚嚴。蔣介石生性活潑好動，頑皮不馴，其年譜記載說「王太夫人憂之，故未五歲，即送入塾讀書」〔註6〕。在母親的督導下，蔣介石讀了不少傳統經典。最初的啟蒙讀物是《神童詩》等，他對此書非常喜好，甚至把少年時期讀過《神童詩》帶到了臺灣，並贈送給高中畢業的長孫蔣孝文作為紀念。〔註7〕蔣介石七歲時讀畢《大學》、《中庸》，八歲時讀完《論語》、《孟子》、《禮記》，十四歲以前學完《孝經》、《春秋左傳》、《唐詩》、《詩經》、《尚

〔註4〕蔣介石：《科學的學庸》，《總統蔣公思想言論總集》（卷六），第80頁。
〔註5〕王守仁《傳習錄》上卷，曰：「不知先生居夷三載，處困養靜，精一之功，固已超入聖域，粹然大中至正之歸矣。」
〔註6〕《蔣介石年譜初稿》，檔案出版社，1992年版，第2頁。
〔註7〕參見《蔣介石的〈神童詩〉52年後回故鄉》，《作家文摘》，2002年第23期。蔣介石在扉頁題詞：「此書為我少年誦讀之書，孝文大孫品讀珍藏。四十四年七月八日於角板山。」這說明蔣介石保存此書至少有六十年以上。

書》、《易經》，其間又兼習古文辭，學作策論。十五歲從毛思誠受教溫習《左傳》，圈點《綱鑒》。十六歲入鳳麓學堂，受新式教育，而學校課目仍以經史為主。十七歲時又轉入寧波箭金學堂從顧清廉學習，顧清廉除講解經學之外，還傳授周秦諸子、《說文解字》、《孫子兵法》、《曾文正集》，以及性理之學。〔註8〕蔣介石對《孫子兵法》與曾國藩表現了濃厚興趣。顧清廉對少年蔣介石產生了重要影響，為其打下了良好的國學基礎。蔣介石曾滿懷感激地說：「吾國載籍之繁富，學術淵源之廣遠，略涉其涯涘，以及通曉讀書法，窺見漢文門徑，皆顧先生一手陶成之。」〔註9〕顧清廉還講述了孫中山在國外的革命情形，並鼓勵青年出洋留學，獲取新知識。這使蔣介石頗受啟發，充滿了嚮往，其後不久便赴日本學習軍事。

在日的留學經歷，不僅沒有降低他對中國傳統文化的熱情，反而進一步強化了他對中國哲學的信念。究竟是什麼經歷對他產生這樣的影響呢？他回憶說：「當我早年留學日本的時候，不論在火車上、電車上或在輪渡上，凡是在旅行的時候，總看到許多日本人都在閱讀王陽明《傳習錄》，且有很多人讀了之後，就閉目靜坐，似乎是在聚精會神，思索這個哲學的精義；特別是他陸海軍官，對於陽明哲學，更是手不釋卷的在那裡拳拳服膺。後來到書坊去買書，發現關於王陽明哲學一類的書籍很多，有些還是我們國內所見不到的，我於是將陽明哲學有關的各種書籍，盡我所有的財力都買了來，不斷的閱讀研究，到了後來對於這個哲學真是有手之舞之足之蹈之一種心領神馳的仰慕，乃知日本以蕞爾小國，竟能強大至此實得力於陽明『致良知』『即知即行』哲學的結果。」〔註10〕後來蔣介石又多次慨歎中國的王陽明哲學使日本得以強大，而中國人自己卻不予重視，反被人家拿來欺侮中國。他說：「要知道日本所以致強的原因，不是得力於歐美的科學，而是得力於中國的哲學。他們日本自立國以來，舉國上下，普遍學我們中國的是什麼？就是中國的儒道，而儒道中最得力的就是中國王陽明知行合一『致良知』的哲學。他們竊

〔註8〕 此處蔣介石的年齡以周歲計算。參見《先總統蔣公大事年表》，《總統蔣公思想言論總集》（卷一），中國國民黨中央委員會黨史委員會印，1984年版；萬仁元等主編《蔣介石年譜初稿》，檔案出版社，1992年版；李勇等編《蔣介石年譜》，中共黨史出版社，1995年版。

〔註9〕 《蔣介石年譜初稿》，檔案出版社，1992年版，第10頁。

〔註10〕 蔣介石：《總理「知難行易」學說與陽明「知行合一」哲學之綜合研究》，《總統蔣公思想言論總集》（卷二十三），第339～340頁。

取『致良知』哲學的唾餘，便改造了衰弱萎靡的日本，統一了支離破碎的封建國家，竟成功了一個今日稱霸的民族。我們中國人自己忘了自己立國的精神，拋棄了自己固有最良的武器，反給日本人竊去，拿來壓迫中國，還要來滅亡中國，這是多麼可恥可痛的事情！」〔註11〕這樣的歷史事實深深刺痛了蔣介石，也堅定了他對民族固有文化的信念，促使他後來成為堅定的民族主義者。他認為民族復興，必從民族文化復興開始。「我們今日如能從自己固有的哲學基本上做起，而再以科學的方法與覺悟，急起直追，則對他不只可以迎頭趕上，而且必可後來居上」。〔註12〕

蔣介石雖自小就接受國學傳統教育，但他完全建立對中國傳統文化的信心，並使其消化吸收為自身思想的一部分，卻經歷了一系列反覆琢磨體會研究的過程。蔣介石以《大學》和《中庸》為其國學思想的本原，專門著有《科學的學庸》一書，對《大學》和《中庸》思想進行闡發，並在近三十年的時間內三次訂正，可見其對此書的重視。但他並非一開始就認識到《大學》《中庸》的價值，他回憶說：「我回想以前幼年時候，先生教我讀《大學》《中庸》，不知道背誦過多少遍，我到十八歲的時候，在箭金學堂，顧葆性先生從新要我再讀這一本《大學》，當我讀到這兩句話，看到『天子』兩個字，乃認為《大學》一書，不過是講論帝王，和如何統治天下那一套腐朽的空論，覺得很討厭，便從此丟棄，不願再讀了，一直擱了十年。」〔註13〕「直到二十八歲的時候，總理對我講《大學》之道，才知道這部書是一部最有價值的政治哲學，將它徹底研究之後，我更體會到這部《大學》，乃是一部最有價值的軍事哲學。後來再不斷研究，就覺得其中每一句話，都有其深切的道理。」〔註14〕孫中山的話起了一定作用，但蔣介石當時對《大學》的信心並不堅定。後來他又說：「我從前在二十歲的時候，雖然讀得爛熟，但是毫無興趣。後來總理教我看，也還是不覺得重要。後來到三十幾歲的時候，自己再拿來研究，才覺得很有道理，很有興趣。」〔註15〕再後來又說：「但是這種古

〔註11〕蔣介石：《自述研究革命哲學經過的階段》11，《總統蔣公思想言論總集》（卷十），第 534～535 頁。

〔註12〕蔣介石：《十九世紀以來亞洲的形勢和我們復國建國的要道（下）》，《總統蔣公思想言論總集》（卷二十九），第 125 頁。

〔註13〕蔣介石：《科學的學庸》，《總統蔣公思想言論總集》（卷六），第 21 頁。

〔註14〕蔣介石：《科學的學庸》，《總統蔣公思想言論總集》（卷六），第 38 頁。

〔註15〕蔣介石：《禦侮與復興之基本要道》，《總統蔣公思想言論總集》（卷十四），第 24 頁。

書（指《四書五經》），不到相當的年齡，有相當的經驗程度，必不能感到它的真有價值，尤其不知道它對於我們的國家，以及對於我們個人德業的重要。我現在已經四十六歲了，我在五、六年前，即四十歲以後，才曉得經書對於我們革命和國家的重要。」〔註16〕蔣介石於何時確立了對《大學》《中庸》等儒家經典價值的堅定信念，他在不同時間、地點的講法是不同的，一說二十八歲，一說三十幾歲，一說四十歲以後。不同的說法看似矛盾，但可以肯定的是，他隨著年齡、經驗的增長，越來越認識到儒家經典的價值和魅力。直到他八十一歲時，仍稱「近日在潭上研究陸象山（九淵）與朱晦庵（熹）二先生學術同異之點」〔註17〕；八十四歲時，蔣經國回憶說父親為他講解《大學》和《中庸》〔註18〕；八十五歲時，他稱自己過去十年來「對於我國中道哲學之研究，自覺有進一步之心得」〔註19〕。可見，蔣介石對國學的修習確確實實貫穿了他的一生。

二

　　國學範圍的界定有不同的分類法，其中影響較大的有兩種：一種是四庫全書分類法，即把國學的內容分為經、史、子、集四個部分。自漢代劉歆的《七略》之後，大都採用這種四部分類法，但這種分類法偏重於形式，不宜於表現實質內容。另外一種是曾國藩提出的義理、考據、詞章、經濟四科分類法。這是曾國藩在姚鼐有關學問的義理、考據、詞章三分法基礎上，增加經濟〔註20〕一科形成的，他把這四科與孔門四科聯繫銜接起來，即義理之學——孔門之德行科，詞章之學——孔門之語言科，經濟之學——孔門之政事科，考據之學——孔門之文學科，增強了說服力。曾國藩的分類法自成一家，成為國學分類法中的重要一種。義理之學的主要內容包括：經學（如周易學、尚書學、詩經學、三禮學、春秋三傳學、論語學、孝經學等）、子學（如儒家諸子學、道家諸子學、法家諸子學、墨家子學、陰陽家子學、雜家諸子學等）、玄學（附道教思想）、佛學（如唯識學、三論學、淨土學、密學、禪學、法華

〔註16〕蔣介石：《進德修業與革命之途徑》，《總統蔣公思想言論總集》（卷十一），第12頁。
〔註17〕蔣介石：《文錄》，《總統蔣公思想言論總集》（卷三十五），第330頁。
〔註18〕蔣經國：《十年風木》，實踐出版社，1985年，第103～104頁。
〔註19〕蔣介石：《文錄》，《總統蔣公思想言論總集》（卷三十五），第333頁。
〔註20〕曾國藩所謂的經濟之學，即經世之學，比今天意義上的經濟學的內容要寬泛的多。

學、華嚴學等)、理學(如濂學、洛學、關學、閩學、象山學、陽明學等)、新哲學等。詞章之學的主要內容包括:文學(如文章學、文法學、修辭學、詩學、詞學、散曲學、戲劇學、小說學、文學批評學等)、藝術(如音樂學、舞蹈學、繪畫學、雕刻學、建築學、刺繡學等)。考據之學的主要內容包括:考文字之學(如文字學、聲韻學、訓詁學等)、考文籍之學(如目錄學、版本學、校勘學、辨偽學、輯佚學等)、考文物之學(如考古學、金石學、甲骨學、簡牘學、繒帛學、敦煌學、庫檔學等)。經濟之學(經世之學)的具體內容包括:自然科學(如天文學、地理學、曆算學、博物學等)、社會科學(如史學、兵學、政學、縱橫學、食貨學、教育學、禮俗學、財用學等)、應用科學(如農桑學、水力學、工藝學、醫藥學等),以及術數學等〔註21〕。以這樣一種分類法來考察蔣介石的國學思想內涵,則他所涉及的國學門類,主要集中在義理之學與經世之學。此外,他在詞章之學中的文章與書法藝術上也有一定的造詣。

在中國傳統學術上,義理之學的地位最高,在四科之中處於核心地位,統領並會通其他三科。曾國藩明確指出:「義理之學最大,義理明則躬行有要而經濟有本。」〔註22〕「義理與經濟初無兩術之可分」,「苟通於義理之學,而經濟該乎其中矣」〔註23〕。從傳統的體用關係來說,義理之學為體,經世之學為用;從「學」與「術」的角度來看,義理之學是「學」,經世之學是「術」;從修己治人的內聖外王角度來說,義理之學為內聖之學,經世之學為外王之學。蔣介石說:「我們中國的學者,把道德範圍的內治工夫,叫做『性命之學』,把智識範圍的外修工夫叫做『經世之學』,而以兩者的均衡和統一,即『合外內之道』為學問的最高標準,也就是人類理性發展的最高境界。」〔註24〕蔣介石這裡把義理之學稱為「性命之學」和「內治工夫」,把經世之學稱為「外修工夫」,並把「合外內之道」作為學問的最高標準。蔣介石的這種認識確實把握了中國學術的精髓,他以此為目標身體力行,力圖在自己的治學上做到

〔註21〕參見高明《國學研究法》,《國學研究論集》,臺北:黎明文化事業公司,1983年版,第34頁。杜松柏《國學治學方法》,中國人民大學出版社,2005年版,第15~17頁。

〔註22〕《曾國藩全集・家書》(一),嶽麓書社,1985年版,第55頁。

〔註23〕《曾國藩全集・詩文》,嶽麓書社,1986年版,第443頁。

〔註24〕蔣介石:《為何漢奸必亡侵略必敗》,《總統蔣公思想言論總集》(卷三十五),第214頁。

體用兼備、學以致用。

　　蔣介石在義理之學上所涉及的主要是經學、子學、理學和現代意義上的哲學等門類。義理之學是蔣介石思想中的核心部分，他把義理思想貫穿到他經世之學的方方面面，成為其他一切思想的根源和統領。蔣介石對哲學〔註25〕異乎尋常的重視。他說：「一國哲學之盛衰，簡直是關係於其國家之興亡與民族之消長，我們現在要求國家獨立與民族復興，必要使哲學先能復興和獨立起來，否則，無論你國家怎樣強大，都要歸於失敗。」〔註26〕這種思想與中國傳統上對學術思想的重視是完全一致的。清初三大儒之一的孫奇逢就指出：「學術之廢興，係世運之升降。」〔註27〕學術是世運的象徵，學術興則世運盛，學術廢則世運衰。蔣介石的看法與孫奇逢如出一轍，其前半句簡直就是孫奇逢意思的白話版。梁啟超也說：「學術思想之在一國，猶人之有精神也，而政事、法律、風俗及歷史上種種之現象，則其形質也。故欲覘其國文野強弱程度如何，必於學術思想焉求之。」〔註28〕梁啟超認為國家之有學術思想，猶如人之有精神，代表了一個國家的文明開化及強弱程度。蔣介石對哲學的態度與孫奇逢、梁啟超顯然一脈相承。他在義理之學方面的建樹，統而言之，主要體現在兩方面：一是承繼中華文化道統；二是賡續儒家重行哲學學統。

　　一般認為唐代韓愈明確提出了道統之說，他在《原道》中對於道統的內容、功能及相傳的系統都進行了說明，提出堯、舜、禹、湯、文、武、周公、孔子、孟子這一傳道系統。宋代朱熹進一步將韓愈儒家傳授系統的思想概括為「道統」，並把這一道統向上推衍，把伏羲列為首位。其弟子李元綱勾畫出一幅「道統相傳圖」，稱由伏羲、神農、黃帝、堯、舜、禹、湯、文、武、周公、孔子，曾子與子思、孟子、周子、二程子、朱子一系構成，從而使中國道統相繼不絕。至此，這一道統說被後世儒家學者普遍認同。孫中山說：「中國有一個道統，堯、舜、禹、湯、文、武、周公、孔子相繼不絕，我的思想基礎，就是這個道統，我的革命，就是繼承這個正統思想，來發揚光

〔註25〕廣義的哲學概念與義理之學基本上可以等同，蔣的哲學就是義理之學。
〔註26〕蔣介石：《哲學與教育對於青年的關係》，《總統蔣公思想言論總集》（卷十八），第267頁。
〔註27〕孫奇逢：《北學編序》，《夏峰先生集》，中華書局，2004年版，第146頁。
〔註28〕梁啟超：《論中國學術思想變遷之大勢》，《梁啟超全集》，北京出版社，1999年版，第561頁。

大！」〔註29〕蔣介石自稱追隨國父孫中山之後，嬗接了中華民族五千年的道統。他對中華道統推崇備至，說：「中國道統哲學之偉大，不僅人己不分，而且是心物一體，內外一貫的，今日之物理與科學，研究發展的由來，皆不能超越他這一個學說。」〔註30〕

道統既要明道之統續，又要明所傳之「道」。朱熹在《中庸章句序》中指出道統之「道」為堯傳舜的「允執厥中」四字，及舜傳禹的「人心惟危，道心惟微，惟精惟一，允執厥中」十六字。以後歷代儒者視這十六字心傳為道統的綱領。蔣介石對此闡發說：「堯以傳之舜、舜以傳之禹的中國歷聖一貫相傳之『道』，我以為這四語，實在就是中國道統所傳授的心法中之要訣。乃可名之為『道統四語訣』。……這『道統四語訣』，乃亦為便於傳授道統，並為免於後來失了其道統宗旨而作的。」蔣介石進而指出這「道統四語訣」之「道」的本質，乃在於「允執厥中」的「中」字，即指中庸之「中」而言；就修養工夫來說，乃是「喜怒哀樂之未發謂之中」的「中」。他把這「道統四語訣」的內涵，總結為「危、微、精、一、中」五個字，認為治國平天下的政治與軍事的哲理，就只在這五個字裏面。此外，「道心」即「仁」，「精一」即「誠」。因此，十六字心傳之「道」又包括了「仁」與「誠」。在此基礎上，蔣介石又指出作為本體論的《中庸》，與作為方法論的《大學》，是中華民族四千年來古聖昔賢遞相傳習的重要道統。

道統既明，蔣介石又從道統開出學統，創建自己的力行哲學體系，以賡續中國傳統重「行」的實踐哲學學統，這是他在義理之學方面的又一建樹。中國傳統思想中重「行」的傳統由來已久，《史記‧太史公自序》說：「子曰：『我欲載之空言，不如見之於行事之深切著明也。』」《中庸》說：「子曰：『好學近乎知，力行近乎仁，知恥近乎勇。』」司馬遷和《中庸》所引孔子的話，都說明了孔子對「行」之重視。因此，主張即知即行，強調實踐為主的道德哲學體系，乃是中國哲學傳統的精華。《尚書》有一句名言叫做「非知之艱，行之惟艱」。其本意也是說要在行上落實，空言不如力行。孫中山認為，這種思想發展到後來已發生很大偏差，國人是「不知不去行，知之又不敢行」。既不重視理論的作用，又沒有努力實踐的勇氣。因此本意是重行，卻變成了怕行。

〔註29〕孫中山：《與馬林的談話（一九二一年十二月）》，《馬林在中國的有關資料》，人民出版社，1980年版。

〔註30〕蔣介石：《科學的學庸》，《總統蔣公思想言論總集》（卷六），第36～37頁。

由於這種思想的影響，後代無論是漢學還是宋學，都只是在「知」的層面下工夫，「行」的實踐卻不被重視。明代王陽明注意到了這個問題，提出「知行合一」學說，強調「即知即行」以救其偏，還特別提出實現「知行合一」的方法，即「致良知」。「致」本身就是「兼知兼行」、「亦知亦行」的過程，「致良知」就是在實際行動中實現良知。因此，注重「行」是王陽明哲學的精華所在，是對儒家道德實踐哲學的重要貢獻。孫中山針對時人對「非知之艱，行之惟艱」的誤解，重知而輕行，提出「知難行易」的學說，藉以消除人們對「行」的畏難與輕視心理。

　　蔣介石首先澄清人們對《尚書》「非知之艱，行之惟艱」的誤讀，指出這句話的原意是說空言不如力行，是鼓勵實行的意思；然後又說明孫中山的「知難行易」的真正含義是鼓勵人們去力行；繼而又指出只有從力行中才能求得真知，唯有力行才沒有所謂難事。之後又說明太極本體的運作是即物窮理，因而在日常生活中也是即事即物，即知即行；接著分析中國過去失敗的原因，乃是不去力行，而日本的強盛正在於對武士道和陽明知行合一學說的實行；最後，蔣介石強調王陽明的知行合一學說與孫中山的知難行易學說，在思想上是相通的、一貫的。他說：「總理所講『知難行易』的『知』，同王陽明所講的『致良知』與『知行合一』的『知』，……其作用是要人去『行』，就是注重『行的哲學』之意完全是一致的。」〔註31〕兩種學說相通處的要點在於，都是要人去力行，正因為這兩種學說都是以「力行」為目標的實踐哲學體系，所以王陽明的知行合一可以用來輔益孫中山的「知難行易」學說。在此基礎上，蔣介石提出「力行哲學」的思想體系，以闡明行的意義、行的目的、行的精神、行的法則、行的原動力、行的人生觀、行的宇宙觀等。

三

　　「力行哲學」要化為現實的力量，需通過具體的經世之學來實現。作為一代政治家、軍事家、思想家的蔣介石在經世之學中的兵學、經濟學、政治學、教育學、禮俗學、史學等領域，都有著重要作為，此處不必一一細說，其要在於他把義理之學的思想貫徹到經世之學之中，經世理念的達成，即是力行哲學的實現。從「道統」、「學統」和「政統」關係角度看，蔣介石從中華

〔註31〕蔣介石：《總理「知難行易」學說與陽明「知行合一」哲學之綜合研究》，《總統蔣公思想言論總集》（卷二十三），第 345 頁。

「道統」開出力行哲學「學統」，由於他政治領袖的地位，掌握著「政統」，又通過「政統」來落實「學統」，從而實現了「道統」、「學統」和「政統」的合一。正因為如此，他對國學與傳統文化產生了巨大而深遠的影響。這裡僅以他在大陸和臺灣所發動的兩次傳統文化復興運動為例來說明。

首先是發生於1934年至1949年的「新生活運動」。因為這次運動是從改造國民的日常生活入手，所以命名為新生活運動。蔣介石親任「新生活運動促進總會」會長，統領全國各地新生活運動工作。新生活運動主張以中國固有道德「禮義廉恥」為基本準則，從改造國民的「食衣住行」等日常生活入手，以「整齊、清潔、簡單、樸素、迅速、確實」為具體標準，以使「國民生活軍事化、生產化、藝術化」，使國民改頭換面，從根本上革除陋習，從而達到改革社會，振作國民道德精神，復興國家和民族的目的。因此，新生活運動是一場以弘揚和實踐傳統倫理道德為核心的運動。蔣介石明確指出：「全國同胞須知這個新生活運動，實在的說就是我們『中國文化復興運動』，我們中國古代的文化之所以可貴，所以高尚，為世界所稱頌的，亦就在於一切食衣住行，皆能納入於禮義廉恥的規範之中。」〔註32〕

新生活運動從日常生活入手，正是孔子所謂「下學而上達」之意，日常生活雖然只是「食衣住行」等「下學」之事，但古人認為「上達」即在「下學」之中。蔣介石所秉持的就是這樣一種理念，他說：「中國哲學入門的方法是什麼呢？我國古時教人從灑掃應對進退教起，將我們固有一貫的哲學精神，從基本生活與行動方面來傳授給青年，使他們即事即物，隨時隨地能得到深切的啟示，養成良好的習性。這種基本的修養，就是哲學教育入手的方法，亦就是王塘南所說『灑掃應對便是形而上者』。……大家不要以為這種日常食衣住行的動作與應對進退的禮節，是極粗淺瑣屑的事情，用不著怎樣注重，要知道我們日常的生活行動，就是我們每個人精神人格的表現，我們無論懂得怎樣高深精微的哲學理論，如果不能建立我們的精神與人格，而使之從生活實踐中表現出來，那就不能說我們已經懂得哲學，真正有了哲學的涵養。」〔註33〕因此，蔣介石所主導的新生活運動從細微處入手，確實有潛移

〔註32〕蔣介石：《新生活運動九週年紀念告全國同胞書》，《總統蔣公思想言論總集》（卷三十二），第24頁。

〔註33〕蔣介石：《哲學與教育對於青年的關係》，《總統蔣公思想言論總集》（卷十八），第274～275頁。

默化、潤物無聲之效，可謂用心良苦。從對傳統文化影響的角度看，新生活運動使傳統道德滲入到人們日常生活的方方面面，對於提高民眾道德素質、振奮民族精神、增強民眾團結等方面都產生了非常積極的作用。

　　1949 年國民黨敗退臺灣，蔣介石反思丟掉大陸的原因，認為思想、文化、教育的失敗是重要原因之一，它最終導致了民族自信和精神的喪失。因此，蔣介石到臺灣後不久就把「保衛中國文化」作為工作重點之一，以恢復民族自信心和民族精神。臺灣自 1895 年《馬關條約》割讓給日本，接受了日本長達半個世紀的殖民統治。在日本佔據時期，限制使用中文，禁讀中國歷史，強迫推行日語。日本殖民文化對臺灣民眾影響甚大，使得臺灣民眾對中華文化和國家認同產生牴觸，對大陸人懷有敵意，甚至認為臺灣和大陸是不同文化和種族，鼓吹「臺灣與大陸分離太久，文化習俗不同，已不同於中國人」、「臺灣前途由臺灣人決定」等口號〔註34〕。臺灣光復後，針對這些問題，社會教育方面的首要工作就是推行國語。1946 年 4 月，正式成立臺灣省國語推行委員會，於各縣市設立國語推行機構，負責國語教育的研究、設計、編輯、訓練、輔導、調查、實驗等工作。

　　蔣介石極為重視學校的國語教育和民族精神教育，提出「要恢復民族精神教育，加強文化、歷史、地理的課程」〔註35〕。由於「中小學教師乃是少年學生的德行知識和體格的保傅，其影響於青年和未來的國民，比大學教授更深更大。……國家的治亂，民族的存亡，繫於此多數教養中小學生的吃苦耐勞的『無名英雄』之手」〔註36〕，所以，蔣介石特別重視師範教育中的國語教育和民族精神教育。1955 年 9 月，臺灣教育部門出臺的《修訂師範學校課程標準》，規定：「1. 重視國語文訓練：增加國語文教學時數，改進國語文教學方法。2. 注重民族精神教育：將此項教材，融貫於國文、歷史、地理、公民、三民主義等科。並於國文科內，加列《中國文化基本教材》，使學生明瞭中國文化的基本精神。」〔註37〕要求各師範學校和師範學院開設「國語」、「國音」為必修科目，其考試成績不及格者，不得畢業，各小學一律用國語

〔註34〕參見澄之：《政治與經濟：以文化為旗幟——臺灣「中華文化復興運動」述評》，《原道》（第 1 輯），中國社會科學出版社，1994 年，第 375 頁。

〔註35〕蔣介石：《四十一年度行政成績的檢討及四十二年度施政方針的指示》，《總統蔣公思想言論總集》（卷二十五），第 184 頁。

〔註36〕蔣介石：《中國之命運》，《總統蔣公思想言論總集》（卷四），第 83 頁。

〔註37〕孫邦正：《六十年來的中國教育》，正中書局印行，1971 年版，第 570 頁。

教學。為了增強民族認同和民族自信，各級學校堅持「民族教育」和「道德教育」並重政策。各級學校都必須開設《中國文化基本教材》、《生活與倫理》等課程，重視學生的古文訓練和傳統文化的薰陶。由於文言文更多地承載了中國傳統文化，所以長期以來，臺灣高中語文課本的文言文比例都保持在百分之六十左右〔註38〕。這些措施使得中華傳統文化和道德在臺灣生根發芽，逐漸清除了日本殖民文化在島內的影響，全面恢復了中華傳統文化，為臺灣幾代人打下了良好的國學基礎。

後來島內的一些西化派主張全盤西化，全面否定傳統文化，極力詆毀儒家文化。此外，中國大陸發動了「文化大革命」，對中華傳統文化破壞嚴重。面對這些事件，為了保護中華文化，蔣介石在最後的歲月裏，發動了影響深遠的「中華文化復興運動」。1967年7月，臺灣成立中華文化復興運動推行委員會，蔣介石自任會長，全力推動傳統文化復興。蔣介石提出中華文化復興運動的基本路線是「守經知常，創新應變」，表明復興不是復古，一方面要發揚傳統，另一方面又要吸收外來文化之積極因素。蔣介石事必躬親，在他的督導下「文復會」做了大量工作：整理出版了大批古代思想典籍，向年輕一代普及學術精華；制定出「國民生活須知」，對人們的衣食住行諸多生活方面提出基本要求，以期弘揚禮儀之邦的文明。

蔣介石對中華文化始終抱有堅定信念，一生不遺餘力地弘揚國學和傳統文化，推進中華文化復興運動，為海峽兩岸的中華文化認同和中華民族認同奠定了重要基礎，這是蔣介石對中華民族的一大貢獻。正如陳立夫晚年所說，以中華文化統一中國，將是海峽兩岸雙贏的共同標準！〔註39〕

〔註38〕臺灣高中文言文的比例在陳水扁時代「去中國化」的引導下，曾降至45%。
　　　　2009年10月，馬英九當局的教育部門新修訂的2009高中課綱，文言文比例
　　　　規定是45%至65%，實際比例由教科書編者自行決定。
〔註39〕陳立夫：《以中華文化統一中國》，《海峽評論》第89期，1998年5月號。

參考文獻

1. 曾業英編:《蔡鍔集》,湖南人民出版社,2008 年。

2. 鄧江祁編:《蔡鍔集外集》,嶽麓書社,2015 年。

3. 劉達武編:《蔡松坡(鍔)先生遺集》,臺北:文海出版社,1943 年。

4. 謝本書編:《蔡鍔墨蹟詩文選集》,中國社會科學出版社,2013 年。

5. 謝本書:《蔡鍔大傳》,廣西師範大學出版社,2013 年。

6. 謝本書:《蔡鍔論稿》,三聯書店,2014 年。

7. 顧則徐:《蔡鍔傳》,中國友誼出版公司,2012 年。

8. 周婷:《蔡鍔傳》,北京時代華文書局,2016 年。

9. 《黃克強・蔡松坡軼事》,近代中國史料叢刊第五十集,臺北:文海出版社,1970 年。

10. 陳晨編:《蔡鍔軼事》,人民日報出版社,2011 年。

11. 袁泉:《我和外公眼中的蔡鍔將軍》,中華書局,2013 年。

12. 《黃埔軍校史料彙編》第一輯,第十三冊,廣東教育出版社,2012 年。

13. 蔡鍔輯:《曾胡治兵語錄》,上海振武書局,1917 年。

14. 賈赫解讀:《曾胡治兵語錄白話解》,軍學編譯社印行,1938 年。

15. 費怒春注釋:《增補曾胡治兵語錄》,青年書店,1940 年。

16. 陳志學譯注:《曾胡治兵語錄》(增補本),巴蜀書社,1995 年。

17. 章雪譯注:《語錄四種》湖北辭書出版社,1997 年。

18. 留白譯注：《曾胡治兵語錄》（增補本），廣西師範大學出版社，2007 年。

19. 譚徐鋒主編：《蔣百里全集》（全八卷），北京工業大學出版社，2015 年。

20. 陶菊隱：《蔣百里傳》，中華書局，1985 年。

21. 陶菊隱：《蔣百里先生傳》，臺北：文海出版社，1972 年。

22. 陶菊隱：《政海軼聞》，獨立出版社，民國三十四年。

23. 薛福成：《庸庵筆記》，民國萬有文庫，商務印書館。

24. 蘇同炳：《中國近代史上的關鍵人物》（上、下），百花文藝出版社，2000 年。

25. 唐浩明主編：《曾國藩全集（修訂版）》（31 卷），嶽麓書社，2011 年。

26. 唐浩明主編：《曾國藩全集》（30 卷），嶽麓書社，第一版。

27. 李瀚章、李鴻章編校：《曾文正公全集》，吉林人民出版社，1995 年。

28. 胡遂等整理：《胡林翼集》（全五冊），嶽麓書社，1999 年。

29. 蔣介石：《總統蔣公思想言論總集》，臺北：中國國民黨中央委員會黨史委員會，1984 年。

30. 蔣介石：《蔣中正總統五記》（全六冊），臺北：國史館，2011 年。

31. 呂芳上主編：《蔣中正先生年譜長編》（全十二冊），臺北：國史館，2015 年。

32. 《蔣介石年譜初稿》，中國第二歷史檔案館編，檔案出版社，1992 年。

33. 陳鐵健：《蔣介石──一個力行者的思想資源》，山西人民出版社，2012 年。

34. 《馮玉祥日記》（全五冊），江蘇古籍出版社，1992 年版。

35. 《梁啟超全集》（全二十集），中國人民大學出版社，2018 年。

36. 梁啟超輯：《曾文正公嘉言鈔》，雲南人民出版社，2016 年。

37. 丁文江、趙豐田編：《梁啟超年譜長編》，上海人民出版社，2009 年。

38. 解璽璋：《梁啟超傳》（上下），上海文藝出版社，2012 年。

39. 張朋園：《梁啟超與民國政治》，吉林出版集團有限責任公司，2007 年。

40. 張朋園：《梁啟超與清季革命》，吉林出版集團有限責任公司，2007 年。

41. 張朋園：《立憲派與辛亥革命》，吉林出版集團有限責任公司，2007 年。

42. 《武經七書》（上下），中華書局，2007 年。

43. 曹操等注：《十一家注孫子》，中華書局，2012 年。

44. 袁閭琨主編：《中國兵書十大名典》（上下），遼寧人民出版社，2000 年。

45. 王雲五主編：《草廬經略》，叢書集成初編，商務印書館。

46. 《淮南子譯注》，吉林文史出版社，1990 年，

47. 岡田武彥：《孫子兵法新解》，重慶出版社，2017 年。

48. 姜國柱：《中國軍事思想通史》（全 5 卷），中國社會科學出版社，2006 年。

49. 何曉明編著：《兵家韜略》，湖北教育出版社，1996 年。

50. 史美珩：《古典兵略》，遼寧教育出版社，1993 年。

51. 鄧江祁：《蔡鍔思想研究》，湖南師範大學出版社，2008 年。

52. 薛學共等：《胡林翼軍事思想研究》，湖南大學出版社，2013 年。

53. 張宏傑：《曾國藩的正面與側面》，民主與建設出版社，2014 年。

54. 張宏傑：《曾國藩的正面與側面 3 · 曾國藩的領導力》，嶽麓書社，2018 年。

55. 武道房：《曾國藩學術傳論》，安徽大學出版社，2012 年。

56. 羅益群：《曾國藩讀書生涯》，長江文藝出版社，1998 年。

57. 歐陽斌：《曾國藩與湖湘文化》，嶽麓書社，2010 年。

58. 張雲等：《曾國藩與湘軍》，遼寧人民出版社，2008 年。

59. 何貽焜：《曾國藩評傳》，嶽麓書社，2016 年。

60. 梁紹輝：《曾國藩評傳》，南京大學出版社，2006 年。

61. 董叢林：《曾國藩傳》，人民出版社，2014 年。

62. 蕭一山：《曾國藩傳》，海南出版社，2001 年。

63. 〔美〕黑爾著，王紀卿譯：《曾國藩傳》，湖南文藝出版社，2011 年。

64. 蔣星德：《曾國藩全傳》（原名《曾國藩之生平與事業》），中國文史出版社，2004 年。

65. 史林注譯：《挺經》，中國言實出版社，2001 年。

66. 史林：《曾國藩成大事的九九個方略》，中國言實出版社，1999 年。

67. 林乾：《曾國藩用人智慧全鑒》，湖南文藝出版社，2011 年。

68. 趙烈文：《能靜居日記》，嶽麓書社，2013 年。

69. 陶海洋：《胡林翼與湘軍》，廣陵書社，2008 年。

70. 劉億江：《胡林翼評傳》，河北大學出版社，2009 年。

71. 劉江華：《左宗棠傳信錄》，嶽麓書社，2017 年。

72. 羅爾綱：《增補本李秀成自述原稿注》，中國社會科學出版社，1995 年。

73. 王盾：《湘軍史》，湖南大學出版社，2007 年。

74. 童笙編譯：《曾國藩治兵籌策錄》，宗教文化出版，1999 年。

75. 譚伯牛：《湘軍崛起》（上下），山西人民出版社，2009 年。

76. 譚伯牛：《戰天京——晚清軍政傳信錄》，中國工人出版社，2004 年。

77. 朱高正：《近思錄通解》，華東師範大學出版社，2010 年。

78. 查宏德注釋：《近思錄》，中州古籍出版社，2008 年。

79. 史沫特萊：《偉大的道路——朱德的生平和時代》，三聯書店，1979 年。

80. 錢基博：《近百年湖南學風》，《錢基博集》，河北教育出版社，1996 年。

81. 《李宗仁回憶錄》，香港：南粵出版社，1986 年，第 28～32 頁。

82. 《毛澤東早期文稿》，湖南出版社，1990 年。

83. 李銳：《毛澤東早年讀書生活》，三聯書店，1986 年。

84. 《毛澤東選集》（合訂一卷本），國防工業出版社，1969 年。

85. 解文超：《明代兵書研究》，天津人民出版社，2010 年。

86. 徐凌霄、徐一士、蔡鍔：《曾胡譚薈　曾胡治兵語錄》，山西古籍出版社，1995 年。

87. 徐一士：《一士類稿》，山西古籍出版社，1996 年。

88. 徐一士：《一士談薈》，山西古籍出版社，1996 年。

89. 徐凌霄、徐一士：《凌霄一士隨筆》（五冊），山西古籍出版社，1997 年。

90. 劉禺生：《世載堂雜憶》，中華書局，1960 年。

91. 歐陽兆熊：《水窗春囈》，中華書局，1984 年。

92. 高尚榘主編：《論語歧解輯錄》（上下），中華書局，2011 年。

93. 傅佩榮：《解讀論語》，上海三聯書店，2007 年。

94. 傅佩榮：《解讀孟子》，上海三聯書店，2007 年。

95. 傅佩榮：《傅佩榮譯解〈大學〉〈中庸〉》，東方出版社，2012 年。

96. 傅佩榮：《止於至善》，東方出版社，2013 年。

97. 楊伯峻：《論語譯注》，中華書局，2006 年。

98. 周振甫：《周易譯注》，中華書局，1991 年。

99. 高亨：《周易大傳今注》，齊魯書社，1998 年。

100. 王先謙：《荀子集解》，中華書局，2012 年。

101. 周敦頤：《周敦頤集》，中華書局，1990 年。

102. 黎靖德：《朱子語類》（全八冊），中華書局，1994 年。

103. 程顥、程頤：《二程集》（上下），中華書局，1981 年。

104. 黃宗羲：《明儒學案》（全二冊），中華書局，1985 年。

105. 《王陽明全集》（全六冊），浙江古籍出版社，2011 年。

106. 袁了凡：《了凡四訓》，中華書局，2008 年。

107. 〔德〕克勞塞維茨：《戰爭論》（三卷），商務印書館，1978 年。